Rachel Anne Ridge

Unterwegs mit
henry

Wie ein kleiner Esel
meine Welt auf den Kopf stellte
und meinen Glauben erfrischte

Aus dem amerikanischen Englisch von Eva-Maria Nietzke

GerthMedien

Für Tom,
meinen Weggefährten und
die Liebe meines Lebens.

Von einem kleinen Esel fürs Leben lernen

Dürfen wir Ihnen Henry vorstellen? Es lohnt sich. Denn von diesem kleinen, zotteligen Kerl mit den flauschigen Ohren können wir eine Menge lernen für ein gelingendes Leben. Wirklich!

„Begleiten Sie mich auf dem Weg, auf dem wir lernen loszulassen und einen tieferen Glauben zu erlangen. Es ist ein Weg, der uns daran erinnert, dass das Leben eine Reise ist."

Rachel Anne Ridge

Inhalt

Eine Einladung

„Es ist gut, kleiner Esel", flüsterte ich mit leiser, beruhigender Stimme. „Alles gut."

Ich stand am Gatter der Weide mit einem kleinen blauen Halfter in der Hand und einem geflochtenen Führstrick um den Arm geschlungen. Der so lang herbeigesehnte Tag war endlich da, und mein Herz begann vor Freude zu flattern. Die Schnallen klirrten, als ich das Preisschild entfernte, das noch immer von dem Maulriemen aus Nylon herabbaumelte. Ich wusste, dass das Halfter, das eigentlich für ein Pony bestimmt war, meinem neuen Zwergesel nicht passen würde. Es war oben am Kopf zu eng und ums Maul herum zu lose, aber fürs Erste würde es gehen.

Die heutige Lektion würde kurz ausfallen. Der kleine Esel musste sich an mich gewöhnen und mit meiner Führung vertraut werden. Wir hatten Henry aus dem Tierheim geholt; einen ehemaligen Streuner mit einer unbekannten Vergangenheit, der offensichtlich verunsichert war. Ich tastete in meiner Jackentasche nach den Möhren, die ich als Leckerbissen mitgenommen hatte, und zog das Kettengelenk von dem rostigen Nagel, der aus dem Zaunpfosten ragte.

Übergroße Ohren schwenkten in meine Richtung, als er meinen vorsichtigen Annäherungen lauschte.

„Es ist gut, kleiner Esel", wiederholte ich. Es klang inzwischen wie ein Singsang. „Alles gut." Während die Worte zwischen uns in der Luft hingen, wurde mir bewusst, wie sehr auch ich sie brauchte. Würde auch für mich alles gut werden?

Mein Herz sehnte sich nach Sicherheit.

So vieles war passiert, was zu diesem Tag geführt hatte – und zu diesem Esel. Ich schluckte mühsam und kämpfte gegen die Tränen, die unerwartet in meinen Augen brannten. Hinter meiner ruhigen Fassade verbarg sich ein Durcheinander von Gefühlen: Bedauern. Traurigkeit. Angst. Sorge. Zweifel. Und ... ein winziges bisschen Hoffnung. Vielleicht würde dieser kleine schokoladenbraune Esel alles wieder in Ordnung bringen.

Eine große Aufgabe für so einen kleinen Kerl.

Als ich an jenem Morgen auf der Weide neben dem kleinen Tierheim-Esel kniete, konnte ich nicht ahnen, dass ich am Beginn einer Pilgerreise stand.

Nicht jeder kann im Rückblick einen besonderen Moment ausmachen, mit dem alles begann. Und noch seltener kommt es vor, dass man einen Esel als Wegbegleiter zur Seite gestellt bekommt. Doch ich würde mich mit Henry auf den Weg machen. Ich würde laufen, und ich würde zu beten versuchen.

Jedenfalls war das mein Ziel.

Diese Weide würde der perfekte Ort sein, um mich meinen Sorgen und den unerwarteten Glaubenskämpfen zu stellen, die mir seit einiger Zeit zu schaffen machten. Hier draußen auf dem offenen, von Fußpfaden durchzogenen Feld würde ich Raum zum Atmen und zum Loslassen der Ängste finden, die mein geistliches Leben lähmten.

Wenn man neben einem Esel herläuft, kann man keine entschlossenen, ehrgeizigen Schritte tun, sondern nimmt die eher demütige Gangart eines Menschen an, der dazu gezwungen ist, sich dem Tempo seines gemütlichen Gefährten anzupassen. Obwohl ich es in dem Moment noch nicht ahnen konnte, würde ich auf den Wegen, die vor mir lagen, eine völlig neue Dimension der Gegenwart Gottes entdecken, und zwar nicht nur in seiner Schöpfung, sondern auch in den zeitlosen Gebeten der Kirche – in den Stimmen der Gläubigen durch die Jahrhunderte hindurch.

In diesem Buch lade ich Sie dazu ein, mit mir gemeinsam zu laufen (oder zu schlendern oder zu stolpern). Glauben Sie mir, es ist ein langsamer Prozess, es wird Ihnen also nicht schwerfallen dranzubleiben. Es gibt jede Menge Zeit, auf dem Weg Pausen einzulegen, wenn Sie das möchten.

Wissen Sie, ich war immer davon ausgegangen, meine Probleme genau benennen und dann rasch lösen zu können. Ich versuchte, meine Zweifel mit sorgfältig ausgesuchten Bibelversen zu überwinden. Meine Bücherregale quollen von Büchern zum Thema „Einfache Schritte zu einem erfüllten Leben" über. Ich nahm an Konferenzen und Einkehrtagen teil, hörte mir Predigten an und lauschte Motivationsrednern. Ich legte die Waffenrüstung Gottes an und bekämpfte den Feind. Ich füllte die Lücken in meinem geistlichen Leben mit Aktivitäten und produktiven Übungen aus, um mein inneres Wachstum als Christ zu fördern.

Doch trotz all dieser Geschäftigkeit spürte ich immer mehr, dass irgendetwas fehlte. Ich sehnte mich nach einem Gespür für das Heilige, nach einem unbefangenen Glauben, der für Geheimnisvolles und Staunen Raum lässt.

Ich musste etwas anderes versuchen. Ich wollte über Geschichten nachdenken und einen sicheren Ort finden, um Fragen über

Gott zu stellen. Doch ich war an einem Punkt angelangt, an dem ich keine Worte zum Beten mehr hatte. *Vielleicht können mir aufgeschriebene Gebete helfen,* dachte ich. Irgendwie gelangte ich zu der Überzeugung, dass ich mich mit einem Esel und einem Gebetbuch in der Hand auf den Weg machen sollte. Im Passschritt, verbunden mit stiller Reflexion, würde ich das perfekte Gegenmittel zu meinem vollen Terminkalender und meinem von Sorgen erfüllten Dasein finden.

Ein Esel kümmert sich absolut nicht um menschliches Zeitmanagement, glauben Sie mir. Er schert sich nicht um die Meinungen anderer oder darum, was gerade in den sozialen Medien angesagt ist. Er interessiert sich auch nicht für Ihre Theologie. Stattdessen wird er Sie entwaffnen, Sie zum Lächeln bringen und Ihnen dabei helfen, die Tür für Fragen aufzustoßen und Raum für Gespräche zu finden. Mit einem Esel unterwegs zu sein, ist wie eine Zeitreise in die Vergangenheit, die manchmal direkt zu den Seiten der Bibel und zu alten Traditionen des Gebets und der Reflexion führt.

Wenn Sie sich in einer ähnlichen Situation befinden wie ich, dann könnte dies ein guter Ausgangspunkt sein. Begleiten Sie mich auf dem Weg, auf dem wir lernen loszulassen, einen tieferen Glauben zu erlangen und einen Weg zum Heiligen zu finden. Es ist ein Weg, der uns daran erinnert, dass das Leben eine Reise ist, die man am besten mit einem Freund zurücklegt – einen Schritt nach dem anderen.

Vorwort

Flash brauchte einen Kumpel an seiner Seite.

Er war seit sieben Jahren bei mir und meinem Mann Tom zu Hause und in seiner typisch gleichmütigen Eselart hatte er sich nie ausdrücklich über sein einsames Dasein auf unserer Weide beschwert. Doch ich konnte an seiner Körperhaltung, seinem herabhängenden Kopf und dem Schlurfen seiner Hufe erkennen, dass er hier draußen und so ganz auf sich gestellt einsam war. Offenbar brauchte er einen Eselfreund.

Es würde nicht leicht werden, Tom von diesem Gedanken zu überzeugen. Meistens stimmte er meinen Ideen zu. Doch einen zweiten Esel anschaffen, um das Wohlbefinden des ersten Esels zu verbessern? Das dürfte selbst für ihn ein Stückchen zu weit gehen. In unserer mehr als dreißigjährigen Ehe hatten wir die Kunst des Verhandelns ständig verfeinert. Ich wusste, dass es mehrere zeitlich geschickt platzierte Gespräche erfordern würde, um die Richtung anzupeilen, bevor es dann richtig zur Sache ging. Sorgfältig überlegte ich, wie ich das Ganze angehen sollte.

„Schau mal, irgendwie sieht Flash traurig aus", erwähnte ich beiläufig, während ich meinen Morgenkaffee schlürfte.

Schritt Nummer eins.

Tom blickte flüchtig durch das Fenster auf den großen zotteligen Esel, der nahe beim Gatter der Weide hinter unserem Garten stand. Mit dem warmen Frühling begann sein braungraues Fell Haare zu verlieren, sodass er besonders zerzaust aussah. Wie aufs Stichwort ließ er seinen Kopf hängen und schob die Unterlippe vor.

Brav, Flash.

„Nein, wir werden keinen zweiten Esel anschaffen." Tom nahm keine Rücksicht auf meinen sorgfältig ausgearbeiteten Plan und preschte direkt zur Ziellinie vor.

Mist! Er hat mich durchschaut. Schade, dass Lauren, Meghan und Grayson nicht hier sind.

Unsere drei Kinder hätten mich nach Kräften unterstützt, und wir hätten gemeinsam überzeugend für einen weiteren Esel argumentiert. Doch die drei waren erwachsen und aus dem Haus: Lauren und Meghan waren beide verheiratet, und Grayson war vor Kurzem ausgezogen, um zu studieren.

Als Flash damals in unserer Auffahrt aufgetaucht war, hatten wir unser Bestes gegeben, um Tom dazu zu bringen, den Streuner aufzunehmen, der offenbar von niemandem vermisst wurde. Letztendlich musste Tom gar nicht überzeugt werden, denn er war dem Charme des Esels selbst erlegen. Flashs flauschige Ohren, seine sanften braunen Augen und seine liebenswerte Art hatten uns die Entscheidung leicht gemacht, und wir hatten es nie bereut, ihn in unsere Familie aufgenommen zu haben.

Nun ja, vielleicht hatten wir einmal, höchstens zweimal leise Zweifel gehabt. Flash war nun mal neugierig und eigensinnig – und er wog rund zweihundertfünfzig Kilo. Es war einfach so, dass diese Eigenschaften ihn manchmal in Schwierigkeiten brachten.

Tom sah mich an und grinste. „Weißt du noch, wie Flash einmal in die Sattelkammer eingebrochen ist und einen ganzen

Eimer Getreide verputzt hat? Er hat eine unglaubliche Schweinerei in der Scheune angerichtet, und es hat ihn überhaupt nicht interessiert, dass seine schlammigen Hufabdrücke als Beweise am Tatort zurückblieben."

„Ich dachte damals, er würde bestimmt krank werden!", erwiderte ich.

Heute konnte ich darüber lachen, aber als Flash kurz nach diesem Vorfall über einen Baumstumpf gestolpert war, hatte ich befürchtet, seine Schlemmerei hätte zu Futterrehe geführt, einer Krankheit, die zu Lähmungen und sogar zum Tod führen kann. Doch glücklicherweise hatte Flash offenbar einen sehr resistenten Magen – abgesehen von Blähungen war er gesund geblieben.

Im Grunde genommen war Flash zwar offiziell „mein" Esel, doch Tom war derjenige, den er anhimmelte. Tom hatte anfangs viel Zeit mit Flash verbracht, um ihm dabei zu helfen, seine Angst vor Menschen zu überwinden und uns zu vertrauen. Tag für Tag, oft vier Stunden am Stück, hatte Tom neben Flash auf der Weide gesessen. Zwischen den beiden bestand ein ganz besonderes Band, das Toms vollem Terminkalender und Flashs Neigung, in Schwierigkeiten zu geraten, standhielt.

Doch ganz abgesehen von den Verhandlungstricks – ich machte mir wirklich Sorgen um Flash. Esel sind von Natur aus sehr gesellig. Ohne die Gesellschaft eines anderen Tieres, vorzugsweise eines Esels oder Pferdes, gedeihen sie nicht so, wie sie sollten. Sie können deprimiert werden (tatsächlich ein Begriff aus der Tiermedizin), ihren Appetit oder das Interesse an ihrer Umgebung verlieren und krank werden. Einsame Esel können gelangweilt sein, sich destruktiv verhalten und an Zäunen, Scheunen und allem Möglichen knabbern. Flash hatte begonnen, all diese Symptome zu zeigen.

„Wir müssen unbedingt darüber reden", sagte ich. „Ich glaube, Flash vermisst noch immer –"

„Ja, es wird schlimmer mit ihm", unterbrach mich Tom. Er wollte es mir nicht schwer machen. „Er kann einfach nicht widerstehen und versucht, meine Seile und Verlängerungskabel kaputt zu machen. Er stellt sich mit den Hufen darauf und zieht dann mit seinen Zähnen daran. Ich kann nichts mehr draußen liegen lassen."

Er sah mich an und zwinkerte mir zu. „Vielleicht sollten wir uns von ihm trennen."

Schwätzer. Ich kniff ihm in den Arm (er gab keinen Laut von sich) und begann, mich über Eselgefährten schlauzumachen.

• • •

„Ich glaube, ich habe einen Kumpel für Flash gefunden", schrieb mir Doc Darlin in einer privaten Facebook-Nachricht. Er hieß eigentlich David C. Duncan, aber im Concho Valley in Westtexas war er als „Doc Darlin" bekannt. Der Name passte zu ihm. Er war ein Eselhirte, der in einer Auffangstation für Esel in San Angelo, Texas, arbeitete, wo ich ihn ein Jahr zuvor kennengelernt hatte, als ich auf der Suche nach Informationen zur Eselhaltung auf diese Ranch gestoßen war. Es handelt sich dabei um den Hauptsitz der „Peaceful Valley Donkey Rescue", der größten Organisation dieser Art in den Vereinigten Staaten, die sich um die Pflege, Erziehung und Vermittlung von Tausenden Eseln kümmert.

Als ich an jenem Tag mein Auto geparkt hatte, war Doc gerade auf der Weide mit einem zotteligen braunen Esel beschäftigt gewesen. Offenbar versuchte er, ihm beizubringen, am Führstrick zu gehen. Der Esel wollte davon nichts wissen. Seine Hufe waren in den Boden gestemmt, und sein Kopf hing herunter. Er bewegte sich keinen Zentimeter. Doc ließ das Seil lockerer und beugte sich zu den Ohren des Esels. Er flüsterte ihm etwas zu, das ich nicht verstand. Der Esel hielt den Kopf hoch, schien einen Moment zu überlegen und ging dann wie von Doc verzaubert los. Ich war beeindruckt.

Mark, der Gründer der Organisation, stellte uns einander vor. „Doc ist unsere öffentliche Kontaktperson, Sie werden also in Zukunft mit ihm zu tun haben." Doc tippte kurz an die Krempe seines Cowboyhutes und lächelte unter seinem Schnurrbart. Ich mochte ihn sofort und begann, ihm Flashs Geschichte zu erzählen.

Doc war fasziniert davon, wie Flash scheinbar aus dem Nichts in mein Leben getreten war. Als ich ihm erzählte, unser Bezirkssheriff habe uns gesagt, Flash werde bei einer Versteigerung keine fünf Dollar erzielen, zog Doc eine Grimasse. Solche Geschichten hatte er schon Hunderte Male gehört.

„Flashs Abenteuer auf unserer kleinen Farm in Texas haben mich zu einem Buch inspiriert", hatte ich schließlich erklärt.

„Na so was", hatte Doc erfreut mit dem Kopf schüttelnd gesagt. „Das ist ja unglaublich!"

Nun starrte mich Docs Nachricht vom Computerbildschirm an. Es war die Antwort auf eine Anfrage, die ich einige Wochen zuvor an ihn geschickt hatte. In meiner E-Mail hatte ich ihn an Flash erinnert und erklärt, dass ich nach einem Gefährten für ihn suchte, vorzugsweise einen Zwergesel, der an andere Esel gewöhnt war. Ich brauchte einen Esel, der sich tagsüber mit Flash auf der Weide herumtreiben und ihn bei öffentlichen Events begleiten würde, damit er nicht zu nervös wäre. Zwar war Flash bisher noch nicht zu öffentlichen Events eingeladen worden, aber ich wollte mich auf diese Möglichkeit vorbereiten.

Den Hauptgrund, warum Flash einen Gefährten brauchte, verschwieg ich Doc allerdings. Ich konnte ihm nichts von Flashs Kummer – und von meinem eigenen – sagen, jedenfalls jetzt noch nicht.

Docs Nachricht ging so weiter: „Es ist ein Zwergesel, der mit einer Gruppe von zwanzig Streunern in Henderson County zusammengetrieben wurde. Der Sheriff hat ihn als ‚Nummer zehn‘ eingeloggt. Ich habe ein Foto beigefügt."

Ein Blick auf den Streuner Henderson Nummer zehn mit dem süßen Babygesicht reichte: Ich war verloren. Er stand neben einem klassischen Esel und wirkte so winzig! Mit seiner Schulterhöhe von rund neunzig Zentimetern sah er klein genug aus, um in eine Reisetasche zu passen. Seine steife Mähne stand senkrecht in die Höhe, und seine dunklen Augen blickten direkt in mein Herz. Er war einfach perfekt!

Mit einigen weiteren Überredungsversuchen gelang es mir schließlich, Tom für die Sache zu erwärmen, und gemeinsam kümmerten wir uns darum, einen Pferdeanhänger vom Freund eines Freundes auszuborgen. Tom würde fahren; wir hofften, die zehnstündige Hin- und Rückfahrt an einem einzigen Tag zu bewältigen, und ohne ihn würde ich das nie schaffen. Der Anhänger war gigantisch – groß genug für zwei Zugpferde mitsamt Sattel- und Zaumzeug –, doch als der Tag kam, machten wir ihn an unserem Suburban mit einem Schulterzucken nach dem Motto „In der Not schmeckt jedes Brot" fest.

Als wir in der Morgendämmerung über den Highway rumpelten, drehte ich den Kopf zu Tom und sagte: „Ich wünsche mir so sehr, dass dieser neue Esel ein guter Freund für Flash wird."

Doch tatsächlich meinte ich: *Ich wünsche mir, dass er alles in Ordnung bringt.*

Tom nahm meine Hand und drückte sie. „Es wird alles gut. Du wirst sehen."

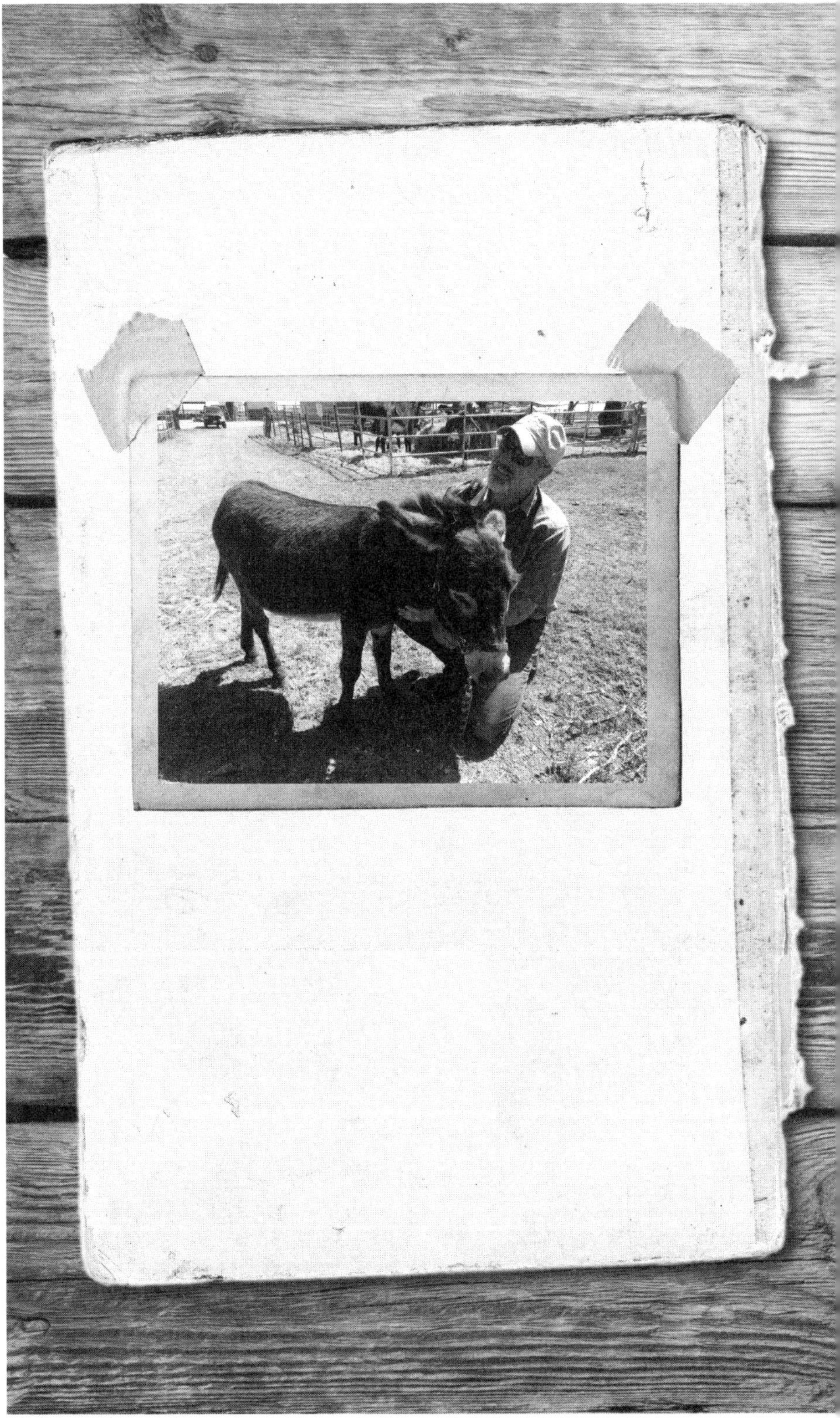

1.

Die Mittel der Gnade

*Allmächtiger Gott, Vater aller Barmherzigkeit.
Wir, Deine unwürdigen Diener, sagen Dir demütig
und von Herzen Dank für all' Deine Güte und
Freundlichkeit, die Du uns und allen Menschen
erwiesen hast. Wir preisen Dich für unsere
Erschaffung, Erhaltung und alle Wohltaten dieses
Lebens, aber vor allem für Deine unermessliche
Liebe in der Erlösung der Welt durch unseren Herrn
Jesus Christus, für die Mittel der Gnade und für die
Hoffnung der Herrlichkeit. Und wir bitten Dich: Gib
uns den rechten Sinn für all' Deine Segnungen, damit
unsere Herzen aufrichtig dankbar sind und wir Dein
Lob nicht nur mit unseren Lippen, sondern auch durch
unser Leben verkünden. Wir wollen uns in Deinen
Dienst stellen und alle unsere Tage in Heiligkeit und
Gerechtigkeit vor Dir leben. Durch Jesus Christus,
unseren Herrn, dem mit Dir und dem Heiligen Geist
alle Ehre und Herrlichkeit von Ewigkeit zu Ewigkeit
gebührt. Amen.*

Morgenlob, „Allgemeines Dankgebet",
Das allgemeine Gebetbuch, Erster Teil

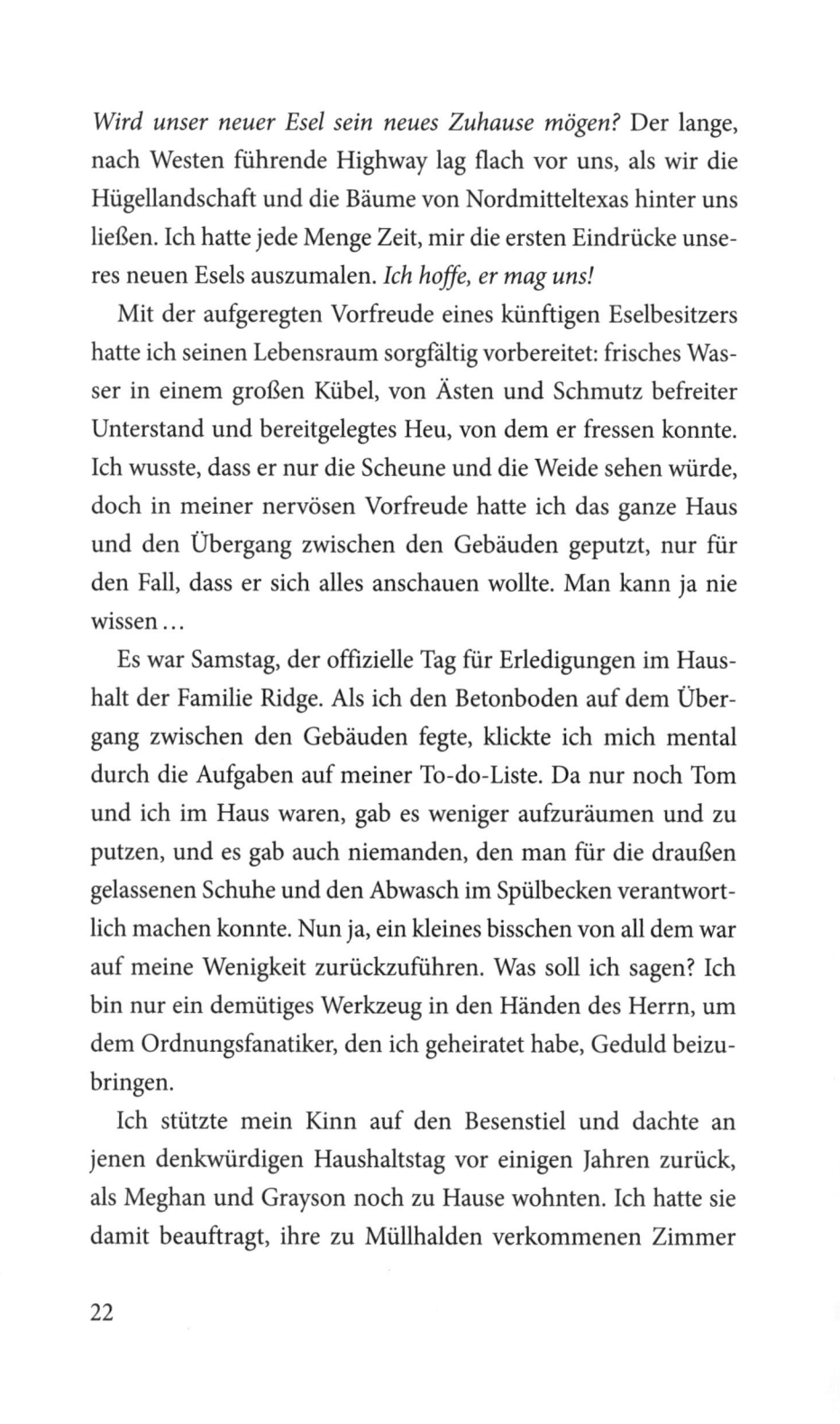

Wird unser neuer Esel sein neues Zuhause mögen? Der lange, nach Westen führende Highway lag flach vor uns, als wir die Hügellandschaft und die Bäume von Nordmitteltexas hinter uns ließen. Ich hatte jede Menge Zeit, mir die ersten Eindrücke unseres neuen Esels auszumalen. *Ich hoffe, er mag uns!*

Mit der aufgeregten Vorfreude eines künftigen Eselbesitzers hatte ich seinen Lebensraum sorgfältig vorbereitet: frisches Wasser in einem großen Kübel, von Ästen und Schmutz befreiter Unterstand und bereitgelegtes Heu, von dem er fressen konnte. Ich wusste, dass er nur die Scheune und die Weide sehen würde, doch in meiner nervösen Vorfreude hatte ich das ganze Haus und den Übergang zwischen den Gebäuden geputzt, nur für den Fall, dass er sich alles anschauen wollte. Man kann ja nie wissen …

Es war Samstag, der offizielle Tag für Erledigungen im Haushalt der Familie Ridge. Als ich den Betonboden auf dem Übergang zwischen den Gebäuden fegte, klickte ich mich mental durch die Aufgaben auf meiner To-do-Liste. Da nur noch Tom und ich im Haus waren, gab es weniger aufzuräumen und zu putzen, und es gab auch niemanden, den man für die draußen gelassenen Schuhe und den Abwasch im Spülbecken verantwortlich machen konnte. Nun ja, ein kleines bisschen von all dem war auf meine Wenigkeit zurückzuführen. Was soll ich sagen? Ich bin nur ein demütiges Werkzeug in den Händen des Herrn, um dem Ordnungsfanatiker, den ich geheiratet habe, Geduld beizubringen.

Ich stützte mein Kinn auf den Besenstiel und dachte an jenen denkwürdigen Haushaltstag vor einigen Jahren zurück, als Meghan und Grayson noch zu Hause wohnten. Ich hatte sie damit beauftragt, ihre zu Müllhalden verkommenen Zimmer

22

aufzuräumen und zu putzen, während ich mich auf den Haupt-
wohnbereich konzentrierte. Toms Aufgabe an jenem Tag bestand
darin, den Gurt des Fahrersitzes in unserem (damals) fünfzehn
Jahre alten Ford Explorer auszuwechseln. Ich spürte, dass sein
Geduldsfaden kurz vor dem Zerreißen war, als er ins Haus kam,
um ein Glas Wasser zu trinken, und geradeheraus sagte: „Frag
erst gar nicht, okay?"

Ich leistete dem Befehl Folge und arbeitete mich von Zimmer
zu Zimmer weiter. Ich sah nach, wie weit die Kinder gekommen
waren, und zeigte mit dem Finger erst auf Meghan und dann auf
den Staubsauger, bevor ich Grayson einen Blick zuwarf, der ohne
Worte sagte: *Leg die Legos hin und mach dich an die Arbeit! Es ist
mir schnurzegal, ob du gerade Hunger hast!*

Plötzlich hörte ich ein Geräusch von draußen und sah auf:
Tom schlug an die gläserne Schiebetür, die vom Durchgang zum
Haus führte.

Ich traute meinen Augen nicht. Das Gesicht meines Mannes
war deformiert und voller Blut!

Lieber Gott, man hat auf ihn geschossen! Oh Herr!

Meine Gedanken rasten in tausend Richtungen, aber mein
Körper war wie festgefroren. Ich wusste, dass Tom jeden Moment
umfallen konnte, allein wegen des Blutverlusts.

Ich begann, zu weinen und zu beten und nach meinem Telefon zu suchen, damit ich den Notruf wählen konnte. Der Schuss
musste aus nächster Nähe mit einer Schrotflinte abgegeben worden sein.

Wie kommt es, dass er immer noch aufrecht steht?

Und dann hörte ich …

„Es ist F-F-FARRBE! Ich habe aus Versehen eine rote Spraydose angestochen, und sie ist auf dem Rücksitz explodiert. Ich

kann nichts sehen! Die Farbe ist in meiner Nase und in meinem Hals und überall im Wagen!"

Kein Blut – nur Farbe.

Wir machten uns eilig an die Arbeit. Während Tom sich mit dem Schlauch abspritzte und mühsam versuchte, die Farbe abzuwaschen, griffen Meghan, Grayson und ich nach Gummihandschuhen und Farbverdünner. Wir zerrissen alte Handtücher zu Putzlappen und begannen, so schnell wie möglich den Wagen abzuwaschen. Die Rückbank, der Fußboden, die Lehnen der Vordersitze und die Decke waren tiefrot, während die Türen und Fenster von innen mit Spritzern der rasch trocknenden Lackfarbe übersät waren.

Wir waren wie ein Ermittlerteam an einem grauenvollen Tatort, das stundenlang in der brütenden Hitze schuftete, ohne ein Wort zu sagen, abgesehen von der hin und wieder geflüsterten Bitte: „Gib mir mal den Lackverdünner."

Schließlich fragte Meghan: „Passieren solche Sachen eigentlich auch anderen Leuten?"

Da saßen wir – verschwitzt, schmierig, mit roter Farbe bedeckt und mit sich an den Fingerspitzen abschälenden Gummihandschuhen – und fühlten uns wie die Überlebenden der Französischen Revolution in *Les Misérables*. Du liebe Zeit! Wir waren wirklich ein mitleiderregender Anblick.

Die Frage hing in der dampferfüllten Luft – bis wir zu lachen begannen …

Als wir uns wieder beruhigt hatten, versicherte ich: „Oh nein, mein Schatz! Solche Dinge passieren *nur* uns."

Und wir brachen wieder in hysterisches Gelächter aus.

Genau in dem Moment, als wir uns in unserem Elend allein fühlten, entzündete sich dieser Lichtfunken.

Ich brauchte ihn so sehr.

Wie oft habe ich mich in besonders anstrengenden Umständen allein gefühlt? Sicherlich gibt es außer mir niemanden, der in einem fünfzehn Jahre alten Wagen mit einem kaputten Gurt fahren muss. Niemand sonst muss explodierte Lackfarbe entfernen. Niemand sonst hat sich durch Versagen und Verlust kämpfen müssen wie ich. Niemand sonst hat irgendetwas von dem erlebt, was ich durchmache…

Manchmal frage ich mich einfach: Bin ich die Einzige?

Denn genauso fühlt es sich an.

Und gerade dann, wenn ich am wenigstens damit rechne, bricht ein kleiner Lichtstrahl durch die Dunkelheit und bietet einen flüchtigen Blick auf die Güte. Vielleicht eine kleine Erinnerung daran, dass ich nie wirklich allein bin.

Gnade ist da.

Und wenn Gnade da ist, dann ist auch Gott da.

Doc kam auf uns zu, als wir mit dem Wagen anhielten, und wies Tom an, den Anhänger auf einen Platz neben einem der Außengebäude zu fahren. Wir kletterten aus dem Wagen und streckten unsere Beine nach der langen Fahrt aus, wobei wir die Szene um uns herum betrachteten. Esel jeder Form, Farbe und Größe schlenderten in Gehegen und auf trockenen Weiden umher. Große Esel, kleine Esel, Esel mit Fohlen, alte Esel. Mehr als tausend Esel gleichzeitig auf einem Raum zu sehen, ist beinahe unfassbar. Es ist laut, staubig und ausgesprochen überwältigend.

Ich musste sofort an Abraham und seine Schaf- und Gänseherden denken, an seine Rinder und Esel, die in der Bibel genannt werden. *Hat sein Nomadenreich tatsächlich so ausgesehen?*

Und dann schossen mir lauter Fragen durch den Kopf: *Woher bekamen sie Wasser? Was fraßen sie? Wie haben Abrahams Gehilfen dafür gesorgt, dass die Tiere nicht weglaufen? Was machten sie mit all dem Kot?* Was für ein gigantisches Unternehmen!

„Hallo!" Doc schüttelte uns die Hände und stellte sich Tom vor. Er trug einen Cowboyhut mit einer zerknautschten Krempe, ein rotes Halstuch und abgenutzte Westernstiefel und sah aus, als wäre er geradewegs einem Geschichtsbuch entstiegen. Wir waren keineswegs erstaunt zu hören, dass er manchmal an historischen Nachstellungen der Ära des neunzehnten Jahrhunderts mitwirkte. Er war wie gemacht für die Rolle eines Soldaten im Amerikanischen Bürgerkrieg oder eines Cowboys aus dem Wilden Westen.

„Ich weiß, dass Sie darauf gespannt sind, Ihren neuen Esel kennenzulernen, also lassen Sie uns direkt zu ihm gehen", sagte Doc mit einem Lächeln. „Ich werde Ihnen etwas Zeit geben, miteinander Bekanntschaft zu machen, und dann gehen wir ins Büro und füllen die Formulare aus."

Wir gingen um die Ecke, und da stand er: Henderson Nummer zehn. Er war frisch gebürstet und herausgeputzt, mit einem Führstrick gehalftert und fraß heißhungrig Grasbüschel auf der Weide. Ich streckte ihm meine Hände hin, damit er daran schnuppern konnte, während mir eine ehrenamtliche Mitarbeiterin namens Margaret, die seinen Führstrick in der Hand hielt, das wenige berichtete, was die Organisation über den kleinen Esel wusste.

„Wir wissen nur, dass er gefunden wurde, als er mit ein paar anderen Eseln in Henderson County herumstreunte. Er war der einzige Zwergesel der Gruppe, was bedeutet, dass er sich zu behaupten weiß. Wir glauben nicht, dass er viel Erziehung erfahren hat, aber er hat eine einnehmende Persönlichkeit und fürchtet sich nicht vor Menschen", sagte sie, während sie seine Ohren kraulte. Margaret sah wie ein echter Tierfreund aus, und es war offensichtlich, dass sie diesen kleinen Kerl besonders mochte.

Der Esel ignorierte meine ausgestreckten Hände, um weiter Gras zu fressen, und ich kniete mich neben ihn und begann, seinen Nacken zu streicheln. Sein dunkles Sommerfell war weich und glänzend und hatte ein dunkleres „Kreuz" auf den Schultern. Seine stämmigen Beine wiesen unterhalb der Knie blasse Streifen auf, und sein Schweif scheuchte ohne großen Erfolg die Fliegen fort. Seine weichen Ohren standen in verschiedene Richtungen ab, woran ich erkennen konnte, dass er, obwohl er scheinbar ganz auf seine Mahlzeit konzentriert war, gleichzeitig auch meiner Stimme und Präsenz Aufmerksamkeit schenkte. Sein Maul hatte einen warmen Grauton und passte gut zu den hellen Kreisen um seine Augen. Kurz gesagt: Er war bezaubernd.

Und ich war ganz und gar verzaubert!

Nun ließ sich Doc vernehmen: „Wir gehen davon aus, dass er sieben oder acht Jahre alt ist. Er hat ein sehr angenehmes Temperament. Da er daran gewöhnt war, in einer Herde zu leben, wird er keinerlei Schwierigkeiten haben, sich mit Flash anzufreunden. Er wird es sehr wahrscheinlich genießen, nur einen einzigen Freund zu haben."

„Was ist mit seinem Bauch?", fragte Tom.

„Ja, er ist ziemlich rund", lachte Doc. „Aber das ist ganz normal. Zwergesel haben nicht viel Platz für ihre Organe und den Magen, deshalb sehen sie ein bisschen dick aus."

Moment mal, Sie sprechen über meinen Esel! Ich war schon fast in der Defensive.

Doc fuhr fort: „Da wir wussten, dass er möglicherweise bei Events von vielen Leuten umgeben sein wird, haben wir ihn letztes Wochenende in einer Parade mitlaufen lassen. Er war fantastisch! Er lief einfach mit und schien genau zu wissen, was er zu tun hatte. Er hat nicht gescheut oder Schwierigkeiten gemacht."

Meine Brust schwoll vor Stolz an. *Mein Esel ist in einer Parade mitgelaufen, und er hat nicht gescheut!*

Und nicht nur das: Henderson Nummer zehn sprang wie ein Profi in den Pferdeanhänger, nachdem der Papierkram erledigt war und wir aufbrechen konnten. Der Esel sah in dem riesigen Teil lächerlich klein aus. Die weichen Spitzen seiner braunen Ohren reichten gerade mal an das untere Ende der Anhängerfenster. Tom schloss die Tür und verriegelte sie.

„Noch eine kleine Warnung", sagte Doc. „Wenn Esel nervös werden, können sie heftigen Durchfall bekommen. Machen Sie sich keine Sorgen, wenn das passiert. Er hat schon alles Mögliche durchgemacht, und er muss sich an viel Neues gewöhnen, allem voran an Flash."

Er klopfte ein paarmal auf den Anhänger und lächelte. „Und jetzt viel Glück!"

Gnade.

In diesem Augenblick nahm die Gnade die Gestalt eines bezaubernden Zwergesels in einem großen, alten Pferdeanhänger an, der in der Abenddämmerung Texas durchquerte. Es erschien mir eine gute Gelegenheit, einige Scherben aufzulesen und neu zu beginnen.

Ein Künstler, den ich bewundere, hat einmal gesagt:

„Ich habe festgestellt, dass durch Versagen, Leid und Enttäuschung etwas geweckt wird. Es ist ein Ort des Lernens und potenzieller Kreativität. In solchen Momenten kann man sich in Verzweiflung und Leugnen verlieren oder aber man kann das Versagen anerkennen und die Hoffnung auf etwas Neues umarmen."[1]

Ich habe die Gnade Tausende Male in meinem Leben erfahren, und ich habe sie tausend weitere Male übersehen. Das liegt vielleicht daran, dass sich die Gnade selten mit lautem Trara zeigt. Doch in gewisser Weise ist sie immer da.

Nach allem, was wir durchgemacht hatten, um schließlich Henderson Nummer zehn zu uns zu holen, hatte ich Hoffnung, dass sich die Gnade wieder zeigen würde.

Ich lehnte mich im Beifahrersitz zurück und legte mir das Kissen auf meinem Schoß zurecht. (Ja, ich habe ein Kissen auf dem Schoß, damit ich meine Arme während der Fahrt darauf ruhen lassen kann. Machen das nicht alle so?) Während wir unserem langen Schatten auf dem Highway nach Hause folgten, holte ich ein kleines rotes Notizbuch hervor und blätterte zu den ersten Seiten. Dort hatte ich ein Gebet aufgeschrieben, das ich auswendig lernen wollte – bis heute ist das „Allgemeine Dankgebet" mein Lieblingsgebet, vielleicht weil es mich an diese lange Heimfahrt mit unserem kleinen Beifahrer im Anhänger erinnert und tiefe Dankbarkeit in mir weckt.

Ich verweilte bei den folgenden Worten und ließ sie in meiner Seele nachklingen:

*... aber vor allem für Deine unermessliche Liebe in
der Erlösung der Welt durch unseren Herrn Jesus
Christus, für die Mittel der Gnade und für die
Hoffnung der Herrlichkeit.*

Die Mittel der Gnade.

Unser kleiner Esel, den wir aus einer Menge von rund tausend Eseln herausgeholt hatten, war auf dem Weg zu einem guten Zuhause. Er war für eine besondere Aufgabe ausgesucht worden. Er war handverlesen worden, um Teil unseres Lebens und ein Freund für Flash zu werden. Ich denke, das kann man als eine Art Gnade bezeichnen.

Ich musste wieder an Abraham denken. In seiner großen Herde gab es einen speziellen Esel, den er für seinen persönlichen Gebrauch ausgewählt hatte. Kräftig, trittsicher und tüchtig, wie er war, hatte dieser Esel keine Ahnung, dass er einmal Teil eines der wichtigsten prophetischen Ereignisse in der biblischen Geschichte sein würde.

Ich sah die Szene genau vor mir: Eines Morgens stand Abraham auf und sattelte den Esel für eine Dreitagesreise zum Berg Moria. Er nahm seinen Sohn Isaak und zwei Knechte mit. Außerdem hatte er ein wenig Holz dabei, um Gott ein Brandopfer darzubringen. Ich habe keinen Zweifel daran, dass Abraham Isaak auf seinen Esel setzte (es war üblich, dass Frauen und Kinder auf Eseln ritten, während die Männer zu Fuß gingen) und ihn auf dem langen Weg führte.

In der ersten Nacht kampierten sie unter einem Himmel voll funkelnder Sterne, ebenjene Sterne, die einst dem damals Abram genannten Mann solche Hoffnung gegeben hatten. Abraham hielt die Augen krampfhaft geschlossen und versuchte, seine Erinnerung an Gottes Verheißung, dass seine Nachkommen so zahlreich wir die Sterne sein würden,[2] auszublenden. Während er auf seinem provisorischen Bett lag, hörte er Isaak im Schlaf sprechen und den Esel im Busch rascheln. *Nur noch zwei Tage bis zum Berg Moria,* dachte er.

Ob Abraham sich wohl fragte, ob Gott, den er zu kennen glaubte, seine Meinung bezüglich seiner Verheißung geändert hatte? Es war vermutlich eine schlaflose Nacht. Soweit Abraham sehen konnte, hatte er keine andere Wahl, als Gottes Befehl zu gehorchen und seinen Sohn zu opfern.

Vielleicht lief Abrahams Esel bereitwillig in der kleinen Reisekarawane mit: Abraham, der Esel, der Isaak trug, ein Diener, der das Holz trug, ein weiterer Diener, der den Proviant trug… sie alle trotteten durch die Wildnis.

Aber ich kenne Esel: Es muss einfach ein paar Momente gegeben haben, in denen er bockte.

Sich widersetzte.

Die ganze Prozession aufhielt.

Ich sehe es im Geiste vor mir: eine Pattsituation zwischen Tier und Mensch. Doch statt sich über den widerborstigen Esel zu ärgern, streichelte Abraham dem Lasttier über den Kopf. Er kraulte seine Ohren. Abrahams Schritte waren vor Kummer schwer, und er genoss jeden weiteren Augenblick, den er mit seinem Sohn Isaak geschenkt bekam. Der Vater konnte warten. Er konnte dem Esel die Möglichkeit geben, seine Gedanken zu sammeln und sich zu entscheiden, wann er sich wieder bewegen wollte.

Genau das passiert, wenn man mit einem Esel unterwegs ist: Man rechnet damit, hin und wieder stehen zu bleiben.

An den meisten Tagen, so stelle ich mir vor, war Abraham ungeduldig mit seinem störrischen Esel.

Doch während dieser drei Tage genoss er jede Pause.

Er betrachtete seinen Sohn, diesen wundervollen Jungen, wie er da auf dem Rücken des Esels seines Vaters saß. Vielleicht trauerte Abraham innerlich darüber, dass Isaak nie seinen eigenen Esel haben würde – einen speziellen Esel, den Abraham bereits für ihn ausgesucht hatte. Dieser Esel hier war nur ein ausgeborgter Esel für den über alles geliebten Sohn auf dem Weg zum Opferaltar. Es würde keinen anderen Esel geben.

Abrahams Geschichte hätte tragisch geendet, doch dann geschah etwas: *Gnade* kam ins Spiel!

Gnade ist die unerwartete Wendung in dieser Geschichte, und sie ist die unerwartete Wendung in *jeder* Geschichte! Der überraschende Ausgang, auf den wir kaum zu hoffen wagten.

Im letzten Augenblick schritt Gott ein und beendete den Albtraum. Gott stellte für das Opfer einen Widder bereit, dessen Hörner sich im Gestrüpp verfangen hatten. Isaak, Abrahams Augapfel, wurde verschont – und später eine Quelle des Segens für die ganze Welt.

Es war ein dramatischer Augenblick, an den sich die Nachkommen Abrahams über Tausende Jahre hinweg erinnern sollten: So ist unser Gott.

Unser Gott ist voller Überraschungen.

Unser Gott ist gnädig.

Unser Gott segnet.

Unser Gott kümmert sich.

Unser Gott sorgt für uns.

Jahwe-Jireh.

Es war Zeit für eine Pause. Tom fuhr vom Highway ab und parkte vor einem Fast-Food-Restaurant. Wir waren hungrig und wollten außerdem nachsehen, wie es unserem kleinen Passagier ging. Der Anblick von zotteligen, emporragenden Ohren und der Klang kleiner Hufe im Anhänger weckten die Aufmerksamkeit einiger Leute, die näher kamen, um zu sehen, was darin war.

Eine Frau stellte sich auf die Stoßstange des Anhängers und spähte ins Innere. „Oh, ein kleiner Esel!", rief sie begeistert aus. Die braunen Augen von Henderson Nummer zehn starrten sie an, seine Ohren waren nach vorn gestellt. „Wie süß er ist!"

Dann wandte sie sich zu mir um. „Esel machen mich immer so fröhlich", sagte sie. „Sie können sich gar nicht vorstellen, wie sehr ich das heute brauchte." Sie drückte meine Hand und ging ohne ein weiteres Wort fort.

Mehr war auch nicht nötig. Ich verstand sie.

Gerade wenn man denkt, man ist am Ende, zeigt sich die Gnade in ihrer ganzen unerwarteten Herrlichkeit.

Manchmal bringt die Gnade einen Augenblick der Freude mitten in der Verzweiflung.

Manchmal verfangen sich die Hörner der Gnade im Gestrüpp, gerade im richtigen Moment.

Und manchmal hat die Gnade zottelige Ohren, eine borstige Mähne und schenkt dir neue Hoffnung.

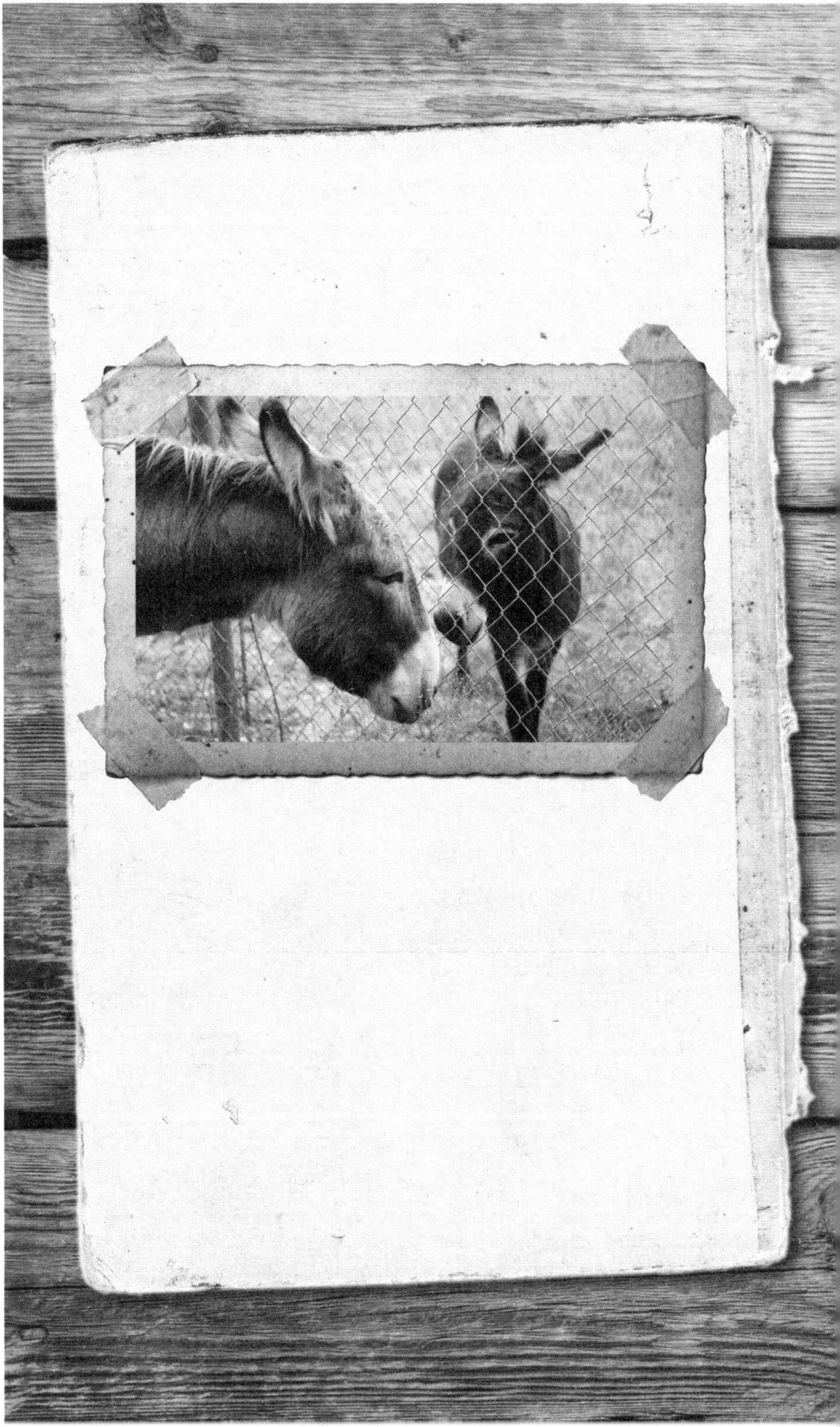

2.
Ich glaube

Ich glaube an Gott,
den Vater, den Allmächtigen,
den Schöpfer des Himmels und der Erde.
Und an Jesus Christus,
seinen eingeborenen Sohn, unsern Herrn,
empfangen durch den Heiligen Geist,
geboren von der Jungfrau Maria,
gelitten unter Pontius Pilatus,
gekreuzigt, gestorben und begraben,
hinabgestiegen in das Reich des Todes,
am dritten Tage auferstanden von den Toten,
aufgefahren in den Himmel;
er sitzt zur Rechten Gottes,
des allmächtigen Vaters;
von dort wird er kommen,
zu richten die Lebenden und die Toten.
Ich glaube an den Heiligen Geist;
die heilige, allgemeine/katholische Kirche,
Gemeinschaft der Heiligen,
Vergebung der Sünden,
Auferstehung der Toten
und das ewige Leben.
Amen.

Allgemeine Gottesdienste, „Über das Glaubensbekenntnis",
Das allgemeine Gebetbuch, Erster Teil

Der Pferdeanhänger mit seinem kleinen Passagier dröhnte wie eine Basstrommel auf der Straße, als wir über die unebene, staubige Auffahrt zu unserem scheunenförmigen gelben Haus fuhren. Wir hatten es „Beulah" getauft, als wir dort vor mehr als zehn Jahren eingezogen waren. Das ist ein guter Südstaatenname, der allerdings besser zu einem luxuriösen Herrenhaus am Ende einer von Bäumen gesäumten Auffahrt passt als zu einem renovierungsbedürftigen Haus aus den 1970er-Jahren, das sich dem Besucher noch nicht einmal von seiner besten Seite präsentiert. Ein vornehmes Südstaatenhaus ist auf Besucher eingestellt und bietet einen stattlichen ersten Eindruck. Beulah zeigt sich von der Seite und lädt den Besucher lässig dazu ein, über einen überdachten Durchgang zwischen der Garage und der hinteren Glasschiebetür ins Haus zu kommen. Die Haustür führt direkt in die Küche, ein weiterer Beleg dafür, dass Beulah sich nicht um Formalitäten schert. Es ist eher schwierig, mit einer Hintertür, die aus praktischen Gründen eine Vordertür ist, anspruchsvoll zu wirken.

Tom brachte den Suburban zum Stehen. Bevor ich ausstieg, um das Gatter zur Weide zu öffnen, warf ich einen Blick auf unser Haus. Mir kam der Gedanke, dass seine charakteristischen Dachvorsprünge der Krempe einer Baseballmütze ähnelten, die so weit wie möglich heruntergezogen war, um möglichst viel Schatten zu spenden. Im Wohnzimmer leuchtete das warme Licht einer Lampe. *Wie schön, wieder zu Hause zu sein.*

Nun mussten wir nur noch unser neues Familienmitglied in sein vorläufiges Heim befördern, und wir konnten Feierabend machen. Der kleine Esel sah verwirrt aus, als wir ihn unter gutem Zureden aus dem Anhänger zogen. Ich führte ihn langsam zu einem umzäunten Gehege auf der Weide. Es hatte einst straußenähnliche Vögel beherbergt, als der frühere Landbesitzer gehofft hatte, mit der Emu-Öl-Welle Geld zu machen. Nun würde es unserem Zwergesel als Quartier für seine erste Nacht bei uns dienen. Es verfügte über einen kleinen Unterstand aus Wellblech, wo er schlafen konnte, und über einige dürre Bäumchen, die ihm am Morgen Schatten spenden würden.

„Wie sollen wir ihn nennen?", fragte Tom. Mittlerweile war es nach neun Uhr abends, und von Flash war nichts zu sehen. Gut. Er streifte wahrscheinlich tiefer hinten im Gehölz herum und hatte keine Ahnung von dem Neuankömmling.

„Nun, sein offizieller Name ist Henderson Nummer zehn", erwiderte ich. „Wir könnten die Kurzform nehmen und ihn Henry nennen. Ich glaube, Doc hat ihn so genannt, und ich finde, es passt zu ihm. Es wäre ein schöner Name für den kecken kleinen Burschen."

„Henry." Tom sprach den Namen langsam aus. „Das gefällt mir."

„Flash und Henry, die Namen passen gut zueinander. Ob die Esel sich auch tatsächlich gut verstehen werden?", überlegte ich laut, während ich Henry zu einem kleinen Bündel Heu in der Ecke des Geheges führte. Ich stellte mir vor, wie die beiden Esel nebeneinanderstanden und Flash sein Maul herabbeugte, um Henrys nach oben gerichtetes Maul zu berühren.

„Natürlich werden sie sich verstehen. Warum machst du dir solche Sorgen?"

„Oh, ich mache mir keine Sorgen. Ich bin nur aufgeregt! Ich werde heute Nacht bestimmt nicht schlafen können. Es wird wohl ein paar Tage dauern, bis die beiden sich aneinander gewöhnt haben. Flash weiß ja noch gar nicht, dass sein neuer bester Freund gerade angekommen ist." Ich bückte mich und rieb

Henrys Ohr zwischen Daumen und Zeigefinger. Armer Kerl – er sah von der langen Fahrt ganz erschöpft aus. Sein Kopf sank mit einem tiefen Seufzer herab. Er war viel zu müde, um seine neue Umgebung zu erkunden. Das konnte bis morgen warten.

Ich verstand das nur zu gut. Als ich ins Bett kroch, spürte ich die Erschöpfung in allen Knochen. Ich war dabei, eine Seite umzublättern, um ein neues Kapitel zu beginnen. Ein Kapitel mit vielen Unbekannten – und dabei ging es nicht nur um Flash und Henry. Während ich langsam einschlief, stahl sich Abraham wieder in meine Gedanken. Diesmal begann er seine Reise zurück nach Hause. Isaak ritt auf dem treuen Esel seines Vaters. Isaak – der kostbare Sohn, von dem Abraham geglaubt hatte, er würde ihn opfern müssen. Es kam Abraham so vor, als wäre ihm sein eigenes Leben zurückgeschenkt worden. Sein Herz war leicht und jeder Schritt von Freude getragen.

Und doch, während er von Vorfreude und Hoffnung für die Zukunft erfüllt war, musste einiges bedacht werden. Dieses Erlebnis in den Bergen hatte ihm gezeigt, dass sein Gott anders war, als er bisher angenommen hatte. Er hatte bestimmte Vermutungen angestellt und dem Gott gehorcht, den er zu kennen glaubte … und dann hatte Gott ihn mit seiner Rettungsaktion in letzter Sekunde über die Maßen überrascht.

Abraham muss gespürt haben, dass er im Begriff war, noch einmal ganz neu anzufangen. Vielleicht ging er seine Glaubensreise gedanklich bis zum Beginn zurück: *Was genau weiß ich über Gott? Was weiß ich ganz sicher über mein eigenes Leben? Was wird ab heute anders sein?* Er hatte eine dreitägige Reise vor sich, während der er die Puzzleteile zusammenfügen konnte – mit einem Esel an seiner Seite.

Dieses Bild inspirierte mich. Vielleicht würde das Laufen mit einem Esel an meiner Seite ein Katalysator sein, um über mein eigenes Leben nachzudenken, mit meinem Glauben zu ringen und meinen Fragen Raum zu geben. Der Gedanke, mit einem Esel an der Seite zu laufen, schien zeitlos zu sein. Ich spürte regelrecht die trockene Wüstenluft des Berges Moria hier auf meiner Weide in Texas.

Und dann begann in meinem Kopf eine Idee Gestalt anzunehmen.

Ich befand mich wie Abraham auf einer Reise ins Unbekannte. Bevor unser letztes Kind das Nest verließ, hatte ich gelassen und sogar ein wenig beschwingt an das „Leben nach den Kindern" gedacht. Ich hatte davon geträumt, wie schön es sein würde, wieder öfter mit Tom ins Restaurant zu gehen. Ich würde keine Mahlzeiten mehr planen oder zu Sportereignissen gehen oder über Pflichten und Aufgaben im Haushalt streiten müssen. „Nur wir beide" klang so wundervoll romantisch. Vielleicht würden Tom und ich wieder mehr reisen oder mehr Zeit mit persönlicher Kreativität verbringen. Wir würden nette Abendessen mit Gästen organisieren und mehr mit unseren Freunden unternehmen. Vielleicht würde Gott uns für einen neuen Dienst bereit machen oder uns innovative Möglichkeiten zeigen, wie wir ihm dienen konnten. Natürlich wusste ich, dass ich traurig sein würde, mich von meiner Mutterrolle zu verabschieden, aber es würde mir schon irgendwie gelingen, würde- und stilvoll in diese „Leeres-Nest-Situation" hineinzugleiten.

Du liebe Zeit – ich war völlig ahnungslos!

Tom und ich beobachteten, wie Grayson langsam und vorsichtig die Auffahrt hinunterfuhr, damit sein frisch gewaschenes

Auto nicht sofort von einer Staubwolke eingehüllt wurde. Der Aufkleber an der Heckscheibe verkündete stolz: TEXAS A&M ENGINEERING. Als unser Sohn in das Erwachsensein aufbrach und sein Auto an der großen Zeder abbog und aus unserem Blickfeld verschwand, spürte ich einen dicken Kloß in der Kehle. Wir, die zurückgebliebenen Erwachsenen, saßen auf Holzstühlen im Vorgarten und weinten.

Ich erinnerte mich daran, wie sehr ich beide Male getrauert hatte, als unsere Töchter nacheinander ausgezogen waren. Ihr gemeinsames Zimmer war seitdem so ordentlich. Früher hatte ich sie ständig gedrängt, ihre Kleider nicht auf dem Boden liegen zu lassen; wollte wissen, warum ihr Frühstücksbeutel mit dem verschimmelten Sandwich noch immer in ihrem Rucksack steckte; erinnerte sie ständig daran, dass man nasse Handtücher aufhängen muss, statt sie auf dem Badezimmerboden liegen zu lassen. Nun konnte ich den aufgeräumten Boden zum ersten Mal seit Jahren sehen, und die Betten waren ordentlich gemacht, mit Teddybären aus ihren Kindertagen auf den Kopfkissen… und ich hasste es. Ich meine, natürlich gefiel es mir, dass das Zimmer aufgeräumt war, aber ich hasste die Leere darin. Die beiden wundervollen Mädchen, die so viel Freude, Musik und endlose Gespräche in unsere Welt gebracht hatten, waren nicht mehr da. Das Zimmer war leer, ihr Leben war nicht mehr darin. Es dauerte lange, bis ich es ertragen konnte, auch nur einen Blick in diesen Raum zu werfen.

Nun, ich tröstete mich damals damit, dass wenigstens Grayson ja noch mindestens fünf Jahre im Haus bleiben würde. Gemeinsam mit Tom half ich ihm, gut durch seine Highschool-Jahre zu kommen. Wir feuerten ihn beim Hockey an, saßen mit ihm auf dem Sofa und schauten uns Filme an, diskutierten bis spät in die

Nacht über das Leben. Da ich diese besonderen Momente bewusst genossen hatte, fühlte ich mich bereit, nun die neue Phase des leeren Nests mit Bravour zu bewältigen.

Doch „sich bereit fühlen" und wirklich „bereit sein" sind zwei Paar Schuhe.

Ich hatte nicht damit gerechnet, dass ich mich seelisch und mental ganz neu ordnen musste. Ich war sechsundzwanzig Jahre lang Mama gewesen, und nun kämpfte ich mit der Frage, wer ich vorher gewesen war. Ich blinzelte mein Spiegelbild an. *Ist diese Frau noch irgendwo vorhanden?* Ich wusste, dass sie schlanker gewesen war und kein Doppelkinn gehabt hatte, doch der Rest war eher verschwommen. *Vielleicht brauche ich eine stärkere Brille?*

Auch meine Identität als Christ benötigte eine neue Prägung. Nach Jahren geschäftiger Gemeindeaktivitäten fühlte ich mich oft von Gott abgekoppelt, von dem ich vermutete, dass er in der Stille sprach, nach der ich mich sehnte. Die Stille war schließlich eingetreten, und nun … ja, nun wusste ich nicht so recht, was ich damit anfangen sollte. Ich wusste, wie man das Christsein „macht", und ich war gut darin. Doch im Laufe der Jahre waren theologische Verhaltensmuster und Konzepte für mich maßgeblich geworden, und vollkommen unerwartet drängte sich mir nun die Frage auf, ob sie wirklich das beinhalteten, was ein Leben als Christ ausmachte. Gleichzeitig fürchtete ich mich davor, Gewohnheiten und Gepflogenheiten aufzugeben, die so bequem geworden waren. *Sollte ich tatsächlich einiges davon loslassen, was wird das mit mir als Person machen?*

Diese Reise ins Ungewisse kam mir vor, als ob ich aufs Meer hinausgezogen würde und nicht wissen konnte, ob ich zu dem Ufer zurückkehren würde, von dem aus ich aufgebrochen war, ober ob ich an einem völlig anderen Ufer ankommen würde.

Das Gefühl kannte ich bereits von früher. Als Tochter von Missionaren hatte ich einen Teil meiner Kindheit in Mexiko verbracht. Als ich zwölf und Katherine, meine einzige Schwester, zehn Jahre alt waren, fuhren wir während der Frühlingsferien mit Freunden nach Acapulco zum Zelten. Meine Schwester und ich spielten stundenlang am Strand und genossen das Meer und die entspannte Aufmerksamkeit unserer Eltern. Wir hatten keine Ahnung, wie sehr uns die tropische Sonne verbrennen würde (leider wussten wir damals noch nichts über die Bedeutung von Sonnenschutzcreme).

Die Wellen des Pazifischen Ozeans sind in Acapulco unglaublich stark, und Menschen – ganz besonders kleine Menschen – haben der Brandung in der Regel nicht allzu viel entgegenzusetzen. Eines Tages brach eine ungewöhnlich hohe Welle über mich herein, der sofort eine weitere Welle aus einer anderen Richtung folgte.

Plötzlich konnte ich den sandigen Grund nicht mehr spüren, und obwohl ich dachte, ich wäre eine gute Schwimmerin, wurde ich wie eine Stoffpuppe in der Waschmaschine herumgeschleudert. Meine Muskeln schmerzten, als ich versuchte, meine Arme zu bewegen und mit den Beinen zu strampeln, in dem vergeblichen Bemühen, mich in Richtung Ufer zu bewegen, während die Strömung mich immer weiter Richtung offenes Meer zog. Ich würgte und spuckte Meerwasser und keuchte nach Luft, voller Panik, dass ich jeden Moment ganz unter Wasser gezogen würde.

Meine Augen brannten vom Salz, und als ich meinen Kopf drehte, konnte ich gerade noch sehen, wie Katherines Kopf auf der am weitesten entfernten Welle auftauchte. Dahinter war nur der offene Ozean – und ich dachte: *Sie ist verloren! Ich werde sie nie wiedersehen.*

Ich wurde völlig panisch. Obwohl das Wasser mich immer wieder herunterzog, schrie ich bei jedem Auftauchen um Hilfe: „Ayuda! Ayúdame!"

Ein älterer Mann tauchte neben mir auf und zog mich an der Hand in Sicherheit. *Danke, Herr!*

„Meine Schwester, *mi hermana!*", schluchzte und würgte ich, als ich über den Sand taumelte, verzweifelt bemüht, meine zitternden Beine unter Kontrolle zu bekommen. Schließlich hatte ich mich wieder einigermaßen im Griff und begann, mit den Augen hektisch den Ozean nach Katherine abzusuchen. *Da drüben!* Ihr Kopf tanzte noch immer auf dem Wasser.

In dem Moment sah ich einen anderen Mann, der bereits bis zu den Hüften im Wasser war und auf sie zuwatete. War es ein Engel? Ich wusste es nicht, aber der Ozean hätte eigentlich über seinem Kopf zusammenschlagen müssen. Dann sah ich, dass er Katherine in den Armen hielt, und er trug sie durch die Wellen hindurch zu mir und dem Mann, der mich gerettet hatte. Wasser tropfte am Körper von Katherines Held herunter, als er sie vorsichtig neben mir in den Sand setzte. *„Estás bien?* Alles in Ordnung?"

Meine Schwester und ich nickten und kuschelten uns aneinander. In Handtücher gewickelt saßen wir am Strand, das Kinn auf die Knie gelegt, unsere Hände fest ineinander verschlungen. Wir wussten, dass wir dem Tod ganz nahe gewesen waren und wie durch ein Wunder überlebt hatten.

Die Strömung des Wassers, der Sand unter den Füßen, der einfach weggezogen wird, die absolute Machtlosigkeit angesichts solcher Naturkräfte, die Angst, unterzugehen und zu ertrinken … eine solche Erfahrung vergisst man nie wieder.

Und jetzt spürte ich dieselbe Kraft, nur dass sie mich diesmal zu etwas hinzog, das ich nicht erklären konnte. Ich hatte Angst, ja. Und doch spürte ich, dass dieses Mysterium tief, wunderschön und geheimnisvoll sein könnte. Dieses „Etwas" (oder dieser „Jemand") drängte mich dazu, die Ideen und Muster, an die ich mich klammerte, loszulassen und – wie Abraham – einfach zu vertrauen.

Flash schlenderte schläfrig aus dem Wald heraus, als die Vögel ihr Morgenlied zwitscherten. Wie üblich waren sein Kopf tief herabgesenkt und seine Augen auf den Weg gerichtet, sodass er erschrocken innehielt, als Tom und ich dastanden, als wären wir plötzlich aus dem Nichts aufgetaucht. Er ist mir sehr ähnlich, wenn ich morgens noch keinen Kaffee getrunken habe; dann trotte ich in die Küche und habe nur einen taumeligen Gedanken im Kopf: *Sprich mich bloß nicht an. Oder noch besser: Schau mich nicht einmal an.*

„Flash, komm, du musst unbedingt deinen neuen Freund kennenlernen!" Ich sprach sanft, während ich mit meinem Ärmel den Schlaf aus seinen Augen rieb.

Er sah mich ungläubig an. Das war ja unerhört, dass ich ihn so früh am Morgen um etwas bat! Gähnend sträubte er sich ein paar Minuten. Es war ungefähr so, als ob er die Schlummertaste des Weckers ein letztes Mal drückte. Schließlich folgte er mir zu dem Gehege, wo Tom auf uns wartete.

Henry stand dort und sah uns aufmerksam mit erhobenem Kopf, nach vorn gerichteten Ohren und weit aufgerissenen Augen an. Er hatte Flash erblickt und zitterte vor Aufregung, sein glänzendes Fell schimmerte in der Morgensonne. Flash blieb stehen. Er schüttelte den Kopf, als ob er seine Gedanken ordnen müsste, und blähte die Nüstern, als er den Geruch dieses offensichtlichen Eindringlings wahrnahm.

Vorsichtig kam er mit nach hinten gelegten Ohren näher und schob seine Nase an den Maschendrahtzaun. Henrys Ohren waren noch immer gespitzt, als auch er näher kam und seine Nase an den Zaun drückte. Nase an Nase machten die beiden Bekanntschaft, während Tom und ich den Atem anhielten. Flashs Ohren schwenkten in ihre normale Position zurück, und die beiden Esel sahen sich gebannt an.

„Es wird wunderbar klappen", flüsterte ich Tom zu, erfreut über unseren Erfolg. Innerlich hoben wir die Faust in Siegerpose.

Doch die Freude hielt nur kurz an. Plötzlich stampfte Flash mit den Vorderhufen auf und blies laut durch die Nüstern. Henry wich erschrocken zurück (und wir auch). Er drehte sich im Kreis und warf sich dann mit einem Quieken heftig gegen den Maschendraht. Daraufhin lief Flash am Zaun entlang, gefolgt von Henry auf der anderen Seite des Maschendrahts. Sie stoppten gleichzeitig am anderen Ende und starrten einander mit flach gelegten Ohren an.

Und dann ... explodierte Henry. Doc hatte keinen Scherz gemacht. Aus Henrys Hinterteil kam mit Düsenantrieb Brennstoff (äh, Abfall) heraus, während er wie eine Rakete auf uns zugeschossen kam. Er buckelte und brüllte und raste so schnell, wie seine kleinen Beine ihn trugen. Flash zog nach, mit tief gesenktem Kopf und furchtbarem Grunzen. Sie liefen vor und zurück, hielten alle paar Minuten an, um einander durch den Maschendraht zu beschnüffeln. Flash reagierte auf jede Bewegung von Henry.

Und dann traf mich die Erkenntnis: *Flash hat noch nie einen anderen Esel gesehen!* Er hatte keine Ahnung, was er mit diesem langohrigen Tier anfangen sollte, das ohne Einladung auf seiner Weide aufgetaucht war – *Was um alles in der Welt ist dieses Viech?*

Ich dachte nach. *Moment mal! Wenn Flash nicht weiß, was ein Esel ist, dann bedeutet das: Er weiß nicht einmal, dass er selbst ein Esel ist!*

Eine Zeit lang war Flash mit einigen Kühen befreundet gewesen, die auf dem benachbarten Land grasten. Sie mochten ihn und nahmen ihn in ihrer Mitte auf. Er genoss jeden Augenblick, den er mit den Kühen am Zaun verbringen konnte. Später waren Pferde auf einer benachbarten Weide aufgetaucht, und sie schienen Flash ebenfalls als einen der Ihren zu akzeptieren, obwohl sie (meiner Meinung nach) überlegen taten, wann immer sie konnten. Die Hengste tänzelten mit wiegendem Kopf und schwingendem Schweif um ihn herum, und Flash versuchte, auf seine Weise den Kopf zu wiegen und den Schweif zu schwingen. Er war nicht annähernd so elegant wie die Hengste, aber er gab sich größte Mühe.

Und dann war da noch diese unerwartete Freundin gewesen, aber … Ich konnte es im Moment nicht ertragen, daran zu denken.

Ich bin sicher, Flash war davon überzeugt, entweder eine richtig kluge Kuh oder ein kleines, temperamentvolles Pferd zu sein. Warum sollte er etwas anderes denken?

Und nun kam Henry – die Miniaturausgabe von Flash, ein Bursche mit langen Ohren und einer Fellzeichnung, die ihm seltsam vertraut war. Flash musste plötzlich umdenken. Ich bin zwar kein Prophet, aber es war offensichtlich, dass dies mehr Zeit in Anspruch nehmen würde, als wir vermutet hatten.

Ich sah auf meine Armbanduhr. Wir hatten an diesem Tag noch anderes zu tun, als darauf zu warten, dass die beiden miteinander Freundschaft schlossen, und so ließen wir Henry widerwillig für den Rest des Tages in seinem Gehege. Immerhin sorgte der Zaun für ein gewisses Maß an Sicherheit, während sich die beiden Esel beschnüffelten.

Als wir am Abend zurückkehrten, sahen beide Esel völlig erschöpft aus. Die Intensität ihres Austausches hatte sich auf „ruhiges Interesse" reduziert – wesentlich günstiger, um das Gatter zu öffnen. Vorsichtig schob ich mich ins Gehege, um zunächst eine Verbindung zu Henry aufzubauen, bevor ich ihn herauslassen würde. Henry sah mich hereinkommen und wandte mir demonstrativ den Rücken zu. Wenigstens blieb er still.

„In Ordnung, wir können hier hinten anfangen", sagte ich sanft und kraulte die Stelle über seinem Schwanz, dann arbeitete ich mich langsam mit den Fingern bis zu seinem Kopf vor. Unter Flashs aufmerksamem Blick massierte ich Henrys Ohren. Mein Herz begann zu schmelzen, als der kleine Esel genießerisch die Augen schloss. Vielleicht hatte sich nie zuvor jemand die Zeit genommen, seine Ohren zu kraulen. Armer kleiner Kerl!

Schließlich wurde es Zeit. Ich stand mit der Hand auf der Kette da, bereit, sie zu lösen … und zögerte. Ich wusste, dass sich in dem Moment, wo sich die Tür öffnete, für Henry und Flash alles ändern würde.

So ist es nun mal, nicht wahr?

Gerade wenn man sich bequem in einer Situation eingenistet hat, öffnet jemand die Tür und lässt eine ganze Reihe von neuen Variablen herein. Hinter dem Zaun ist man in Sicherheit. Man sieht, was sich auf der anderen Seite abspielt. Man ist zuversichtlich, dass man es mit der Realität da draußen aufnehmen kann … und dann prallt die Wirklichkeit auf die Vorstellung, und man erkennt, dass man auf diese neue Situation absolut nicht vorbereitet war.

„Ich glaube, du kannst es jetzt schaffen", sagte ich zu Henry und stieß die Tür auf. Er sah mich an, als hätte er meine Worte verstanden. Seine Mähne war erwartungsvoll nach oben gerichtet, und sein flaumiger Schweif signalisierte seinen Eifer. Ich sah zu Flash hinüber. Sein Kopf war gesenkt und seine Ohren angelegt. „Leider weiß ich nicht, ob du jemals bereit sein wirst, Kumpel."

Tom filmte den Vorgang und trat einen Schritt zur Seite, um Henry vorbeizulassen. Henry rannte sofort auf Flash zu, mit nach vorn gerichteten Ohren und weit geöffneten Nüstern, als ob er sagen wollte: „Hallo, neuer Freund!"

Flash blieb bewegungslos stehen, sein Kopf war noch immer gesenkt. Er zitterte.

Die beiden Nasen berührten sich.

Ich hielt den Atem an.

Einen kleinen Moment lang war alles perfekt.

Plötzlich blies Flash durch die Nüstern und stampfte mit dem Huf auf. Henry war überrascht und sprang zurück. Flash stampfte erneut auf, schüttelte den Kopf und rannte auf Henry zu, der weiter zurückwich.

Henry versuchte mehrmals, sich Flash zu nähern, wurde aber jedes Mal von ihm fortgescheucht. Als Henry es ein letztes Mal versuchte, legte Flash einfach die Ohren an und ging weg. Seine Körpersprache war deutlich: „Kein Interesse."

Verwirrt drehte auch Henry sich um, und beide gingen in die entgegengesetzte Richtung davon. Der kleine Esel spähte über die Schulter zum größeren Esel zurück, der ihm einen misstrauischen Blick zuwarf und dann seinen Weg fortsetzte.

Henry begriff offenbar nicht, was Flash ihm sagen wollte. Er machte kehrt, folgte Flash und blieb schließlich neben ihm stehen, drehte sich jedoch von ihm weg.

Flash schnaufte und stampfte mit den Vorderhufen, um den Eindringling einzuschüchtern.

Erschrocken buckelte Henry und stieß Flash mit seinem Hinterhuf direkt in die Brust. Flash antwortete seinerseits mit einem Stoß, ohne Henry zu treffen. Henry schwang herum und schnappte nach Flash, der nun offensichtlich verwirrt auf die offene Weide zustürzte. Henry nahm erneut die Verfolgung auf.

Ich seufzte. *Du meine Güte. Wie soll Flash je begreifen, dass er ein Esel ist, wenn er sich auf keinen anderen Esel einlässt?* Ich sah von einem zum anderen: ein zotteliger braungrauer Esel (der mir im Vergleich nun riesig vorkam) und ein kleiner schokoladenbrauner Zwergsesel, die sich den Rücken zukehrten. Alles andere als ein verheißungsvoller Start.

„Wir müssen ihnen Zeit lassen. Irgendwann werden sie sich schon aneinander gewöhnen... sie haben keine andere Wahl!" Toms Stimme der Vernunft bezwang meine Sorgen.

In dem Moment ließ Henry seinen Brustkorb anschwellen, drückte die Augen zu und brüllte: „I... i... iah! Iah!" Es war der quietschendste Eselsschrei, den ich je gehört hatte. Zum Ausschütten! Der Laut würzte die dramatische Situation mit einer gewissen Komik und zog Flashs Aufmerksamkeit auf sich. Er wirbelte so heftig herum, dass ich befürchtete, er würde sich wehtun. Mit gespitzten Ohren, zitterndem Körper und geblähten Nüstern stand er da.

Hey, du klingst ja so wie ich! Er scharrte auf dem Boden und schüttelte seine Ohren.

Henrys zittriges Brüllen endete mit einem letzten, lang gezogenen „Iaaaaah", worauf er seine Augen öffnete und sich umschaute. Schließlich blieb sein Blick auf Flash haften, und er neigte fragend den Kopf. Ich sah ihn imaginäre Augenbrauen hochziehen.

Flash blieb an seinem Platz stehen und nickte. *Wow! Du sprichst meine Sprache.*

Es war ein kleiner Schritt in die richtige Richtung.

Doch der Weg zur Freundschaft würde ein steiniger werden. Bis zu diesem Augenblick hatte Flash sein Leben gelebt, ohne wirklich zu wissen, wer – oder was – er war. Er würde sich von der Kuh- und Pferdeidentität lösen müssen, die er sich angeeignet hatte. Und deshalb hatte er zuerst „das Echte" sehen müssen, um die Eselnatur zu entdecken, die schon immer zu ihm gehörte.

Ich glaube, auch ich suchte nach meiner „Eselnatur" – ich sehnte mich im Kern meiner selbst nach einem einfachen, unkomplizierten Leben und Glauben. Ich hatte das Gefühl, dass ich bezüglich meines Glaubens ganz von vorn würde beginnen müssen. Für jemanden, der praktisch sein Leben lang Christ war, schien es verrückt zu sein, zum ersten Mal wirklich die grundlegendsten Fragen zu stellen.

Wer ist Jesus?

Was bedeutet es, Christ zu sein?

Was sagte Jesus über sich selbst?

Welche Lehren sind grundlegend für das Evangelium und welche sind es nicht?

Was kann ich loslassen, während ich weiterhin Christus treu bleibe?

Ist es in Ordnung, jetzt, in meinen Fünfzigern, diese Fragen zu stellen?

Ich wollte einfach nur... ich wollte einfach nur, dass mein Glaube ganz und gar aufrichtig war. Ich wollte alles Überflüssige abstreifen, um herauszufinden, ob das, was ich besaß, echt war.

• • •

In jenem Herbst beschloss ich, dass der einzige Weg nach vorn darin bestehen würde, zum Anfang zurückzukehren und mich auf die Reise einzulassen. Ich beschäftigte mich mit der Kirchengeschichte, verbrachte Zeit mit dem Lesen der vier Evangelien und tauchte tief in die Worte von Jesus ein, der mich mit seiner Gegenwart und Botschaft verblüffte. Ich stieß auf ein „historisches Festmahl", das sich durch die Jahrhunderte zog und die Düfte von Kulturen und Zeiten umfasste. Ich begann, mich mit den frühen Kirchenvätern und Kirchenmüttern, den feurigen Predigern der Reformation und der großen Erweckung sowie mit zeitgenössischen Denkern und Autoren vertraut zu machen.

Die Welt außerhalb meines Gartentors war weit, bunt und voller Leben. Sie war vielschichtig und facettenreich – so verwirrend vielfältig wie die zahllosen Vogelarten der Erde. Als ich herausfand, dass es Tausende von christlichen Glaubensgemeinschaften gibt, darunter die *eine,* zu der ich gehörte, war ich sprachlos. Mein moderner amerikanischer Evangelikalismus war nur ein winziger Bruchteil der großen christlichen Kirche. Und doch hatte ich immer den Eindruck gehabt, so wie „wir" es machten, wäre es der einzig „richtige" Weg.

Es musste doch sicherlich einen gemeinsamen Kern von Glaubensinhalten geben, mit dem jeder übereinstimmte. Unter den verschiedenen Schichten wollte ich den geistlichen DNA-Strang finden, der alle christlichen Gemeinschaften zu einer einzigen Familie zusammenfügte.

Ich musste nicht lange suchen: Ich fand die Antwort in Jesus selbst. Als ich mich intensiv mit den vier Evangelien beschäftigte, begann ich, Jesus so zu sehen, wie ich es nie zuvor getan hatte. Ich liebte es zu sehen, wie er Ausgestoßene aufnahm, Frauen, Sünder, Kinder – alle, die sich am Rande der Gesellschaft befanden. Ich sah, wie er Fragen mit Gegenfragen beantwortete und die Vorstellungen, die die Leute von Gott hatten, auf den Kopf stellte. Er war hart gegenüber denen, die Macht ausübten, aber sanft und freundlich zu denen, die keine Macht hatten. Er hatte keine Skrupel, die religiösen Leute zu verstimmen, und linderte den Schmerz der vom Leben müde gewordenen Menschen mit einer Botschaft der Hoffnung und Vergebung. Seine Lehren waren manchmal schwer zu verstehen und noch schwieriger in die Tat umzusetzen. Doch sie waren immer fesselnd. Seine Einladung „Komm, folge mir nach!"[3] traf mich direkt ins Herz, und ich wusste, Jesus war es absolut wert, dass ich ihm nachfolgte. Kein Wunder, dass seine Jünger alles riskierten, um als Menschen in die Geschichte einzugehen, die „dem Weg" folgten.[4]

Die ersten Nachfolger von Jesus würden weiteren Aufschluss bringen. *Wie sahen sie das Evangelium von Jesus Christus? Was glaubten sie, wer er war? Wie erzählten sie anderen Menschen von ihrem neu gefundenen Glauben?* Im Bekenntnis von Nicäa und im Apostolischen Glaubensbekenntnis stieß ich auf eine Goldgrube.

Im Jahr 325 n. Chr. wurde auf dem Konzil von Nicäa (in der heutigen Türkei) ein Bekenntnis festgelegt, das eine Struktur orthodoxer Glaubensgrundsätze für eine zunehmend disparate Kirche bot. Es war eine Erweiterung des Apostolischen

Glaubensbekenntnisses, das zumindest mündlich existierte, seit die Christen des ersten Jahrhunderts begonnen hatten, ihren Glauben zu verbreiten. Die Einfachheit und Klarheit dieser Worte verblüfften mich, als ich erkannte, dass sie auf wundervolle Weise die DNA der Christenheit repräsentieren – die ursprünglichen Glaubensaussagen, die uns verbinden und uns zu Brüdern und Schwestern in Christus machen.

Ich nehme an, die Glaubensbekenntnisse fielen im Gottesdienst in Ungnade, weil sie als unnötige Rezitation angesehen wurden, grübelte ich. Ich persönlich war in meinen freikirchlichen Kreisen nur äußerst selten auf sie hingewiesen worden. Ich war nie dazu ermutigt worden, sie in meiner Stillen Zeit zu beten. Ich hatte auch nie in Betracht gezogen, sie meinen Kindern beizubringen, die sie auch nicht in der Sonntagschule gelernt hatten. Kurz gesagt: Die Glaubensbekenntnisse waren nie Teil meines Lebens gewesen, obwohl ich fast mein Leben lang Christ war.

Das Apostolische Glaubensbekenntnis zu entdecken, war für mich aufregender, als von Ancestry.com Informationen über meinen Familienstammbaum zu erhalten! Ich konnte nun mein geistliches Erbe den ganzen Weg bis zum ersten Jahrhundert zurückverfolgen, eine Zeit, die mit dem irdischen Leben und Dienst von Jesus Christus eng verwoben war. Wenn ich meine Augen schloss, konnte ich mir bildlich vorstellen, eine Frau der damaligen Zeit zu sein, eine neue Gläubige ohne direkten Zugang zur Heiligen Schrift. Für sie war die Rezitation des Glaubensbekenntnisses genauso lebenswichtig wie das Wasser, das sie regelmäßig schöpfen ging. Vielleicht ging sie neben einem Esel zum Brunnen, um dem Lasttier die schweren Wassergefäße aufzuladen, während die kostbaren Worte ihres Glaubens in ihrem Herzen nachklangen.

Ich holte mein kleines rotes Notizbuch hervor und schrieb das Apostolische Glaubensbekenntnis sorgfältig darin nieder. Das Notizbuch passte in meine Hosentasche und war daher perfekt, um mich bei meinen „modernen" Haushaltspflichten zu begleiten: Die Wassereimer der Esel auffüllen und die Scheune ausmisten.

Ich glaube an Gott, den Vater, den Allmächtigen…

Ich glaube.

Einfach, geradlinig. Die Worte aus dem Apostolischen Glaubensbekenntnis sind die Eckpfeiler, die den Rahmen für all unsere Lehren und Überzeugungen bilden. Ich wollte herausfinden, wie wir als Christen in bestimmten Fragen unterschiedliche Meinungen vertreten können, zum Beispiel bezüglich der Endzeittheologie, der Taufe, der Prädestinationslehre, unterschiedlicher Formen der Anbetung und Traditionen, Gaben des Geistes – neben vielen anderen Themen. Wie oft hatte ich selbst diese Dinge als Kriterium gewählt, um zu entscheiden, mit wem ich Gemeinschaft haben wollte, und hatte befunden, wer in diesen Fragen recht oder unrecht hatte. Ich hatte den Fehler begangen zu denken, meine Identität läge in diesen nicht grundlegenden Fragen begründet, und hatte mich auf Themen konzentriert, die uns eher trennen als verbinden.

Gottes Familie ist viel größer, als ich je geahnt hatte. Im Kern tragen wir Christen – Orthodoxe, Charismatiker, Presbyterianer, Katholiken, Evangelikale, Reformierte und andere – alle denselben genetischen Code in uns, der uns zu einer Familie macht.

• • •

Die frische Luft und die herbstlich bunten Blätter, die noch an den Bäumen hingen, lockten mich eines Nachmittags nach draußen. Henry war nun seit einer Weile bei uns und schien sich gut einzugewöhnen, und ich wollte ein wenig Zeit mit Flash verbringen, um ihm zu versichern, dass er immer noch mein Star war. Ich dachte, ein kurzer Spaziergang über die Weide wäre ein guter Plan, um einander nahe zu sein. Ich holte Flashs Halfter aus der Sattelkammer und legte es ihm an, während Henry uns aus der Ferne interessiert zusah.

Mit einem Seitenblick auf Henry ging Flash den ersten Schritt und hielt dann an. Er weigerte sich, auch nur einen Zentimeter weiterzugehen. Ich versuchte es mit allen nur erdenklichen Tricks: sanfter Druck, direkte Befehle, Möhrenstückchen … Doch Flash war zu sehr von seinem neuen Gefährten abgelenkt, um darauf zu achten, was ich von ihm wollte.

Vielleicht war Flash innerlich auf Henry fixiert. Vielleicht brauchte er Zeit, um neue Informationen zu verarbeiten und seine Denkmuster umzustellen. Vielleicht musste er sich schrittweise in die neue Situation fügen und durfte nicht gedrängt werden.

Ich glaube, er war dabei, seine Identität zu entdecken; die Seele dessen, wer er im Kern war.

Ich glaube, ich war dabei, das Gleiche zu tun.

Ja, das glaube ich.

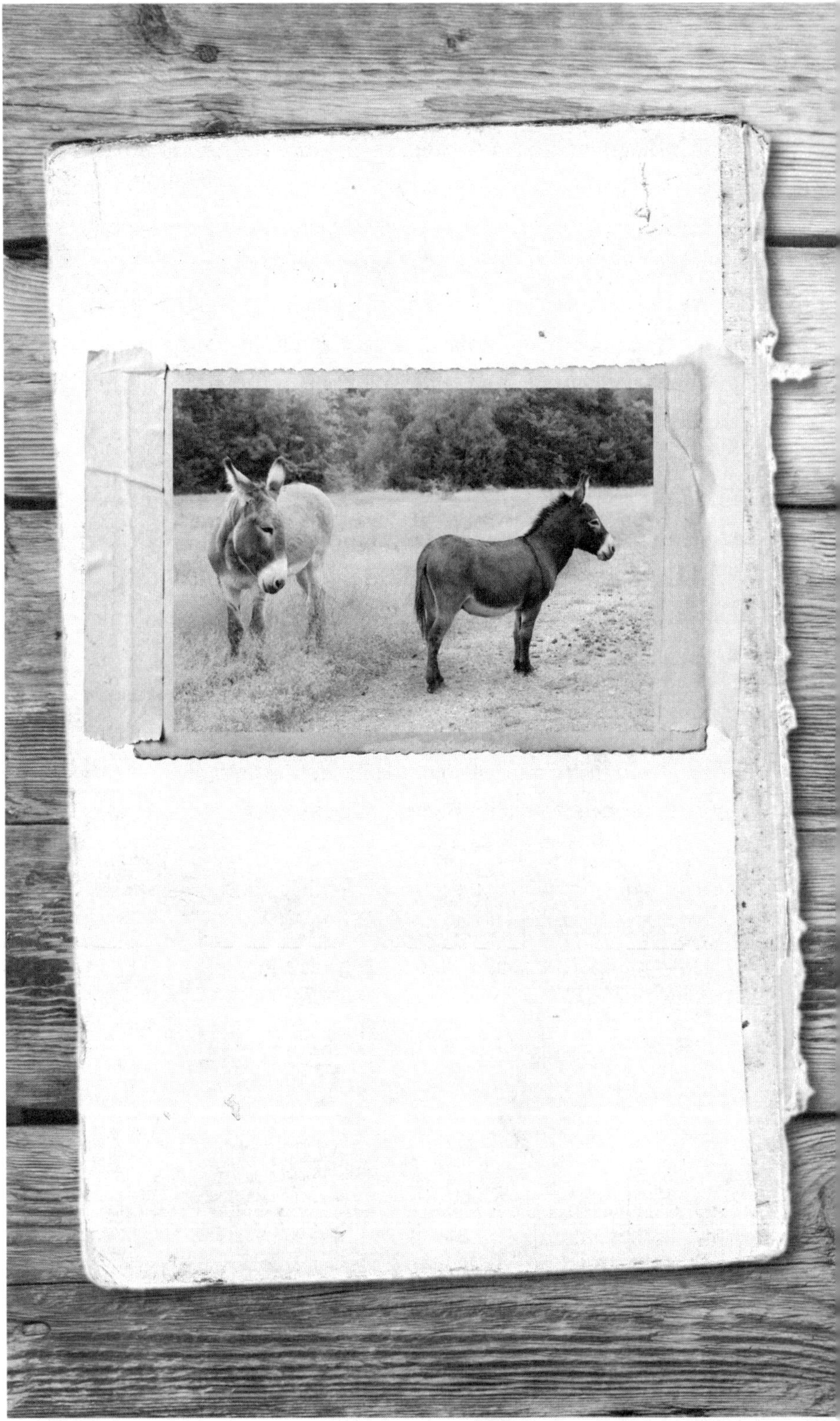

3.

Mir wird nichts mangeln

Der Herr ist mein Hirte, mir wird nichts mangeln.
Er weidet mich auf einer grünen Aue und führet mich
zum frischen Wasser.
Er erquickt meine Seele. Er führet mich auf rechter
Straße um seines Namens willen.
Und ob ich schon wanderte im finsteren Tal,
fürchte ich kein Unglück;
denn du bist bei mir, dein Stecken und Stab trösten
mich.
Du bereitest vor mir einen Tisch im Angesicht
meiner Feinde.
Du salbest mein Haupt mit Öl und schenkest
mir voll ein.
Gutes und Barmherzigkeit werden mir folgen
mein Leben lang,
und ich werde bleiben im Hause des Herrn immerdar.

Psalm 23 (LUT)

Mein Traum, dass Flash und Henry sofort dicke Freunde werden würden, war gleich zu Beginn in sich zusammengefallen. *Solche Dinge brauchen Zeit,* ermahnte ich mich selbst. Und schließlich sind nicht alle Freundschaften wie Liebe auf den ersten Blick. Warum also sollte ich damit rechnen, dass diese beiden Esel sich unmittelbar wie zwei Brüder liebten? Wenn menschliche Freundschaften Zeit und Mühe erfordern, dann war es nur vernünftig anzunehmen, dass es bei Tieren genauso ist.

Ich überdachte die Fakten: Beide Esel waren sieben oder acht Jahre alt und galten als erwachsen. Beide waren vor Kurzem kastriert worden, und unser Tierarzt hatte uns vorgewarnt, dass sie eine Zeit lang „aggressiver" sein könnten, bis sich ihr Hormonspiegel wieder normalisiert hatte. Wir wussten nicht viel über Henrys Vergangenheit, abgesehen davon, dass er mit einer größeren Gruppe von Eseln aufgefunden worden war. Flash dagegen hatte jahrelang als „Einzelkind" auf unserer Weide gelebt.

Beide mussten sich erst an ihre neue Lebenssituation gewöhnen.

Doc Darlin hatte uns zudem ein paar Informationen über Zwergesel gegeben. „Oft haben diese kleinen Burschen eine Art Komplex. Sie versuchen, ihre geringe Körpergröße dadurch auszugleichen, dass sie die größeren Tiere angreifen. Ich weiß nicht, wie es mit diesem hier ist, aber Sie sollten sich nicht allzu sehr wundern, wenn er versucht, den Boss zu spielen."

Dem Weisen genügt ein Wort.

Es stellte sich heraus, dass Henry der entzückendste kleine Esel der Welt war – so scheu, dass ich ihm nicht nahe kommen konnte, ohne dass er sich zunächst umdrehte und mir sein Hinterteil zuwandte, nur um auf der sicheren Seite zu sein. Er ließ es zu, dass ich ihn ein paar Minuten am Stück bürstete, und er ließ sich auch für kürzere Strecken am Halfter führen, bis er beschloss, dass es genug war. Henrys sanftmütiger Charakter war wirklich liebenswert.

Zumindest war er mir gegenüber so.

Sein Verhalten gegenüber Flash stand auf einem ganz anderen Blatt.

Wenn sich die beiden gerade nicht ignorierten, dann zankten sie sich.

Hey, ich war zuerst hier.

Nein, ich will hier grasen.

Nein, ich!

Du nervst mich.

Nein, du nervst mich!

Henry trottete hinter Flash her wie ein lästiger kleiner Bruder, der in seinen Bereich eindrang. Flash versuchte immer wieder, ihm zu entkommen, doch Henry war hartnäckig. Er piesackte ihn und biss und knabberte an seinen Beinen und seinem Nacken.

Eines Tages stand ich am Fenster und sah voller Schrecken, wie Henry sich in Flashs Nacken verbiss und ihn herumzuschwenken versuchte. Staub wirbelte auf, während Flash sich damit abmühte, auf den Beinen zu bleiben. Er ließ ein scharfes Schnaufen hören und versuchte, sich zurückzuziehen. Ich konnte seine Angst sehen, als er auf die Knie fiel und Henry nach ihm trat.

Ich riss die Tür auf und rannte zum Zaun, wobei ich schrie und in die Hände klatschte, um der Sache ein Ende zu bereiten. Erst dann ließ Henry los. Er sprang auf mich zu, nachdem er ein letztes Mal in Flashs Richtung gebuckelt hatte, wackelte mit den

Ohren und schaute mich mit charmant geneigtem Kopf an, als wäre er völlig unschuldig.

Ich war zu wütend, um mit ihm zu sprechen. Ich sah über ihn hinweg zu Flash – meinem wunderschönen Flash, mit dem sich lieber keiner anlegen sollte –, der wie betäubt dastand.

„Flash! Oh Flashy! Ist alles in Ordnung mit dir?"

Als er näher kam, nahm ich vorsichtig seinen Kopf in die Hände und inspizierte die Bisswunden an seinem Hals. Er blutete.

Henry stand abseits und beugte sich nach vorn, seine Vorderbeine mit den Zähnen kratzend, als wäre nichts geschehen. Das machte mich noch wütender.

„Henderson Nummer zehn, das darfst du nicht machen! Du musst sofort damit aufhören!" Ich schimpfte heftig mit ihm, während er mich mit seinen seelenvollen braunen Augen einfach nur anstarrte.

Es ist schwierig, einem so süßen Geschöpf lange böse zu sein, doch ein Blick auf den armen Flash gab meinem Ärger frische Nahrung.

• • •

In den darauffolgenden Tagen schaute ich ständig aus dem Fenster, um sicherzugehen, dass Henry Flash nicht umbrachte. Regelmäßig tauchten frische Wunden auf Flashs Hals auf, und ich begann, mich voller Sorge zu fragen, ob das wohl nie aufhören würde.

Ich sandte Doc eine Nachricht und fügte das Foto einer besonders schlimmen Bisswunde bei. „Ist das normal?", fragte ich ihn. Ich war drauf und dran, Henry in die Wüste zu schicken, wenn es so weitergehen sollte.

„Ja, das sieht nicht sehr schön aus", erwiderte er, „aber machen Sie sich keine Sorgen. Das ist ein ganz typisches Verhalten, während die beiden versuchen, mit der Situation klarzukommen. Flash muss lernen, sich Henry gegenüber durchzusetzen."

Das Letzte, was ich mir wünschte, war eine Eskalation. Ich wollte, dass sie sich jetzt sofort miteinander arrangierten. Ich hatte mir die Beziehung der beiden so ganz anders vorgestellt.

Ich war tief enttäuscht, beschloss jedoch, noch ein wenig zu warten, bevor ich den großen Pferdeanhänger erneut ausleihen würde. Die Telefonnummer des Besitzers ließ ich allerdings in meinem Handyverzeichnis – für alle Fälle.

Beide Esel hatten über den Winter an Gewicht zugelegt. Der reiche Schwindelhafer, der bei niedrigen Temperaturen in großer Menge auf der Weide wächst, bot ihnen einen täglichen Festschmaus, den sie in vollen Zügen genossen. Flash sah mit seinen Extrapfunden größer und stärker aus, und dieses Erscheinungsbild wurde durch sein dichtes Winterfell noch verstärkt. Und Henry … nun, Henry sah aus wie ein Klößchen. Sein Bauch ähnelte einem Wasserball, der von vier kurzen Beinen durch die Gegend getragen wurde. Sein dichtes Winterfell gab ihm das Aussehen eines Teddybärs, was mir schließlich dabei half, meinen Groll zu überwinden. Obwohl ich voller Ungeduld auf eine Verbesserung ihrer Beziehung wartete, versuchte ich, hoffnungsvoll zu bleiben.

Ich hielt nach ungewöhnlichen Verhaltensweisen Ausschau, die auf eine Krankheit hinweisen könnten, und behielt auch ihr Gewicht im Auge und achtete auf mögliche Fettrollen an Hals und Rücken, die auf Übergewicht hindeuten würden. In der Vergangenheit hatte Flash seine Extrapfunde immer ganz von selbst verloren, wenn der Sommer kam, und es zeigte sich bald, dass es sich mit Henry genauso verhielt. Auch das Winterfell begann bei beiden Eseln abzufallen. Ich war überrascht, dass Henry als Erster seine Haare verlor. Er sah bereits glatt und seidig aus, als endlich auch Flash sein dickes Winterfell ablegte. Hinzu kam, dass Flash ein sehr ungleichmäßiges Zwischensaison-Aussehen hatte, das neben Henrys glänzendem Sommerfell besonders zottelig wirkte.

• • •

Im Frühsommer sah die Weide aus der Entfernung noch immer grün aus. Das viele Unkraut und der hohe Pflanzenwuchs erweckten fälschlicherweise den Eindruck, dort draußen gäbe es eine Menge Futter. Erst wenn man näher kam, sah man, dass der trockene Boden nichts Nahrhaftes hervorbrachte. Doch unter dem blauen texanischen Himmel sah die Weide trotzdem schön aus. Die stacheligen Feigenkakteen zeigten ihre gelben und pinkfarbenen Blüten, die sich der Sonne entgegenstreckten. Die Luft wurde von einem kräftigen Salbeiaroma erfüllt, wenn die Esel die Blätter der Büsche streiften. Die hohen Gräser waren nun verdorrt, und ihre trockenen Stängel gaben in der Brise ein leichtes *Schhh* von sich, als ob sie die andächtige Stille auf dem Feld bewahren wollten.

Der Herr ist mein Hirte …

Habe ich eigentlich schon die Sandflöhe erwähnt? Jeder, der im Süden lebt, wird allein beim Gedanken an die winzigen Tierchen erschaudern. Ein Spaziergang über die Weide ist wundervoll, doch man bezahlt dafür mit Sandflohbissen von den Knöcheln bis zur Hüfte. Die mikroskopisch kleinen Parasiten hocken in Klumpen im hohen Gras und springen blitzschnell auf jeden, der vorbeikommt. Sie graben sich unter die Haut und jucken ungefähr zwei Wochen lang wie verrückt – schlimmer als Mückenstiche.

Eines Abends war ich gerade damit beschäftigt, klaren Nagellack auf die roten Striemen auf meiner Taille aufzutragen, als Tom auf der Bildfläche erschien.

„Du weißt doch, dass das nicht funktioniert, oder?"

„Nun, sie haben sich in meine Haut gegraben, und ich versuche, sie zu ersticken", erwiderte ich und verdrehte mich, um den Biss auf meinem Rücken zu erreichen.

„Altweibergeschwätz", sagte er.

Nun ja, ich bin halt eine alte, äh, reife Frau.

Am nächsten Morgen wurde ich vom Brummen des Rasenmähers geweckt. Tom wusste, wie viel mir meine Spaziergänge über die Weide bedeuteten, also machte er sich daran, den Fußpfad, den er früher im Jahr angelegt hatte, zu erweitern, sodass er sich auf die gesamte Umgrenzung der Felder erstreckte und einige sanft geschwungene Verbindungswege einschloss. Anschließend folgte er etlichen von Flash angelegten Wegen und machte sie doppelt so breit. *Danke.*

Er wusste auch, dass das kürzere Gras die Angriffe der Sandflöhe vermindern und dafür sorgen würde, dass ich meine Spaziergänge genießen konnte. Was für ein Geschenk! Das Ganze hatte allerdings eine noch viel größere Bedeutung: Dieser Fußweg war zunehmend mehr als nur ein Spazierweg, auf dem ich Zeit allein oder mit den Eseln verbringen konnte.

Er wurde immer mehr zu meinem Gebetsweg.

Mein kleines rotes Notizbuch, in dem ich das „Allgemeine Dankgebet" aufgeschrieben hatte, kurz bevor wir Henry abholten, enthielt mittlerweile mehrere handgeschriebene Gebete, Psalmen und das Apostolische Glaubensbekenntnis, die mich auf meinen Spaziergängen begleiteten.

Außerdem hatte ich damit begonnen, die „KonMari-Methode[5] des geistlichen Hausputzes" anzuwenden: Räume alles komplett aus, danach nimm jeden Glaubenssatz und jede Glaubenspraxis unter die Lupe. Manche Dinge musst du loslassen, andere, die sorgfältig von dir ausgewählt wurden, lass wieder ins Haus zurück. Finde nacheinander gute Plätze für die Gewohnheiten und Grundsätze, die dir Freude bringen.

Dieser Ansatz half mir immens beim Aufräumen und Neugestalten meines geistlichen Lebens.

An jenem Tag beschloss ich, mit dem dreiundzwanzigsten Psalm – seit jeher einer meiner absoluten Lieblingspsalmen! – zu beten. Die Kombination aus Natur und Poesie versetzte meine Seele in eine kontemplative, frohe Stimmung.

Der Herr ist mein Hirte,
mir wird nichts mangeln …

Während ich betete, führte mein Weg um eine Gruppe von Zedern herum zur hinteren Weide.

Herr, du gehst vor mir her und versorgst mich. Bei dir gibt es keinen Mangel. Ich brauche nichts zu fürchten, weil du bei mir bist.

Mein plötzliches Auftauchen hinter den Bäumen überraschte Flash und Henry, die mitten im Gestrüpp von einer dicken Staubwolke umhüllt waren. Sie erstarrten unmittelbar, denn sie wussten, dass ich sie beim Kämpfen erwischt hatte. Sie versuchten, so zu tun, als ob sie nur herumalberten, aber ich ließ mich nicht täuschen.

Der braune Dunstschleier, den sie mit ihren Hufen erzeugt hatten, waberte um ihre Beine und löste sich schließlich in Luft auf. Das erinnerte mich daran, dass das Gras, das beide so liebten, mit dem Übergang in die heiße Jahreszeit verschwunden war. Flash trottete auf mich zu, dicht gefolgt von Henry. Sie hofften auf ein Leckerli. Ich wusste, dass es Zeit war, ihren Speiseplan mit Heu zu ergänzen. Ich machte mir eine gedankliche Notiz, demnächst bei „Texas A+ Feed" vorbeizufahren.

In seiner Blütezeit gab es bei „Texas A+ Feed" einfach alles, was man für das Leben auf einer Farm brauchte. Ein weitläufiger Bereich war für hochwertiges Sattel- und Zaumzeug eingerichtet, und der Laden war stolz auf seine Auswahl an modischen Cowboystiefeln und farbenfroher Westernkleidung. Als wir anfangs dort einkauften – um Hundefutter in rauen Mengen zu besorgen, lange bevor wir Esel hatten –, war ich von dem Warenangebot überwältigt. Nun sahen die Regale relativ leer aus.

Einst war der Laden von unbebautem Land umgeben, mittlerweile befand er sich mitten in einem Ballungsgebiet.

Die frühere Klientel, bestehend aus Farmern und Viehzüchtern, war weiter hinaus aufs Land gezogen, und dadurch hatte das Geschäft erheblich nachgelassen. Das letzte Mal, als ich im Laden gewesen war, hatte ich verstaubte Sprayflaschen mit Fliegenschutzmittel, Seife, ein Sortiment von Reißzwecken und anderem Krimskrams wie Küchenutensilien, Uhren und Gürteln gesehen, alles auf einem Klapptisch aufgehäuft. Ein handgeschriebenes, grell pinkfarbenes „Sonderangebote"-Schild prangte auf einer Ecke des Tisches.

Wie bei jedem Besuch manövrierte ich mich um die Gebrauchtwagen, Boote und das Gerümpel hinter dem Gebäude herum, um zur Laderampe zu gelangen. Jedes Mal wenn ich hier aus dem Suburban ausstieg, schwor ich mir, nicht mehr herzukommen und einen anderen, für mich näher gelegenen Laden zu finden.

Bill, ein älterer Herr, der für das Lager verantwortlich war, brachte den Gabelstapler zum Stehen, als er mich erblickte. „Hallo, kleine Lady", sagte er mit seiner dröhnenden Stimme. „Was brauchen wir denn heute?" Er lächelte.

„Vier Ballen Heu."

„Ich werde Ihnen ein paar gute Ballen besorgen. Diese hier sind zu alt." Er bewegte sich von dem Stapel am Ende der Rampe fort und verschwand.

Bill war der einzige Grund, warum ich noch immer zu „Texas A+ Feed and Auto" fuhr, wie es nun auf dem Schild stand. Ich mochte seine fröhliche Art, insbesondere seit ich durch Gespräche mit ihm erfahren hatte, dass er gegen eine Krebserkrankung gekämpft hatte und dass es ihm seitdem schwerfiel, Heuballen zu heben und Säcke zu schieben.

Heuballen bestehen entweder aus Gras oder Hülsenfrüchten, die zusammengepresst und direkt in sechzehn Sektionen, die sogenannten „Flakes", getrennt werden, sodass es einfacher ist, beim Füttern die jeweils benötigte Menge zu entnehmen. Da die Esel den ganzen Tag über auf der Weide grasten, würden sie nicht viel Heu brauchen, um gesund zu bleiben. Morgens und abends ein Flake für jeden Esel würde in den Sommermonaten genügen. In diesem Tempo würden wir rund zwei Ballen pro Woche verbrauchen, und in ein paar Wochen würde ich zum Laden zurückkehren, mir schwören, dass es das letzte Mal war,

Bill sehen und dann erneut beschließen, „Texas A+ Feed and Auto" eine weitere Chance zu geben. Und so würde es für den Rest des Sommers weitergehen.

Als ich zur Scheune hochfuhr, konnte ich sehen, wie Flash und Henry mich aufmerksam beäugten, bevor sie einen Zahn zulegten und auf mich zukamen. Ich parkte den Suburban an der Stelle, wo Tom auf mich wartete, und ging zur Rückseite der Scheune. Ich öffnete die Luke und wurde vom berauschenden Duft frischen Heus begrüßt, während ich aus dem Augenwinkel sah, wie Henry Flash aus dem Weg schubste, um freie Sicht zu haben.

Flash liebt den Moment, wenn er Futter bekommt. Beide sind bestimmt schon ganz hungrig.

Mein erster Fehler bestand darin, dass ich das Heu auf einem einzigen Haufen zusammentrug, von dem beide Esel fressen sollten. Nein, das war keine gute Idee.

Henry wollte alles für sich.

Alles. Für. Sich.

Er ließ Flash noch nicht einmal in die Nähe des Heuhaufens kommen.

Er buckelte und stieß mit seinen kleinen gestreiften Beinen nach Flash, dann rannte er zwischen dem Heu und Flash hin und her, um Flash auf Abstand zu halten.

Mit angelegten Ohren und gesenktem Kopf versuchte Flash, links um ihn herum zu gehen.

Henry buckelte ihn fort.

Flash zögerte einen Moment und versuchte dann, sich rechts an ihm vorbeizustehlen.

Henry senkte den Kopf und griff an.

Der kleine Kerl rannte schnaubend und stoßend vor und zurück. Seine rundliche Mitte mit dem dezenten Unterbauch schwankte bei jeder Bewegung. Ich unterdrückte ein Lachen.

„Okay, Henry. Ich weiß, wie wir das hier lösen werden."

Ich nahm die Hälfte des Heus aus dem Haufen und legte es als separaten Haufen ein paar Meter entfernt auf den Boden. Nun konnten sich beide in Ruhe bedienen und ihre Mahlzeit genießen.

Falsch gedacht.

Henry wollte seinen Haufen *und* Flashs Haufen.

Er begann, zwischen den Haufen hin und her zu laufen und Flash von ihnen abzulenken, wobei sein korpulenter Körper erstaunlich behände war.

Flash legte seine Ohren an und versuchte, an einen der beiden Haufen heranzukommen, doch er wurde erneut zurückgestoßen. Während der Schmutz in alle Richtungen flog, grunzte er sein Missfallen über den entschlossenen kleinen Esel heraus.

Ich stand da und beobachtete den Streit um das Heu. Henry war so damit beschäftigt, Flash vom Heu fernzuhalten, dass er selbst keinen einzigen Bissen genießen konnte.

Oh Henry!

Er zeigte das typische Verhalten eines Tieres, das Mangel gelitten hatte.

Wenn man nicht weiß, ob und wann es die nächste Mahlzeit gibt, dann hortet man das, was man hat, um nicht leer auszugehen.

„Henry, schau mal!", rief ich, um seine Aufmerksamkeit zu gewinnen.

„Es ist genug für euch beide da!"

Doch Henry war so sehr auf das Heu fixiert, dass er nicht auf mich hörte. Es war unmöglich, ihn zur Vernunft zu bringen.

Ich gab mehr Heu dazu – mehr, als sie auf einmal würden fressen können.

Schließlich siegte Henrys Hunger. Er wählte den größten Heuhaufen aus und begann zu fressen, wobei er mit den Hufen in dem Flake herumscharrte, um das Heu zu lösen. Er drehte Flash demonstrativ den Rücken zu, um seine Portion zu verteidigen, und hielt seine Ohren nach hinten gerichtet, um genau zu hören, wo Flash war.

Flash zögerte, dann ging er vorsichtig näher an das äußerste Ende seines Haufens heran, wobei er Henry stets im Blick behielt und seine Ohren wachsam gespitzt waren. Ich glaube, dass er irgendwie spürte, dass Henry noch mit emotionalen Problemen kämpfte – dass es da Wunden in ihm gab, die noch nicht verheilt waren. Schließlich begann auch Flash zu fressen, bevor Henry wieder anfangen würde, nach ihm zu schnappen.

Henry hatte (und hat immer noch) eine vom Mangel geprägte Einstellung.

Er hatte Angst, es wäre nicht genug für ihn da.

Er befürchtete, dass er leer ausgehen würde, wenn er nicht um seinen Teil kämpfte.

Er hatte Angst, wenn er Flash an das Heu ließe, würde er selbst hungrig bleiben.

Henry hätte eher auf das Heu verzichtet und es bis zur Erschöpfung verteidigt, als zu riskieren, dass Flash etwas von *seiner* Portion bekam.

Er war so damit beschäftigt, Flash auf Abstand zu halten, dass er gar nicht zum Fressen kam.

Armer Henry.

Eine vom Mangel geprägte Einstellung hinderte ihn daran, die Fülle zu genießen, die ihn umgab.

Und das war nicht nur mit dem Heu so, sondern auch mit Möhren und Zuneigung.

Der süße, zahme Henry wurde zänkisch und besitzergreifend, wenn seine schlimmsten Befürchtungen an die Oberfläche kamen – die Furcht vor Entbehrung und Mangel. Seine Mangelerfahrungen hatten ihn in einen kontinuierlichen Zustand der Sorge versetzt, sodass er ständig verglich, wer was, wie viel und wann bekam. Er war davon überzeugt, ein Opfer zu sein und immer den Kürzeren zu ziehen.

Ich konnte ihm nicht böse sein. Er wusste nicht, warum er wieder und wieder auf diese Weise reagierte. Tatsächlich schien sein Ausdruck zu besagen: „Helft mir! Ich will aufhören zu kämpfen, aber ich schaffe es einfach nicht."

Während ich Henry beobachtete, wurde mir bewusst, wie leicht auch ich zuließ, dass die Wunden meiner Vergangenheit mein Handeln bestimmten. Und oft merkte ich das noch nicht einmal.

Ich lehnte mich gegen einen Scheunenpfosten und dachte an die frühen 2000er-Jahre zurück, als Tom und ich unseren Traum umgesetzt hatten, ein kleines Unternehmen für dekorative Kunst und Wandmalerei aufzuziehen. Mehrere Jahre lang war das Leben sehr aufregend – wir hatten mehr Aufträge, als wir bewältigen konnten, und wir liebten es, unser Talent großflächig zu nutzen und schöne Räume für unsere Kunden zu gestalten. Ich fühlte mich erfolgreich und ausgefüllt.

Dann kam die Immobilienkrise, und wir hatten Mühe, neue Aufträge an Land zu ziehen. Die wenigen Kunden, die uns

Aufträge erteilten, waren nicht mehr bereit, so gut zu bezahlen wie vor der Krise. Schließlich kam jener verhängnisvolle Tag im September 2008, kurz vor der Banken- und Immobilienpleite.

Ich erinnere mich noch lebhaft daran, wie Tom und ich in dem wunderschönen Haus eines Bankmanagers arbeiteten und die Nachrichten im Radio hörten. Ob seine Bank die nächste sein würde? Ich konnte kaum atmen und noch weniger den Pinsel halten, um die wunderschöne Wandmalerei fortzuführen. „Bitte, Herr, hilf uns, dieses Projekt zu Ende zu führen und unser Geld zu bekommen, bevor diese Bank Konkurs anmeldet!", beteten wir, bevor wir noch härter arbeiteten, um die Sache zum Abschluss zu bringen.

Der Stress und die greifbare Angst dieses Augenblicks haben sich tief in mein Bewusstsein gegraben. Millionen von Menschen waren von dieser Krise betroffen, aber wir konnten nur an unsere eigene Situation denken. Wir waren auf diese Bezahlung angewiesen, denn wir hatten keine weiteren Aufträge in Aussicht. Seit jenem Tag schien es uns, als hätte jemand einen Hahn zugedreht; buchstäblich von heute auf morgen gab niemand mehr Geld für Luxusgüter aus, und am allerwenigsten für dekorative Kunst und Wandmalerei.

Die Bank unseres Kunden ging pleite, doch zuvor wurden wir noch bezahlt.

Tom und ich waren schwer erleichtert, doch der Untergang unseres eigenen kleinen Unternehmens ging nicht spurlos an uns vorüber.

Wie konnte Gott es zulassen, dass wir unsere Träume verwirklichten, nur um uns dann im Regen stehen zu lassen? Wir hatten unsere ganze Kraft in dieses Projekt gesteckt, um das Beste aus unseren Talenten zu machen und Gott zu ehren und unsere

Familie zu versorgen… und nun war unser Traum zerplatzt und unser Lebensunterhalt futsch. Vielleicht hatte ich eine ganz falsche Vorstellung von der Rolle Gottes in unserem Leben gehabt.

Wir brauchten Jahre, um uns neu zu orientieren und zu erholen. Mittlerweile steuerten unsere Kinder auf das College und die Ehe zu, und es gab auch andere Rechnungen zu bezahlen. Wir wussten, es würde nicht leicht werden, in unserem Alter noch mal ganz neu anzufangen.

Ich verstehe deine vom Mangel geprägte Einstellung, kleiner Esel.

Selbst wenn fortwährende Freundlichkeit und reichhaltige Versorgung in Sichtweite sind, hast du Angst, nicht genug zu bekommen, befürchtest, nicht genug zu *sein* und es auch nie zu werden. Also wirst du besitzergreifend und ängstlich. Du versteckst dein wahres Ich vor den anderen, um das kleine bisschen deiner selbst, von dem du glaubst, dass es noch übrig ist, zu bewahren. Jedenfalls habe ich das getan.

Henrys Handeln hatte nichts mit dem gegenwärtigen Augenblick zu tun. Es war auf die Wunden zurückzuführen, die ihm in der Vergangenheit zugefügt worden waren. Flash versuchte gar nicht, ihm sein Heu wegzunehmen – er störte ihn noch nicht einmal. Doch Henrys Überlebensinstinkt brachte ihn dazu, um sich zu schlagen, und Flashs natürliche Reaktion schien Henrys Ängste zu bestätigen. Dem kleinen Esel kam es so vor, als wollte Flash ihn aus dem Weg schubsen.

Siehst du?, klagte Henry. *Flash versucht wirklich, mir mein Fressen zu stehlen.*

Henrys Befürchtungen bewahrheiteten sich selbst. Damit kannte ich mich aus. Ich erinnerte mich daran, wie ich zu Beginn meiner Laufbahn als Künstlerin davon ausgegangen war, man würde mich ablehnen, weil ich keinen College-Abschluss vorweisen konnte. Ich hatte das Bedürfnis, mein Fachwissen herauszustellen, um mein Gegenüber zu beeindrucken. Oft wurde ich tatsächlich abgelehnt – aber nicht, weil mir die entsprechenden Referenzen fehlten, sondern weil ich mich zu sehr bemüht hatte, mein Können zu beweisen. Doch in meinen Augen war die Ablehnung nur eine Bestätigung dessen, was ich tief in meinem Innern glaubte: Ich war einfach nicht gut genug.

Nun, da ich meine bisherige Glaubenspraxis hinterfragte und versuchte, sie auf neue Weise zu gestalten, zog ich mich von Menschen zurück, die mir etwas bedeuteten. Ich wollte ihre Wertschätzung nicht verlieren, und ich hatte Angst davor, auf Ablehnung zu stoßen, wenn ich meine Zweifel und Fragen bloßlegen würde, nachdem ich ein Leben lang in allem eine solche Gewissheit gehabt hatte.

„Wie geht es dir? Alles okay?" Meine liebe Nachbarin Priscilla war vorbeigekommen, um mit mir zu schwatzen, Flash zu sehen und Henry kennenzulernen. Wir waren seit mehr als einem Jahrzehnt befreundet; seit dem Tag, an dem sie mir den Auftrag erteilt hatte, das Kinderzimmer für ihr erstes Baby zu gestalten. Wir genossen es, gegenseitig das Aufwachsen unserer Kinder zu beobachten, und schätzten die Qualität unserer Beziehung, die wir jederzeit problemlos wiederaufnehmen konnten, auch wenn wir zu beschäftigt waren, um uns regelmäßig zu sehen.

Priscilla freute sich darüber, dass Flash einen neuen Freund hatte, der ihm Gesellschaft leistete. Sie kannte Flash, seit er bei uns aufgetaucht war, und freute sich mit ihren Jungs, wenn diese zu uns herüberkamen, um Flash mit Möhren zu füttern. Nun würden Tom und ich für eine Woche verreisen, und Priscillas jüngster Sohn hatte sich bereit erklärt, sich während unserer Abwesenheit um die Esel zu kümmern. Priscilla wollte sichergehen, dass sie wusste, was zu tun war, wenn ihr Sohn dabei Hilfe brauchen sollte.

„Mir geht's gut! Alles bestens!", hörte ich mich sagen. Mein Herz war zu ängstlich, um ihr meine wahren Gefühle mitzuteilen, und meine Gedanken noch zu unklar. Wie sollte ich ihr erklären, dass ich dabei war, in meinem Glauben noch mal ganz von vorn zu beginnen? Dass ich immer noch an Gott glaubte, mich aber an Jesus, das Apostolische Glaubensbekenntnis, einige alte Gebete und ein paar wenige Psalmen klammerte, um mich über Wasser zu halten? Alles andere stellte ich derzeit infrage, und ich hatte Angst.

Priscilla ist ein Kraftwerk des Glaubens und biblischer Weisheit, und außerdem ist sie einer der aufrichtigsten und gütigsten Menschen, die ich kenne. Ich wusste, dass ich mich ihr anvertrauen konnte, und doch …

„Bist du sicher?", fragte sie und sah mir tief in die Augen. *Das ist meine Chance!*

„Nun ja, da sind natürlich meine üblichen Stressfaktoren … die Arbeit, die Kinder, die Esel", scherzte ich, in der Hoffnung, damit das Thema zu wechseln.

In dem Moment redete ich mir ein, dass Priscilla mich sicher ebenso verurteilen würde, wie andere es in der Vergangenheit getan hatten. Anstatt mich daran zu erinnern, dass unsere Freundschaft eine Quelle unbändiger Gnade war, schaffte ich es einfach nicht, mich ihr gegenüber verwundbar zu machen.

Ich weiß, Herr. Ich habe noch einen langen Weg vor mir.

Vielleicht kann ich mit ihr reden, wenn ich die Dinge für mich geklärt habe.

Im Grunde meines Herzens wollte ich ihr sagen, dass ich innere Kämpfe austrug, aber ich hatte einen so leichten Ton angeschlagen, dass das Gespräch in eine andere Richtung lief. Als ich das erkannte, sagte ich mir: *Vielleicht will sie es gar nicht so genau wissen.* Ich hatte die Gelegenheit verpasst, ehrlich zu sein.

Ich wusste, dass es unserer Freundschaft gegenüber unfair war, solche Wände hochzuziehen, aber ich konnte nicht anders. Ich brauchte Zeit.

• • •

Die Wochen vergingen, und während ich Henrys Mätzchen beobachtete, schwoll mein Herz voller Mitleid für diesen kleinen Esel an. Er war von seiner Mangelerfahrung traumatisiert, und er hungerte nicht nur nach Nahrung, sondern auch nach Zuwendung. Niemand hatte ihm je Liebe entgegengebracht. Er musste all seinen Mut zusammennehmen, um uns zu vertrauen und sich in seiner neuen Umgebung zu Hause zu fühlen. Er gab sein Bestes, um sich mit Flash anzufreunden, auf die einzige Weise, die er kannte. Anstatt Henry zu verurteilen, wollte ich ihm helfen, seine Verletzungen zu überwinden, und ihm die Sicherheit geben, dass er künftig immer genug von allem haben würde, was er brauchte. Ich war sogar bereit, alle zwei Wochen zu „Texas A+ Feed and Auto" zu fahren, um ihm sein Heu zu holen. Ich wollte, dass er begriff, dass er mir immer würde vertrauen können.

Und dann begann ich, zwei und zwei zusammenzuzählen. *Wie viel mitfühlender schaut mein himmlischer Vater auf mich? Auf uns? Wie viel mehr wünscht er sich, dass wir ihm völlig* vertrauen? Der Psalmist fasst das wunderschön zusammen, passend zum Bild der Weide:

Der Herr ist mein Hirte, mir wird nichts mangeln.

Es gibt keinen Mangel. Nichts wird uns mangeln.

In unserer Verwundbarkeit, in unserer Angst, nicht genug zu sein, vielleicht aber auch in unserer Angst, dass *Gott* nicht genug ist, verstecken wir unser wahres Ich vor anderen und vor ihm. Meine Reise der Neuentdeckung Gottes und seines Plans für diese Welt war kein einfacher Weg, aber ich war entschlossen, ihn zu gehen. Mitten in meinem Kampf, den Sinn in allem zu erkennen, spürte ich, wie sich ein felsiger Untergrund unter meinen Füßen bildete: Gottes Plan ist es, *alle* Dinge in seiner Schöpfung wiederherzustellen, und dazu gehört auch jeder Mangel in unserem Leben. Er vergibt uns unsere Sünden, heilt unsere Krankheiten,[6] versorgt unsere Wunden und legt seine beruhigende Hand auf alle Stellen in uns, die für seine Berührung empfänglich sind.

Nachdem Jesus vor einer Menschenmenge das Gleichnis vom guten Hirten erzählt hatte, versicherte er ihnen: „Ich aber bringe Leben – und dies im Überfluss" (Johannes 10,10). Er versprach, dass sein Leben unser ganzes Sein durchströmen würde, doch wir werden diesen Überfluss nur erfahren, wenn wir uns ihm ganz hingeben.

Ich spürte, wie Gott mir zuflüsterte: *Siehst du? Du kannst mir vertrauen.*

Jeden Sommer, wenn der Speiseplan der Esel zusätzliches Heu erfordert, muss ich ihnen rund eine Woche lang täglich eine größere Menge Heu geben, als sie mit einem Mal fressen können, damit Henry begreift, dass immer genug zu fressen da sein wird.

Erst nach mehreren Tagen übergroßer Portionen kann er sich wirklich entspannen. Er macht ein Nickerchen und wacht nicht länger über das Heu. Er weiß, dass er das übrig gebliebene Heu liegen lassen kann und dass es okay ist, wenn Flash davon frisst. Wenn er hungrig ist, kommt er wieder zu seinem Heuhaufen und knabbert daran. Er kann seine Portion genießen, ohne sie zu horten.

Henry ist dabei zu lernen, dass es genug Heu für ihn gibt.

Es ist tatsächlich ganz einfach.

Gott sorgt immer für all unsere Bedürfnisse.

Mit diesem Bewusstsein des Lebens im Überfluss fühlte ich mich schließlich bereit, alles aufzuarbeiten, was vor Henrys Ankunft geschehen war.

Ich war bereit, über Penny nachzudenken.

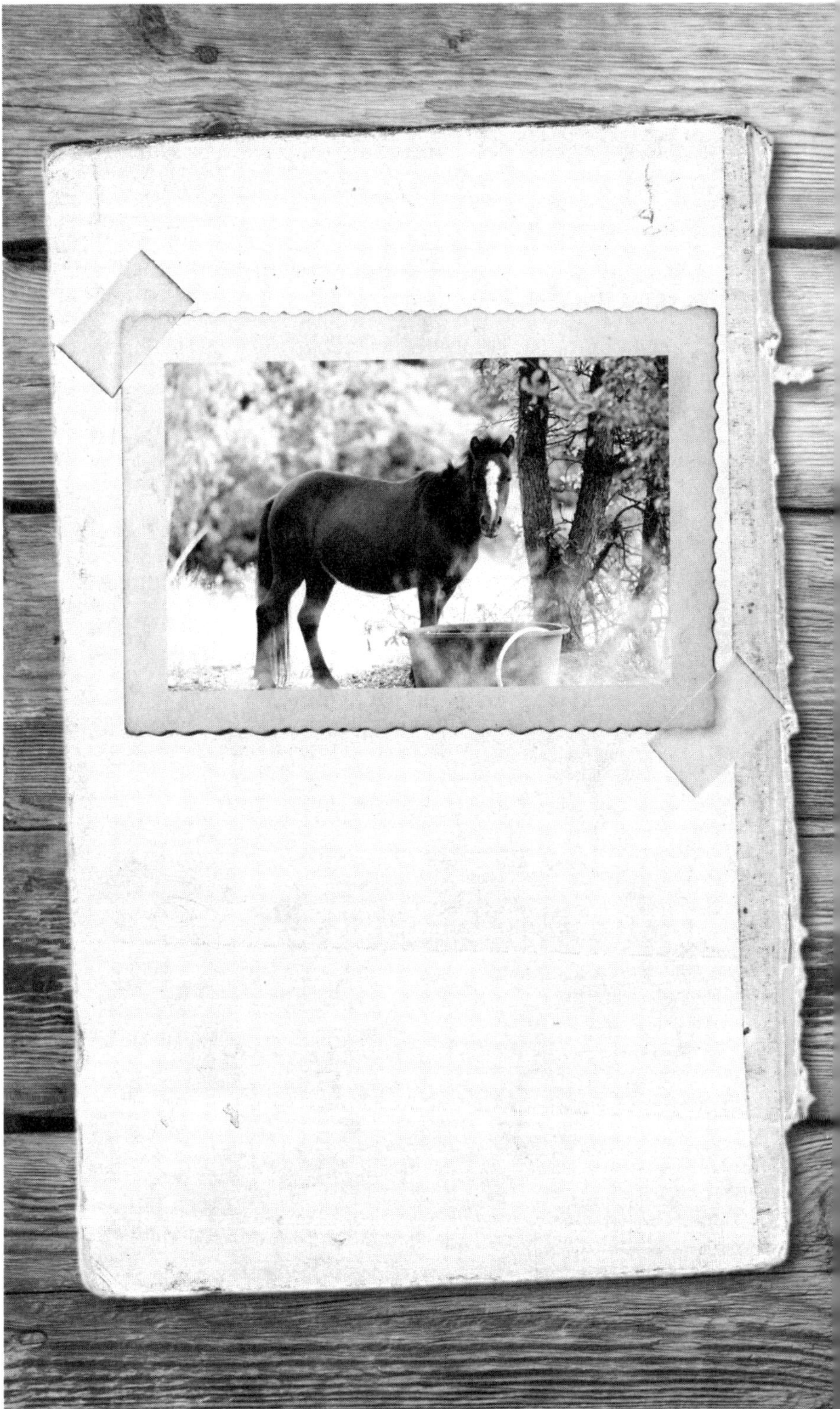

4.

Öffne unsere Augen

Himmlischer Vater. Du hast die Welt mit Deiner Schönheit erfüllt. Wir bitten Dich: Öffne unsere Augen, dass wir Deine gütige Hand in all' Deinen Werken erkennen, damit wir uns an Deiner ganzen Schöpfung erfreuen und dadurch lernen, Dir mit Freuden zu dienen. Um des willen, durch den alles geschaffen wurde, Deinen Sohn, Jesus Christus, unseren Herrn. Amen.

Allgemeine Anliegen, „Um Freude an Gottes Schöpfung", *Das allgemeine Gebetbuch, Erster Teil*

„Was ist das denn?" Tom sah von seinem Schreibtisch in unserem Heimbüro auf, wo er gerade sein Mittagessen aß. Es war ein Tag im Spätfrühling, zwei Jahre bevor wir Henry zu uns holen sollten. Flash war damals noch allein. Tom ließ sein Sandwich fallen und rannte zum Fenster, um besser sehen zu können, während ich mich hinter ihn schob. Ein pelziges braunes Tier war durch den hinteren Garten gerannt und kam nun schlitternd vor Flashs Zaun zum Stehen. *Ist es ein Bär?*

Als der Eindringling stehen blieb und sich aufbäumte, anschließend auf dem Boden scharrte und den Kopf hochwarf, erkannten wir ein kleines zotteliges Pony. Tom und ich sahen uns mit einem *Gerade wenn man denkt, es kommen keine streunenden Tiere mehr*-Blick an und rannten zur Tür.

Bevor wir aus dem Haus waren, war das kupferbraune Pony auch schon wieder verschwunden. Diesmal galoppierte es die Auffahrt hinunter den von Bäumen gesäumten Zaun entlang. In dem Moment kam Flash auf uns zugelaufen. Seine Nüstern waren gebläht, und er sog Luft ein, um ein gigantisches Brüllen auszustoßen. Er bremste scharf, streckte den Kopf vor und zog die Lippen zurück: „Iah, iah, iah!" Es war ohrenbetäubend.

Flash rannte im Kreis, er war völlig aufgekratzt und schaute in alle Richtungen. Dann hüpfte er in die Höhe und rannte am Zaun entlang in Richtung des braunen Ponys, wobei kleine Erdklumpen hinter ihm herstoben. Nur wenige Sekunden später raste er zurück, das Pony begleitete ihn auf der anderen Seite des Zauns; sein langer schwarzer Schweif flog hinter ihm in der Luft. Die beiden trafen sich am Gatter.

Und dann wussten wir, was los war.

Es war offensichtlich Liebe auf den ersten Blick. Oder auf das erste Schnuppern.

Und es war ganz klar eine gefährliche Situation. Die Wildheit, mit der die beiden versuchten, einander zu erreichen, zwang uns dazu, einen Schritt zurückzutreten und eine Strategie zu entwickeln.

Das Pony quiekte vor Entzücken und rannte die Auffahrt hinunter, Schritt für Schritt von unserem betörten Esel gefolgt, der schneller lief als je zuvor.

„Ich werde ein Seil holen, du holst ein paar Leckerbissen, und dann versuchen wir, das Pony einzufangen", rief Tom. Er wusste, dass wir die Situation anders nicht in den Griff bekommen würden. Wir waren mittlerweile am anderen Ende der Weide, schlüpften hinein und rannten zur Scheune.

Plötzlich hörten wir ein lautes Krachen und das Geräusch von splitterndem Holz.

„Du glaubst doch nicht …", flüsterte ich.

„Meine Güte. Flash hat den Zaun durchbrochen", sagte Tom und schnitt eine Grimasse. Es war nicht das erste Mal, dass Flash von Liebe getrieben einen Zaun durchbrach. Tom warf sich das Seil über die Schulter und stählte sich mit entschlossenem Gesicht für die vor ihm liegende Mission, nicht nur eines, sondern gleich zwei Huftiere einzufangen, die unter dem Einfluss von Mutter Natur wild geworden waren. Sie waren zwar von einem Grenzzaun entlang unseres Grundstücks und dem angrenzenden Land unserer Nachbarn Bridgette und Steve umschlossen, doch es waren immerhin noch zehn Hektar Land, auf denen sie sich austoben konnten.

Woher die Stute gekommen war, blieb ein Rätsel. Wir dachten, wir wüssten über die benachbarten Farmen und Anwesen mit Pferden Bescheid, doch dieses kleine Pony hatten wir noch nie gesehen. Nun standen wir hilflos mit unserem Seil und dem

Futternapf da. Selbst wenn wir nahe genug herankommen konnten, um das Seil festzumachen, wäre es äußerst gefährlich, die beiden zu trennen. Also warteten wir, bis Flash und das Pony sich ausgetobt hatten.

Die Nachmittagssonne ging bereits unter, als die beiden endlich voneinander abließen und ihren Magen zu spüren begannen. Tom schüttelte den Futternapf hin und her, um ihre Aufmerksamkeit auf sich zu lenken. Flash und seine neue Freundin sahen angesichts ihrer romantischen Balgerei ein wenig verlegen aus, als sie Tom zur Weide folgten, ohne uns in die Augen zu schauen.

Auf der Weide angekommen scheute das kleine Pony vor unseren Versuchen zurück, das alte lederne Halfter zu lösen, das es trug. Es war viel zu klein, und der Riemen über der Nase hatte sich ins Fleisch gegraben und eine offene Wunde erzeugt. Den Riemen zu lösen, würden wir wohl auf später verschieben müssen.

„Was sollen wir jetzt machen?", fragte ich Tom, während wir Heu auslegten und den Trog mit frischem Wasser füllten.

„Nun, wir können es nicht behalten, mach dir nur keine Hoffnungen, Rachel", warnte er mich. „Und sieh mich nicht so an."

„Wie sehe ich dich denn an?" Ich legte meinen Kopf schief und blinzelte mehrmals. Irgendetwas kitzelte an meinem Augenlid, und meine Unterlippe schob sich von allein vor. Das kam manchmal vor. Ich hatte keine Ahnung, wovon Tom sprach – manchmal sagt er einfach dummes Zeug.

Toms Augen verengten sich, und er wedelte schweigend mit seinem Finger vor meinem Gesicht hin und her.

Wir machten uns daran, den zerbrochenen Zaun provisorisch mit einem Draht zu reparieren, damit Flash und das Pony für die Nacht eingezäunt waren. Zurück im Haus riefen wir unsere Nachbarn, die Tierschutzzentrale, das Büro des Sheriffs und die ortsansässigen Tierfutterläden an. Niemand hatte von einem verlorenen braunen Pony mit einer weißen Blesse im Gesicht gehört. Das kannten wir bereits – bei Flash war es genauso gewesen.

● ● ●

Mehrere Wochen vergingen, ohne dass sich jemand auf unseren Flyer hin gemeldet hätte. Um ehrlich zu sein, hätte ich unsere kleine Stute auf keinen Fall einem Besitzer zurückgeben wollen, der ihr so lange ein zu kleines Halfter angelassen hatte, das ihre empfindliche Nase verletzte. Dieser Jemand hatte sich auch nicht die Mühe gemacht, ihr beizubringen, wie man aus der Hand frisst; er hatte ihre Hufe nicht gepflegt und wollte sie wahrscheinlich gar nicht zurückhaben.

Nach einer Weile gab ich es auf, den Besitzer ausfindig machen zu wollen, und bemühte mich auch nicht mehr, ein anderes Zuhause für das Pony zu finden. Wir behielten es einfach bei uns.

Eines Morgens gingen Tom und ich über den größtenteils überwucherten Weg, der sich innerhalb der Weide zum hinteren Gehölz schlängelte. Der Frühling war recht anstrengend gewesen; wir hatten versucht, mit zwei Projekten zu jonglieren: genug Aufträge für unser „Wandmalerei und dekorative Kunst"-Gewerbe zu gewinnen, sodass wir ein neues Unternehmen aufziehen konnten, das uns genug zum Leben einbrachte, und dieses Unternehmen gleichzeitig so zu gestalten, dass die Kunstkomponente irgendwann überflüssig werden würde. Entweder gab es zu viel zu tun oder zu wenig, und wir benötigten Zeit außerhalb dieser beiden Welten, um uns in Ruhe neu zu formieren.

Der Weg führte an einer Reihe von Zedern vorbei zu einer kleinen Lichtung nahe beim Wäldchen. Flash und seine neue Freundin grasten im taufeuchten Gras, und wir gingen langsam auf sie zu.

Tom holte eine Möhre aus seiner Jackentasche und legte sie auf seine Handfläche. Er kniete sich hin und hielt dem scheuen Pony die Hand mit der Möhre hin. Flash schien der Stute zuzunicken, als ob er sie ermutigen wollte, dann beschäftigte er sich wieder mit dem hohen Gras, ohne sich darum zu kümmern, ob sie die Möhre nahm oder nicht. Vorsichtig kam die Stute näher und blieb außerhalb von Toms Reichweite stehen. Sie schien mit sich zu ringen, ihre Nüstern zuckten. Sie reckte ihren Hals so weit, wie es möglich war, doch sie kam nicht an die Möhre heran.

Ich hielt den Atem an. Tom bewegte sich nicht. Dann hörte ich seine sanfte Stimme: „Alles gut, kleine Lady, alles gut.“

Mit einem letzten zögernden Schritt berührte ihre Nase Toms Hand und schnüffelte an der Möhre. Irgendwie brachte sie trotz ihrer Scheu den Mut auf, die Möhre aus seiner Hand zu fressen. Beim ersten Bissen blinzelte sie, verzückt über die leckere Belohnung.

Ohne die Augen von ihr abzuwenden, fragte Tom: „Sollen wir sie Penny nennen?“

Ein Staubkorn musste mir wohl ins Auge geflogen sein, denn eine Träne quoll daraus hervor. Aber wie dem auch war – dieser Moment war wirklich süß.

Pennys Hufe sahen nicht gut aus. Sie waren lang und unförmig und hätten schon längst gekürzt werden müssen. Ich rief den ortsansässigen Hufschmied Mr Jacobs an und erklärte ihm, dass wir ein ungezähmtes Pony hätten, das eine Hufpflege benötigte. Er kam in der darauffolgenden Woche, um sich um beide Tiere zu kümmern.

Wir hatten Penny inzwischen ein passendes Halfter angelegt, und Tom hielt Pennys Kopf fest und redete beruhigend auf sie ein. Als Mr Jacobs Pennys überlange Hufe kürzte und feilte, zitterte sie nervös, blieb aber die ganze Zeit über bewundernswert brav.

„Jetzt wollen wir uns Flashs Hufe ansehen", sagte Mr Jacobs und trug sein Werkzeug ein paar Meter weiter. „Wann wurden sie das letzte Mal geschnitten?"

„Das ist ungefähr ein Jahr her", überlegte ich.

„Nun, sie sehen eigentlich gut aus. Ich muss sie nur ein wenig in Form bringen", sagte der Hufschmied.

„Die Hufe von Eseln sind weicher als die von Pferden", fuhr er fort, während die Feile kratzende Geräusche von sich gab. „Es ist erstaunlich, in wie gutem Zustand ihre Hufe bleiben, wenn sie viel Auslauf haben. Bei Ihrem Esel kann man an seinen Hufen sehen, dass er auf einer eher harten, steinigen Weide zu Hause ist. Dadurch bleiben die Hufe auf natürliche Weise tipptopp."

„Nun ja, er ist ständig auf Futtersuche, dadurch bleibt er in Bewegung", sagte ich mit leisem Stolz. *Mein Esel hat naturgemäß wohlgeformte Hufe. Wie viele Leute können das von ihrem Esel sagen?*

Mr Jacobs' Blick wanderte durch die Scheune und blieb an einigen Felsbrocken hängen, die an die Wand gelehnt waren. Es waren nicht einfach irgendwelche Steine. Es waren Schätze – Fossilien, die Tom auf unserem Gelände gefunden hatte.

Gesteine mit Muschelabdrücken waren die häufigsten Fundstücke, und es war immer wieder aufregend, wenn wir darüber stolperten.

Vor Kurzem hatte niemand anderer als Flash das Fossil einer Meeresschnecke entdeckt! Sein bevorzugter Platz zum Herumwälzen, mitten auf dem Lehmboden in der Scheune, war der Fundort dieses verborgenen Schatzes gewesen. Flashs Methode, sich völlig selbstvergessen von einer Seite auf die andere zu wälzen, hatte die oberen Lehmschichten in alle Richtungen versprengt und die darunterliegende Gesteinsschicht freigelegt. Jeden Tag nach seiner Wälzprozedur brach er weitere Stücke von dem Gestein ab, wenn er seine Vorderhufe nach vorn schleuderte, um aufzustehen. Die Muschelschale, ein Ammonit, hatte kreisförmige Linien, die sich wunderschön zur Mitte hin ringelten. Zusammengefügt hatte sie einen Durchmesser von über zwanzig Zentimetern.

„Sie haben da einige schöne Fossilien", sagte Mr Jacobs anerkennend. „Diese Gegend ist voll davon. Bei mir wurden Dinosaurierknochen entdeckt, als wir eine Klärgrube einsetzten." Er schob seinen Cowboyhut höher und rieb sich die Augenbraue. „Das bringt einen zum Nachdenken", sagte er schmunzelnd.

Tom sah mich aus dem Augenwinkel an, die Augenbrauen hochgezogen, während ich damit beschäftigt war, Flashs Halfter anzupassen. *Meine Güte, dieser Riemen schneidet dir ins Fell, Flash. So wird das nichts.*

Um die Wahrheit zu sagen: Auch wenn ich diese kleinen Funde bestaunte, hatten mich Flashs „Ausgrabungen" verunsichert. Meine anschließende Onlinerecherche hatte mich noch mehr verwirrt, als ich las, dass Ammoniten und andere Meeresfossilien achtzig bis hundert Millionen Jahre alt waren.

Ich sperrte mich gegen diese Thesen. Geologen, die behaupten, Texas hätte während der späten Kreidezeit unter einem tiefen Meer gelegen? Das war nicht mit dem zu vereinbaren, was ich über die Schöpfung gelernt hatte, und es war am einfachsten, nicht zu viel darüber nachzudenken.

So war es jedenfalls gewesen, bis Tom eine ziemlich große Sammlung von Büchern über Geologie und Natur zusammengetragen hatte – in dem Bemühen, Grayson dabei zu unterstützen, sich gegen die aus unserer Sicht säkulare Weltsicht zu wappnen, die auf dem College gelehrt wurde. Ich hatte Tom über die Schulter geschaut, als er diese Bücher verschlang, und mein Interesse war erwacht, als ich mit Informationen konfrontiert wurde, die neu für mich waren.

Tom ging auf Mr Jacobs' Bemerkung ein: „Die Dinosaurierknochen und Meeresfossilien sind nicht die einzigen Funde hier in der Gegend. Vor einiger Zeit ist man auf ein vollständig erhaltenes Mammutskelett gestoßen, das dem ‚Perot Museum of Nature and Science' gespendet wurde. Das Skelett soll um die zwanzig- bis vierzigtausend Jahre alt sein."

Sie setzten ihr Gespräch fort, während ich neben Flash stand und seinen Kopf streichelte. Auch er hörte zu.

Mr Jacobs setzte Flashs Huf ab und besah sich das Stück einer Ammonit-Muschelschale, das Tom ihm reichte. Gemeinsam bewunderten wir die filigranen Wölbungen, die einer vorzeitlichen Kreatur einst ein wunderschönes maritimes Zuhause gewesen waren.

Öffne unsere Augen, dass wir Deine gütige Hand
in all' Deinen Werken erkennen…

Ich empfand eine große Ehrfurcht.

Es ist seltsam – und ruft Demut hervor –, wenn einem bewusst wird, wie wenig man über ein bestimmtes Thema weiß. Es führt zu Neugier bezüglich allem anderen, was uns umgibt. Die Sammlung von Geologie- und Naturbüchern hatte bei uns zur Anschaffung weiterer Bücher geführt: Bücher über Kosmologie, Physik, Biologie und Theologie. Alles, was sie präsentierten, erzählte mir etwas Neues über Gott.

Ich habe die Natur stets geliebt. Draußen in der Natur zu sein und Gottes Schöpfung zu bewundern, löst seit jeher ein besonderes Gefühl der Verbundenheit mit Gott bei mir aus. Ich war also gebannt von all diesen Informationen – und in geistlicher Hinsicht gleichzeitig hin und her gerissen. Mir wurde bewusst, dass ich irgendwo auf dem Weg aufgehört hatte *zu lernen*. Natürlich nicht mit Absicht. Mein Leben war so angefüllt mit Verantwortung und Aktivitäten, und ich hatte einfach keinen Platz mehr für etwas anderes, zumindest dachte ich das immer. Meine Lektüre bestand aus Blogs, Schlagzeilen in den Nachrichten und Büchern über das christliche Leben von beliebten christlichen Autoren. Oh, und ich hatte auch einige Bibelstudien durchgeführt, doch sie folgten alle einem festen Schema. Ich erkannte, dass ich es mir sogar in Sachen Bibelverständnis bequem gemacht hatte.

Ich konnte mich nicht erinnern, wann ich zum letzten Mal ernsthaft Fragen gestellt oder meine Ansicht über ein Thema geändert oder überhaupt wirklich nach *neuen* Ideen gesucht hatte, um mich zu informieren und mein Denken zu nähren. Irgendwie hatte ich „geistliches Wachstum" damit gleichgesetzt, immer mehr von den Ansichten überzeugt zu sein, die ich bereits vertrat.

Je mehr ich las – und je mehr Tom mir vorlas, wenn wir abends gemeinsam ins Bett krochen –, desto demütiger wurde ich. Ich kannte Menschen, die glaubten, alles über Esel zu wissen, ohne je in ihrem Leben einem echten Esel begegnet zu sein; und nun stellte ich beim Grübeln über Bücher, die diese wundervolle Welt beschreiben, fest, dass auch ich stets Vermutungen angestellt hatte, ohne selbst die grundlegendsten Fakten zu kennen.

Ich war nicht auf den wundervollen, wohlüberlegten Ansatz bibelgläubiger Christen vorbereitet, die eine andere Meinung über die Schöpfung vertraten als ich. Es war eine Herausforderung für mich, mein bis dahin feststehendes Paradigma infrage zu stellen, dass Wissenschaft und Glaube miteinander in Konflikt stehen. Dr. Francis Collins, ein weltbekannter Wissenschaftler und engagierter Christ, sagte diesbezüglich etwas sehr Eindrückliches, das mich nicht mehr losließ:

„Ich glaube nicht, dass der Gott, der das Universum
erschaffen hat und der mit uns Menschen durch
Gebet und geistliche Erkenntnis kommuniziert, von
uns erwartet, aus Liebe zu ihm die offensichtlichen
Gesetze der Natur zu leugnen, die die Wissenschaft
entdeckt hat."[7]

Ich wusste, dass ich dazu aufgerufen war, mich näher mit der Natur und der Bibel zu beschäftigen und zu prüfen, ob es Raum gab für die Schönheit, Poesie und Pracht, die ich in der Schöpfung sah – nun, da ich es mir selbst erlaubt hatte, über den Tellerrand der scheinbar strengen Gegensätzlichkeit von Glaube und Wissenschaft zu blicken. Meine Fantasie wurde von Neugier beflügelt.

Und das alles, weil ein Esel ein Fossil ausgegraben hatte.

„Nun, Flash und Penny sind wieder in Schuss!" Mr Jacobs drehte sich um und tätschelte Flashs Hinterteil, sodass Staubpartikel um seine dicken Finger herumwirbelten. „Die beiden sind schon ein besonderes Paar", schmunzelte er.

Ich stimmte ihm zu. Ich band Penny vom Pfosten los und nahm ihr das Halfter ab. Sie freute sich über die wiedergewonnene Freiheit und trabte auf ihren frisch pedikürten Hufen davon.

Während Tom Mr Jacobs für seine Dienste bezahlte, nahm ich Flashs Seil und führte – oder vielmehr „ermutigte" – ihn mit einer Handvoll Gras vor seinen Nüstern, was auf Anhieb funktionierte.

Als wir in gleichmäßigem Schritt auf die südliche Weide zugingen, ließ ich das Seil lockerer. Flash blieb dicht hinter mir, und ich konnte die Wärme seines Kopfes an meinem Arm spüren. Vor Kurzem hatte ich einen Vers aus dem Römerbrief auswendig gelernt, und nun, mit dem beständigen Rhythmus von Flashs klappernden Hufen auf dem felsigen Boden, erinnerte ich mich an die Worte:

> Gott ist zwar unsichtbar, doch an seinen Werken,
> der Schöpfung, haben die Menschen seit jeher
> seine ewige Macht und göttliche Majestät sehen
> und erfahren können. Sie haben also keine
> Entschuldigung.
> Römer 1,20

Klapp, klapp, klapp. Der Duft von wildem Geißblatt war betörend und ich musste einfach stehen bleiben, um die blühenden

Ranken zu bewundern, die den Zaun hochkletterten und ihre zarten Blüten der Sonne entgegenstreckten. Buttergelbe Blumen mit goldenen Staubgefäßen lockten Bienen mit ihrem Nektar und Spaziergänger wie Flash und mich mit ihrem Duft. Ich atmete tief ein und genoss den Duft, bis ich vor Freude wie berauscht war.

… uns an Deiner ganzen Schöpfung erfreuen…

Gott hatte eine Welt voller Wunder erschaffen, darunter auch diese wild wuchernden Ranken. Es war absolut sinnvoll, über das göttliche Wesen nachzudenken, das diese Wunder ins Dasein gerufen hatte. Ich betrachtete die Vielzahl texanischer Wildblumen auf Flashs Weide – eine Steppdecke aus gelben, orangen, violetten und roten Blüten, die alle aus einem harten Lehmboden hervorschossen, der während der „späten Kreidezeit", wie die Geologen sie nannten, geformt worden war. *Sicherlich wollte Gott uns nicht täuschen, indem er eine Welt erschuf, die nur alt zu sein* scheint, *oder?* Vielleicht ließ sich Gott tatsächlich mehrere Äonen lang Zeit, um das Wunderland zu gestalten, das wir als *unsere Weide* betrachten. Dieser Gedanke ließ mich vor Ehrfurcht erzittern.

Ich musste an Verse aus dem Buch Hiob denken, in denen die Natur und die Tierwelt erwähnt werden:

> „Von den Tieren draußen kannst du vieles lernen,
> schau dir doch die Vögel an!
> Frag nur die Erde und die Fische im Meer;
> hör, was sie dir sagen!"
> Hiob 12,7–8

Nachdem Hiob über Gottes Rolle in seinen vielen leidvollen Erfahrungen nachgedacht hatte, offenbarte sich der Herr selbst, indem er Aspekte der Natur und der Geschöpfe auflistete, die seine Macht und Weisheit widerspiegelten. (Ich freue mich, dass auch Esel in dieser Auflistung genannt werden![8]) Hiob erwiderte völlig überwältigt:

> „Herr, ich erkenne, dass du alles zu tun vermagst;
> nichts und niemand kann deinen Plan vereiteln. [...]
> Herr, ich kannte dich nur vom Hörensagen, jetzt aber
> habe ich dich mit eigenen Augen gesehen!"
> Hiob 42,2.5

Ich verstehe diese Verse so, dass Hiob Gott nicht körperlich sehen konnte, ihn jedoch in allem, was er geschaffen hatte, erkannte. Diese Sicht löste tiefe Demut in ihm aus, sodass er in ehrfürchtigem Schweigen verstummte.

Mit einem Mal wurde mir klar: *Du willst, dass wir dich finden, nicht wahr, Herr? Du hast die Welt so geschaffen, dass wir dich entdecken, wenn wir unsere menschliche Neigung aufgeben, deiner Hände Werk gedanklich in eine bestimmte Schublade zu stecken.*

Vielleicht hatte ich all die Jahre, in denen ich – oftmals erfolglos und dementsprechend frustriert – darum gekämpft hatte, Gott im Gebet zu begegnen, einen ganz einfachen Weg übersehen, der nicht nur im Buch Hiob, sondern in der ganzen Bibel zu finden ist – dorthin zu gehen, wo Gottes Fingerabdrücke am deutlichsten sichtbar sind: in der Natur. Hier in der Natur fühlte ich die größte Offenheit, zu staunen, ehrfürchtig zu sein ... und Gott zu begegnen.

Flash knabberte an den zarten Blättern einer Weide, die sich über den Zaun beugte, während ich meine Augen schloss, um ein letztes Mal den Duft einzuatmen. Ich atmete langsam aus, und mit dem Ausatmen verschwand meine Furcht vor dem Unbekannten. Alle Angst vor den Fragen, die ich bisher nicht zu stellen gewagt hatte, war schlicht und einfach verschwunden. Ich spürte, dass ich nichts lernen, lesen oder entdecken konnte, was mich von Gott wegführen würde – diesem Gott, der uns dazu einlädt zu kommen, zu schmecken, zu sehen.

Die Bibel selbst fordert uns dazu auf, einen Gott zu erfahren, der größer ist, als Worte es je beschreiben könnten. „Fürchtet euch nicht"[9], sagte Jesus.

Kommt, erfreut auch an allem, was ich erschaffen habe.

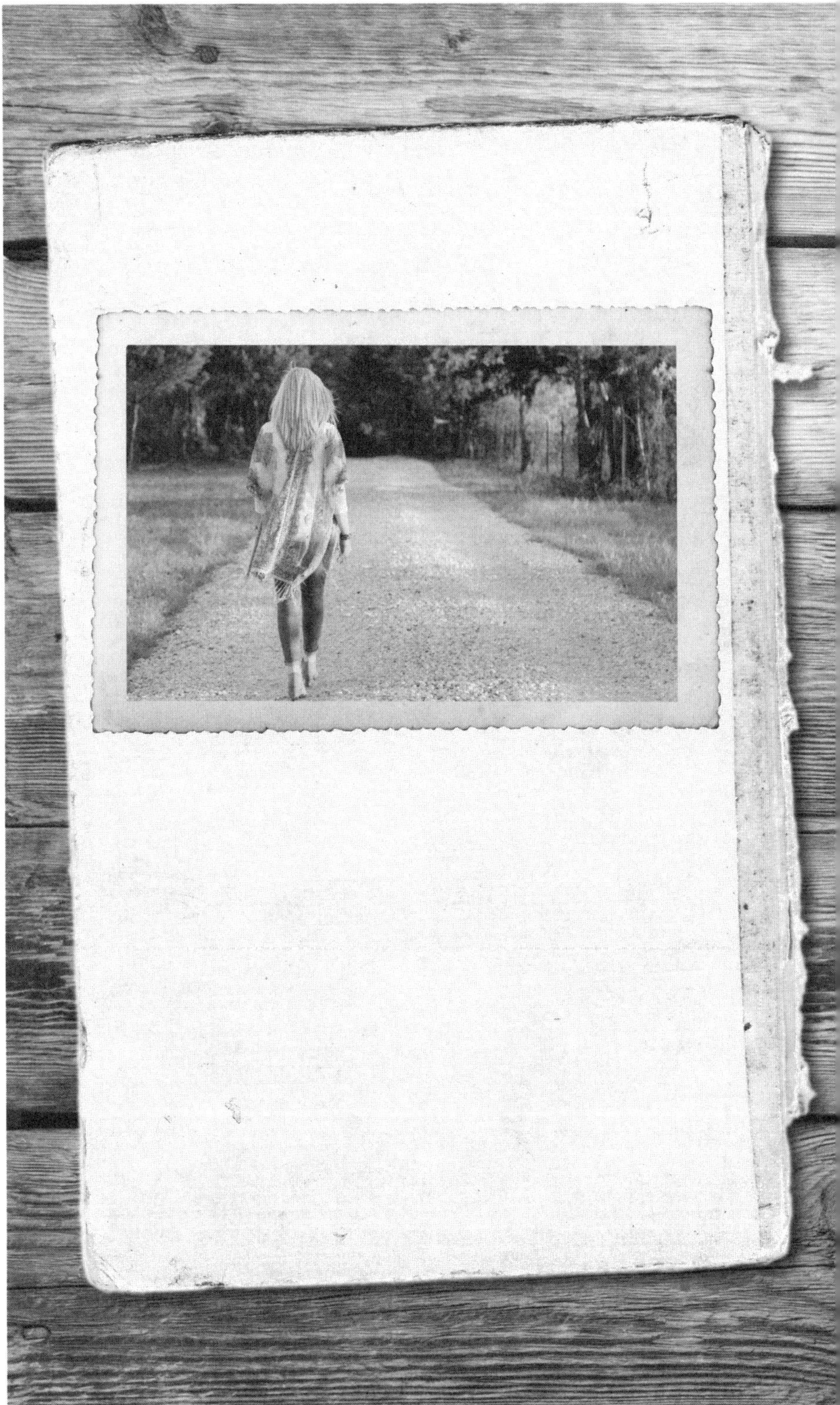

5.
Was wir unterlassen haben

Barmherziger Vater. Wir bekennen, dass wir gegen Dich gesündigt haben in Gedanken, Worten und Werken, durch das, was wir getan und unterlassen haben. Wir haben Dich nicht von ganzem Herzen geliebt; wir haben unsere Nächsten nicht wie uns selbst geliebt. In Reue und Demut bekennen wir unsere Schuld. Um Deines Sohnes Jesu Christi willen sei uns gnädig und vergib uns unsere Verfehlungen, dass wir von nun an Deinen Willen freudig erfüllen und auf Deinen Wegen wandeln. Zur Ehre Deines Namens. Amen.

Morgenlob, „Schuldbekenntnis",
Das allgemeine Gebetbuch, Erster Teil

Flash war bis über beide Ohren in Penny verliebt.

Das war für jedermann sichtbar.

Das dicke Winterfell des kleinen Ponys war abgefallen und hatte einem weichen Sommerfell und schlanken Beinen Platz gemacht, die unter dem dicken Fell verborgen gewesen waren. Flash und Penny waren mittlerweile unzertrennlich. Er folgte ihr überallhin und gab seine Junggesellengewohnheit auf, seine Pfade sorgfältig instand zu halten und seine Bedürfnisse in perfekten Häufchen zu erledigen. Nun benutzte er seine ausgetretenen Pfade nur noch selten, und überall war Dung verstreut. Penny brachte ein Durcheinander kreativer Energie in Flashs zuvor wohlgeordnetes Leben, doch das schien ihn kein bisschen zu stören.

Als die Monate vergingen und der Sommer in den Herbst überging, stellten wir fest, dass Nachwuchs unterwegs war. Wir beobachteten, wie Pennys Bauch ganz langsam runder wurde, und stellten uns voller Vorfreude vor, wie das kleine Maultierbaby wohl aussehen würde.

Spät am Abend war Tom im Büro und überwies Rechnungen. „Ich glaube, wir sollten den Tierarzt kommen lassen, damit er sich Penny anschaut und ihre Impfungen vornimmt", sagte ich, als ich ihm etwas zu trinken brachte.

Er schaute mich über seine Lesebrille hinweg an. „Kann das nicht warten?", fragte er und zeigte auf den Papierstoß. „Wir können uns darum kümmern, wenn das Fohlen kommt. Dann braucht der Tierarzt nicht zweimal zu kommen. Alles wird gut gehen."

„Das nehme ich auch an", erwiderte ich und machte mir eine gedankliche Notiz, bei „A+ Feed" ein paar Impfinjektionen zu kaufen. Diese Impfungen kann man ohne Tierarzt verabreichen, und man ist gut beraten, sie vorrätig zu haben. Ich hätte mir immer noch gewünscht, dass der Tierarzt kommt, aber als ich Toms Stress sah, erklärte ich mich einverstanden zu warten. Immerhin hatten wir Penny davor bewahrt, bei einer Versteigerung zu landen, und hatten sie damit vor einem unbekannten Schicksal gerettet. *Sie kann von Glück sagen, dass sie bei uns aufgetaucht ist,* sagte ich mir.

• • •

Pennys Wehen begannen am späten Nachmittag eines wunderschönen Februartages. Nach unseren Berechnungen schien es etwas verfrüht zu sein, aber wir wussten, dass es da ein wenig Spielraum gab. Die Trächtigkeit dauert bei Pferden im Allgemeinen elf Monate, bei Eseln dagegen zwölf Monate. Nach unserem Dafürhalten war Penny im elften Monat. Wir hatten sie und Flash auf der Wiese beim Haus angepflockt, damit sie eine andere Umgebung und das üppige Gras außerhalb ihrer Weide genießen konnten.

Ein lauter Rums direkt vor Toms Bürofenster unterbrach ihn in seiner Arbeit. Penny stand im Blumenbeet und trat mit ihren Hinterhufen gegen das Haus, als ob sie uns mitteilen wollte, dass ihre Wehen eingesetzt hatten. Sofort wurden wir aktiv: Wir füllten ihren Stall mit frischen Holzspänen; wir hielten Wasser und Heu bereit und sorgten dafür, dass genug Decken und Handtücher vorrätig waren. Tom sperrte Flash im ehemaligen Emugehege ein und schob Penny in den Stall.

Ein Maultierbaby war auf dem Weg!

Leider verging Stunde um Stunde, und wir warteten noch um elf Uhr abends, als plötzlich eine Kaltfront hereinzubrechen begann. Mit jeder weiteren Minute nahm unsere Hoffnung ab, das Fohlen würde zur Welt kommen, bevor die Temperaturen drastisch abfielen. Unsere dreiseitige Scheune ist bei Frostwetter alles andere als warm.

Penny stieß bei jeder Wehe mit ihren Hinterhufen um sich, um den seltsamen Schmerz zu bewältigen, den sie spürte. Unser Tierarzt versicherte uns am Telefon, dass die erste Geburt bei einem Pony durchaus sehr lange dauern kann. Tom holte einen Thermoschlafsack vom Dachboden, um während der Nacht im Stall Wache zu halten. Ich lächelte ihn an, als er Penny ein wenig Heu aus der Hand gab und ihr während einer weiteren Wehe gut zuredete. Dann ging ich ins Haus, um ein bisschen zu schlafen.

Das Klingeln meines Handys weckte mich.

„Sie presst", rief Tom, und ich war sofort hellwach. Die Sonne war noch nicht ganz aufgegangen, als ich mehrere Kleiderschichten anzog, meine Handschuhe schnappte und Kaffee in eine Thermosflasche goss. Ich kam in dem Moment am Stall an, als die Hufe des Fohlens aus Pennys Körper herausragten. Ich beobachtete gebannt, wie der Rest des kleinen Maultiers auf die Welt kam.

Ein letzter Stoß, und das Baby war da – ein wirres Knäuel aus langen Beinen und einem nassen Körper, der von einer milchigen Membran umgeben war, die in der frostigen Scheune dampfte. Penny lag erschöpft auf den Holzspänen. Tom ließ ihr ein paar Augenblicke, um sich zu sammeln, dann stupste er sie sanft in Richtung ihres Fohlens. „Los, auf mit dir, Penny!" Er stach die Fruchtblase auf, damit das Fohlen atmen konnte.

„Oh, schau nur", flüsterte ich, während mir Tränen der Freude über die Wangen strömten. „Es ist wunderschön!" Das gelockte

Fell des Fohlens war dunkelbraun, doch es hatte das typische helle Maul eines Esels, und die zotteligen Ohren lagen irgendwo in der Mitte zwischen langen Eselohren und kurzen Pferdeohren – vollkommen proportional für ein Maultier. Die kleinen Hufe waren von einem weichen Mantel aus gummiartigem Horn umgeben, der die scharfen Kanten daran gehindert hatte, die Fruchtblase im Bauch der Mutter zu durchstoßen.

„Geh zu deinem Baby!", drängte ich Penny. Ich konnte es kaum abwarten zu sehen, wie sie es bemutterte. Ohne auch nur einen Blick auf das Fohlen zu werfen, wankte Penny mit gesenktem Kopf zur anderen Seite des Stalls. Sie atmete schwer.

Toms Blick traf meinen. *Irgendetwas stimmt hier nicht.* Mein Herz schlug heftig, während wir das Fohlen abtrockneten und es in Decken hüllten, um es warm zu halten. Penny hielt weiter Abstand zu uns.

„Das Fohlen ist eine Frühgeburt", erklärte Dr. Howard unmittelbar nach seinem Eintreffen. „Wenn es überleben soll, müssen wir es sofort in eine Pferdeklinik bringen und auf eine besondere Ernährung setzen. Doch selbst wenn es direkt trinken sollte, bleibt das Problem bestehen, dass seine Lungen nicht vollständig ausgebildet sind. Die Chancen stehen fünfzig zu fünfzig, dass es überlebt." Tom rannte zum Suburban und fuhr ihn zur Scheune.

Meine Knie begannen zu zittern. *Hier geht es um Leben und Tod.*

Dr. Howard lenkte seine Aufmerksamkeit auf Penny. Er räumte ein, dass ihr Verhalten ihn ratlos machte, meinte aber, dass ihre Unerfahrenheit möglicherweise ein Grund sein könnte. „Es kommt manchmal vor, dass Mütter ihre Babys ablehnen. Wir wissen nicht, warum das so ist", erklärte er. „Wir sollten sie in den nächsten vierundzwanzig Stunden im Auge behalten. Doch zuerst müssen wir uns um das Fohlen kümmern. Ich werde mit der Klinik telefonieren und Sie ankündigen."

Die nächstgelegene Pferdeklinik befand sich bei einer Pferderennbahn rund dreißig Autominuten von uns entfernt. Ab jetzt zählte jede Minute, denn das Fohlen brauchte unbedingt die erste Milch. Ich sorgte dafür, dass Penny bis zu unserer Rückkehr genug frisches Futter und Wasser im Stall hatte, während Tom das Neugeborene auf den Arm nahm und einen Kuss auf sein seidiges Köpfchen drückte. „Halt durch, kleiner Prinz", flüsterte er.

Tom legte das Fohlen vorsichtig auf die Rückbank des Suburban und ich kletterte daneben. Ich hatte mich kaum hingesetzt, als Tom auch schon auf den Fahrersitz sprang, den Motor anließ und mit quietschenden Reifen über die Weide zum Gatter fuhr.

Ich bin mir ziemlich sicher, dass Tom auf dem Weg zur Klinik mindestens zwei rote Ampeln überfuhr. Als wir ankamen, stürmte er mit dem kostbaren kleinen Patienten auf dem Arm durch die Eingangstür. Das Klinikpersonal teilte sich wie das Rote Meer, um ihnen Platz zu machen, und Tom wurde zu einem Untersuchungsraum jenseits des Hauptbereichs geführt. Als er das kleine Maultier vorsichtig aus den Decken wickelte, machten alle einen Riesenwirbel um das bezaubernde Geschöpf. Ein Blick auf das große Vollblut, das in einem der anderen Räume angebunden war, ließ das Fohlen noch kleiner und zerbrechlicher erscheinen, als es ohnehin war.

Eine junge Tierärztin übernahm die Leitung. „Hallo, ich bin Dr. Betsy", sagte sie. Sie hielt einen Stift über ihrem Klemmbrett. „Wie heißt das Kleine?"

Ich schaute Tom an.

„Prince", sagte er, nachdem er sich geräuspert hatte.

Dr. Betsy lächelte. „In Ordnung. Wir werden Prince an einen Tropf legen und spezielle Nahrung für ihn besorgen." Sie beobachtete, wie das Fohlen sich im Raum umsah, und schien das für ein gutes Zeichen zu halten. „Wir werden seine Atmung überwachen und hoffen, dass seine Lunge durchhält."

Schon wieder die Lunge. Der Gedanke löste Kopfschmerzen bei mir aus, doch gleichzeitig atmete ich zum ersten Mal seit dem Morgen ruhiger und spürte, wie meine Angst nachließ. *Prince ist in guten Händen. Sie werden sich bestmöglich um ihn kümmern.*

„Das ist das erste Maultierbaby, das wir je hier hatten", sagte Dr. Betsy. „Ich glaube, alle haben schon ihr Herz an ihn verloren." Sie gab uns ihre Visitenkarte mit ihrer Telefonnummer. „Ich werde Sie über seinen Zustand auf dem Laufenden halten."

Tom gähnte verstohlen.

„Du warst die ganze Nacht über wach", sagte ich und streichelte seine Wange. Ich holte die Autoschlüssel aus seiner Jackentasche. „Lass uns heimfahren."

Als wir zur Scheune zurückkehrten, machte Penny einen ruhigen Eindruck. Sie stand neben dem Heu und sah munter aus, und so gingen Tom und ich ins Haus, um unseren wohlverdienten Schlaf nachzuholen.

Am nächsten Morgen ging Tom zum Gehege, um nach Flash zu sehen, und anschließend direkt zur Scheune. Penny hatte noch immer Muskelkrämpfe, und Tom führte sie herum, in der Hoffnung, dass es helfen würde. Er filmte den nächsten Krampf und schickte das Video an Dr. Howard.

Ein paar Stunden später rief der Tierarzt an. „Tom, ich glaube, ich weiß, warum Penny solche Spasmen hat. Es kommt eigentlich so gut wie nie bei Pferden vor."

„Woran genau denken Sie?"

Dr. Howard atmete tief durch. „Nun, ich bin mir nicht sicher, aber es könnte … die Tollwut sein."

Tom ließ beinahe das Telefon fallen.

Tollwut?

Dr. Howard erklärte: „Wie Sie wissen, sind Tollwutimpfungen für Pferde in Texas keine Pflicht, und sie müssen von einem Tierarzt verabreicht werden. Die Impfungen, die viele Pferde- und Eselbesitzer selbst verabreichen, sind gegen den West-Nil-Virus, Tetanus und Grippe wirksam, doch was Tollwut betrifft, lassen es die meisten drauf ankommen …" Seine Stimme wurde leiser. Dann räusperte er sich. „Wenn Penny nicht gegen Tollwut geimpft wurde, dann könnte das die Diagnose sein."

Tom fühlte sich plötzlich schwach und musste sich setzen. „Liebe Güte. Ich weiß nicht, was mit ihr war, bevor sie bei uns auftauchte. Seit sie bei uns ist, wurde sie nicht gegen Tollwut geimpft. Wir wollten das eigentlich von Ihnen machen lassen, wenn Sie für die Geburt herkämen."

„Nun, wie ich schon sagte, es ist nicht sehr wahrscheinlich. Letztes Jahr gab es nur rund fünfundzwanzig Fälle auf etwa zehn Millionen Pferde landesweit. Ich persönlich habe noch nie Tollwut bei einem Pferd gesehen, und das gilt auch für alle Kollegen, die ich kenne."

„Wie könnte sie sich angesteckt haben?"

„Tollwut wird meistens von Stinktieren, Waschbären und Fledermäusen übertragen. Ein tollwütiges Tier kann ein anderes Tier und sogar Menschen anstecken."

Es folgte eine lange Pause.

„Andererseits könnte Pennys Zustand aber auch von einem Nervenschaden herrühren, der während der Geburt entstanden ist. Wir müssen abwarten, was passiert." Nach einer kurzen Pause fuhr er fort: „Doch nur für den Fall, dass es sich wirklich um Tollwut handelt, sollten Sie Flash in seinem Gehege und Penny im Stall lassen. Sorgen Sie auch dafür, dass niemand sich einem der beiden nähert. Tollwut ist extrem ansteckend, und die Tiere müssen sofort in Quarantäne. Berühren Sie sie nicht, und lassen Sie niemanden in ihre Nähe. Ich komme, so schnell ich kann."

Ich war erschüttert.

Unsere fieberhafte Google-Suche brachte schreckliche Ergebnisse hervor – Tollwut ist für infizierte Tiere *immer* tödlich und für Menschen fast immer, wenn sie nicht sofort behandelt wird. Menschen und Tiere, die dem Virus ausgesetzt wurden, müssen ein spezifisches Protokoll befolgen.

Das betraf uns. Wir hatten Penny in den letzten Tagen ständig angefasst.

Und Flash war in Pennys Nähe gewesen, bis die Wehen einsetzten.

Und was ist mit Prince?

Ich wollte gar nicht darüber nachdenken.

Inzwischen hatte Tom seinen Vater angerufen und ihn gebeten zu kommen. Wir brauchten moralische Unterstützung und ein paar zusätzliche Hände für den Fall der Fälle. Als Dr. Howard eintraf, hatte Penny bereits extrem starke Krampfanfälle entwickelt. Es gab keine andere Möglichkeit mehr, als sie einzuschläfern.

Während Tom, Bob und Dr. Howard in der Scheune mit Penny beschäftigt waren, stand ich mit gesenktem Kopf in der Küche, von Trauer überwältigt. Ich hielt mich an der Küchenanrichte

fest, um nicht umzufallen. Ich hätte es nicht ertragen, dort draußen zu sein.

Oh, liebe kleine Penny!

Ich tat das Einzige, was ich tun konnte: Ich heulte mir die
Augen aus. Als Tom endlich in die Küche kam, hielten wir einander umschlungen und weinten.

Wir mussten das ganze Wochenende auf die Ergebnisse von Pennys Gewebeprobe warten. *Es war bestimmt nur ein Nervenschaden von der Geburt,* sagten wir uns. *Alles wird gut, ganz bestimmt.
Prince wird überleben, und Flash wird … Oh lieber Herr, lass Flash
gesund sein. Bitte lass ihn gesund sein. Bitte, Herr!*

Die Uhr tickte auch für Tom und mich, denn wenn Penny
wirklich Tollwut gehabt hatte, mussten wir schleunigst behandelt
werden. Am Samstag bekam ich Fieber, und unsere Angst nahm
zu. War ich mit Pennys Körperflüssigkeit in Berührung gekommen? Ich konnte mich nicht daran erinnern. War mein Fieber
Zufall? Sobald wir Bescheid bekämen, müssten wir in eine Klinik
fahren. Da es für Menschen keinen Tollwuttest gibt, würde ein
positives Ergebnis beim Tier bedeuten, dass jeder, der mit ihm in
Kontakt gewesen war, sofort geimpft werden musste.

Wir waren davon ausgegangen, dass jede Ambulanz eine ent-
sprechende Behandlung durchführen könnte. Doch es stellte sich
heraus, dass nur ein einziges Krankenhaus in Dallas den richtigen Impfstoff hatte. Am Montagmorgen machten wir uns auf
den Weg in diese Klink – noch bevor wir vom Gesundheitsamt
des Staates Texas Nachricht bekommen hatten.

Toms Telefon klingelte in dem Moment, als wir das Krankenhaus betreten wollten. Er stellte die Lautsprecherfunktion an, damit ich mithören konnte.

„Mr Ridge?"

„Ja."

„Ich muss Ihnen leider mitteilen, dass der Tollwuttest für, äh …", man hörte Papier rascheln, „… für Penny positiv ist. Das Tier hatte Tollwut."

„In Ordnung, danke." Tom schloss die Augen und ließ sich auf den Bordstein sinken. „Warten Sie. Was sollen wir jetzt machen? Muss ich jemanden darüber informieren, dass unser Esel mit dem Pony in Kontakt war?"

„Ja, es gibt ein Amt in Westtexas, das ein entsprechendes Protokoll vorgibt, und es wird vor Ort von Ihrem Sheriff überwacht. Ihr Tierarzt muss Ihrem Esel mehrere hoch dosierte Impfungen verabreichen, und Sie müssen den Esel neunzig Tage lang in einer vom Staat anerkannten Einrichtung in Quarantäne halten lassen. Wenn Sie ein Gehege haben, in dem Sie ihn so lange unterbringen können, müssen Sie es überprüfen und anerkennen lassen. Das alles muss unverzüglich geschehen."

„Ja, ich verstehe."

„Und hören Sie: Jeder, der mit dem verstorbenen Tier Kontakt hatte, vor allem mit seinem Speichel, muss sofort ärztliche Behandlung in Anspruch nehmen."

Tom bedankte sich und beendete das Gespräch.

Wir zitterten beide, als wir die Klinik betraten und die Aufnahmeformulare ausfüllten.

• • •

Wenn doch nur … Wenn wir die Dinge doch nur anders gemacht hätten. Wenn ich doch nur darauf bestanden hätte, den Tierarzt früher für die Impfung kommen zu lassen …

Wenn doch nur ... Es war nicht das erste Mal in meinem Leben, dass ich diese Worte sagte, aber nie zuvor hatte ich sie mit so viel Emotion ausgesprochen. Unsere Nachlässigkeit, *meine* Nachlässigkeit – es gab kein anderes Wort dafür – hatte Penny ihr Leben gekostet! Die Versorgung unserer Tiere fiel ganz klar in meinen Aufgabenbereich: Ich war diejenige, die sich um ihr Futter und die regelmäßige Entwurmung kümmerte und alles, was die tierärztliche Versorgung betraf, in die Hand nahm. Meine Entscheidung, den Impftermin mit dem Tierarzt aufzuschieben, hatte dazu geführt, dass Prince und Flash – und auch Tom und ich – ernsthaft in Gefahr waren.

Wir dachten angestrengt nach, um eine Liste der Personen zu erstellen, die in den vergangenen Wochen möglicherweise mit Penny in Berührung gekommen waren. Unsere Nachbarn Steve und Bridgette? Irgendwelche Kinder, die zu Besuch gekommen waren? Nur bei Bob, der uns am Ende geholfen hatte, waren wir ganz sicher. Auch er würde eine Behandlung benötigen.

Eine sehr kostspielige Behandlung. Drei Behandlungszyklen.

Die Scheune, der Stall und alle Gerätschaften mussten gesäubert und desinfiziert werden. Kleidung und Sattel- und Zaumzeug mussten vernichtet werden.

Doch was am schwersten wog, war die Sorge.

Und die Schuldgefühle.

Die ganze Situation machte mich körperlich krank.

Und ich war nicht auf die nächste Nachricht vorbereitet. Diesmal kam der Anruf von Dr. Betsy von der Pferdeklinik.

„Es tut mir so leid", sagte sie mit leiser Stimme. „Prince ... seine Lunge ... Er hat es nicht geschafft."

Es ist alles meine Schuld.

Ganz allein meine Schuld.

Ich wusste, wie wichtig die Impfung ist, und trotzdem habe ich nicht darauf bestanden.

Prince, unser wundervolles Maultierbaby, das Kleine, für das ich so viele Hoffnungen gehegt hatte, war tot.

Nein! Nein! Nein!

Er hatte so sehr gekämpft, und es hatte so ausgesehen, als würde er es schaffen. Nur wenige Stunden zuvor hatte Dr. Betsy mir ein Foto geschickt, auf dem er zum ersten Mal auf seinen dünnen Beinchen stand.

Und nun war auch er tot.

Ich begann zu hyperventilieren. Vor meinen Augen wurde es schwarz. Ich ließ mich auf einen Stuhl sinken, weil meine Knie sich wie Pudding anfühlten.

Es ist alles meine Schuld.

… durch das, was wir getan und unterlassen haben.

Ich konnte die Zeit nicht zurückdrehen und die Dinge in Ordnung bringen. Ich musste mit den Folgen meiner Tatenlosigkeit leben.

Vorläufig musste Flash im Emu-Gehege bleiben – sollte es für die Quarantäne geeignet sein.

Drei Monate Quarantäne… wenn er überlebt.

Ich würde ihn nicht berühren, seine Ohren streicheln oder ihn aus der Hand füttern dürfen.

Das kann einfach nicht wahr sein!

Ich weiß nicht, ob Sie in Ihrer Vergangenheit Momente erlebt haben, in denen Sie eine falsche Entscheidung getroffen und sich danach gewünscht haben, Sie könnten sie rückgängig machen. Man versucht, nicht mehr daran zu denken, doch die Sache lässt einen nicht los. Man erinnert sich an all die Gründe, die zu dieser Entscheidung geführt haben: Man hat getan, was man konnte; man war in Eile und hatte keine Zeit, alles sorgfältig abzuwägen; man hatte gute Absichten; niemand ist perfekt – jeder macht Fehler.

Man sagt sich, dass man nach vorn schauen muss.

Aber man schafft es nicht.

Man kann den Fehler nicht verdrängen, weil man denkt, dass man die Folgen und die Verurteilung verdient hat. Man sagt sich immer wieder: „Ich wusste es eigentlich besser."

Ich war Anfang zwanzig, als mir jemand sagte, es seien nicht die Dinge, die man im Leben tut, die man später bereut – sondern die Dinge, die man *nicht* getan hat. Die Gelegenheiten, die man nicht wahrgenommen hat; die Liebe, die man nicht gegeben hat; das Gute, das man nicht getan hat. Das sind die Dinge, die man bereut.

Damals war ich in meiner jugendlichen Arroganz gefangen, bedankte mich höflich bei der Person, dachte aber insgeheim: *Das vergessen wir mal ganz schnell wieder.* Ich würde dieser eine Mensch in der Geschichte der Welt sein, der nie etwas versäumen würde, was er eigentlich tun wollte. Ich würde ohne Bedauern leben. Als Tom und ich frisch verheiratet waren, versprachen wir uns gegenseitig: „Keine Reue."

Wen wollten wir damit veräppeln? Wir beide bereuten Dinge, die wir getan hatten, um *eben nichts* zu bedauern.

Doch dann ist da das Loslassen dieses Bedauerns. Man *weiß*, dass es ungesund ist, daran festzuhalten. Man *weiß*, dass man sich selbst vergeben muss.

Ich habe im Laufe der Zeit gelernt, dass es generell einfacher ist, anderen zu vergeben als sich selbst. Es ist einfacher, die Fehler anderer hinter uns zu lassen als unsere eigenen Fehler.

Die Dinge, die wir *nicht* getan haben, verfolgen uns – sie verfolgen mich.

Oft liegt das daran, dass wir manche Dinge trotz bester Absichten versäumen, weil sie einfach in der Geschäftigkeit des Alltags untergehen. Wir sind so beschäftigt, dass wir vergessen, bestimmte Dinge durchzuziehen. Wahrscheinlich wird niemand es je wissen, denn wer außer uns selbst weiß schon, was wir hätten tun sollen?

Manchmal umgehen wir aber auch bewusst Verantwortung oder gute Taten, indem wir einen einfacheren Weg wählen. Das ist eines meiner größten Probleme – dass ich oft den Weg des geringsten Widerstands wähle.

Aber diese Sache mit Penny … dieses eine enorme Versäumnis schien lawinenartig anzuschwellen und sich mit allen anderen Fehlern meiner Vergangenheit zu vermischen, und ich hatte das Gefühl, in Reue und Selbstanklage zu versinken. Dabei vermengten sich große und kleine mit wichtigen und unwichtigen Selbstvorwürfen. Zu den wichtigen zählten: Warum hatte ich das College nicht abgeschlossen? Warum hatte ich mich nicht vor mein Kind gestellt, wenn ein Erwachsener etwas Unfreundliches sagte? Wie hatte ich nur mein Versprechen gegenüber einer Freundin nicht einhalten können? Und die unwichtigen: Warum hatte ich meine Hände nicht mit Sonnencreme eingerieben? Warum hatte ich in den Achtzigerjahren so unförmige Kleider getragen? Alles vermischte sich, und ich bereute alles.

Warum habe ich nicht darauf bestanden, den Tierarzt für die Impfung zu uns zu holen?

Nun, weil… weil ich immer den einfachsten Weg wähle. Den Weg, der in dem Moment einen Konflikt vermeidet.

So funktioniere ich, auf den Punkt gebracht.

Bäh!

Selbst jetzt, einige Jahre nach der Tragödie mit Penny und Prince und der Gefahr, in die ich mich und andere gebracht habe, fällt es mir schwer, daran zurückzudenken. Ich spüre die Traurigkeit von damals noch heute. Ich wollte eigentlich nicht darüber schreiben und hatte gehofft, zu grüneren Weiden aufbrechen zu können.

Doch das Leben ist kompliziert. Man kann es nicht an den gestanzten Linien falten und zu einer Glückwunschkarte mit handgefertigten Gefühlen und hübschen Bildern gestalten.

Manche Dinge kann man nicht rasch hinter sich bringen, und diese Sache gehörte dazu.

Es fiel mir schwer, Worte zum Beten zu finden, und so betete ich meistens gar nicht.

Ich konnte nicht beten, noch nicht einmal draußen in der Natur, wie ich es so gern getan hatte, bevor all das passierte.

Das Einzige, was ich schaffte, war das *Lesen* von Gebeten. Ich saß auf dem Sofa und las die Worte durch einen Tränenschleier hindurch.

Und so stieß ich auf das „Schuldbekenntnis".

Barmherziger Vater. Wir bekennen, dass wir gegen Dich gesündigt haben in Gedanken, Worten und Werken…

In meiner tiefen Niedergeschlagenheit war es das, was ich wollte – Worte, die ausdrückten, was ich in meiner Seele fühlte.

Ich war mit einer bestimmten Form des Glaubens aufgewachsen, die sich auch in unseren Gebeten widerspiegelte: Wir waren immer darauf bedacht, in jeder Situation den Sieg zu erlangen. Ich war gut darin, Gott für „seine Vergebung zu danken" und „kühn vor seinen Thron zu treten", um anschließend „seine Verheißungen in Anspruch zu nehmen".

Bitte verstehen Sie mich nicht falsch – ich bin wirklich dankbar dafür, dass man mich gelehrt hat, nach oben zu schauen, nach Gottes Segnungen Ausschau zu halten und mich auf Gottes Wort zu stützen. Ich weiß, wie wichtig das ist, und ich würde es gegen nichts eintauschen wollen.

Doch in jenem Moment wurde mir bewusst, dass ich auf meinem Weg etwas versäumt hatte: Ich hatte mein ganz und gar menschliches Bedürfnis ignoriert, zu klagen und meine Schuld zu bekennen. Mein Gebetsleben war in sich nicht schlüssig und bestand aus Worten wie „Herr, ich danke dir für … und bitte dich um … und …".

Es waren eine ganze Menge von Bitten darin enthalten und um fair zu sein: Ich bin sicher, dass es Gott nichts ausmachte. Doch ich täuschte meine Seele, weil ich die schwierigen Dinge, die sich in meinem Leben abspielten, nicht miteinbezog. Ich kehrte sie unter den Teppich, als ob sie nicht wichtig wären oder mich davon abhalten würden, mich auf den Sieg zu konzentrieren. Mein System war defekt, vergleichbar mit der Wandvertäfelung in unserem Wohnzimmer, die ich ohne vorherige Grundierung übermalt hatte. Das Ergebnis sah sehr schön aus … bis jemand an der Oberfläche kratzte und die Farbe schichtweise abblätterte, weil die Grundierung fehlte. Solange man nicht daran stieß, war die Oberfläche *perfekt*.

Schuldbekenntnis, so habe ich erkannt, ist wirklich gut für die

Seele. Es legt den Grundstein für unser Gebetsleben, sodass es blühen kann und unsere Herzen dafür offen sind, Gottes Gnade zu empfangen.

Und wir brauchen seine Gnade so sehr! *Ich* brauche seine Gnade so sehr.

Barmherziger Vater…

Wussten Sie, dass Gottes Barmherzigkeit keine Grenzen kennt? Dass sie jeden Morgen neu ist?[10]

Es ist wahr. Ich habe es selbst erfahren.

Wenn wir von Selbstvorwürfen überwältigt und nicht in der Lage sind, uns selbst zu vergeben, dann dürfen wir wissen: Es *gibt* Heilung in den barmherzigen Armen von Jesus. Beim Schuldbekenntnis geht es nicht darum, sich selbst zu geißeln oder seine Fehler an Gott abzugeben, damit er uns geißeln kann. Es ist auch keine kurze Formalität in einem Gebetsschema, das darauf ausgerichtet ist, uns zu einem erfolgreicheren Christen zu machen.

Nein, regelmäßiges Bekennen führt zu einer Haltung der Demut, einem Raum, in dem der Heilige Geist uns sanft an unsere Fehler erinnern kann. Wir legen unsere Seele offen und enthüllen unsere Wunden, sodass Gott den heilenden Balsam seiner Gnade darüber ausgießen kann. Wir müssen nur immer wieder zu ihm kommen und ihm unsere Wunden hinhalten … So lange, wie es eben dauert. Es gibt kein Hindurchhasten, keinen Zeitplan für die Heilung.

Gott weiß schon alles. Er hat alles schon vergeben.

Und er versteht alles. Er weiß, dass wir in unserer menschlichen Schwachheit Zeit benötigen, um seine Gnade in ihrer ganzen Fülle zu empfangen.

Ich konnte die Dinge nicht reparieren. Ich konnte die Zeit nicht zurückdrehen und ändern, was passiert war. Ich konnte nur weitergehen und darauf vertrauen, dass mein barmherziger Vater stets bei mir ist, dass er sich um mich kümmert und mir immer wieder vergibt.

6.

Dieser neue Tag

*Herr, unser Gott, allmächtiger und ewiger Vater.
Du hast uns sicher den Anfang dieses Tages erleben
lassen. Beschütze uns mit Deiner mächtigen Kraft.
Gib, dass wir heute in keine Sünde fallen, noch in
irgendeine Gefahr geraten, sondern dass all' unser
Verhalten unter Deiner Leitung steht und Dir
wohlgefällt. Durch Jesus Christus, unseren Herrn.
Amen.*

Morgenlob, „Gebet um Gnade",
Das allgemeine Gebetbuch, Erster Teil

Ich saß Stunden neben Flashs Gehege und hielt nach Symptomen der Tollwut Ausschau:

Tritt er unkontrolliert mit seinen Hinterhufen, oder versucht er nur, Fliegen zu verscheuchen?

Sabbert er, oder hat er nur gerade Wasser getrunken?

Sieht er teilnahmslos aus?

Was ist mit seinen Ohren los?

Warum geht er im Kreis?

Wie kommt es, dass er einfach nur dasteht?

Drei Monate Tollwutquarantäne.

Drei Monate Sorgen.

Drei Monate lang das gleiche Gebet: „Bitte, Herr, bitte lass ihn nicht sterben."

Und wenn er doch stirbt?

Flash drückte seine Nase gegen den zweieinhalb Meter hohen Maschendrahtzaun und rieb seine Lippen daran. Seine Nüstern waren weit geöffnet. Seine Unterlippe hing herunter, sodass sein Gebiss zu sehen war und ein verzerrtes Grinsen zeigte. *Warum bin ich hier drinnen eingesperrt?*

Er versuchte, mich mit seinem unwiderstehlichen Blick dazu zu verleiten, das Gehege zu öffnen. Er stellte seine Ohren nach vorn, sein zotteliges Fell wehte in der sanften Brise. Dann ließ er die Ohren unabhängig voneinander vor und zurück schwenken, wie bei einem Zaubertrick. „Ach Schätzchen, du musst noch eine Weile hier drinbleiben", murmelte ich. „Aber wir werden jeden Tag kommen und dich besuchen."

Das alte Emu-Gehege auf Flashs Weide hatte der Inspektion des Sheriffs standgehalten. Da es sich um eine sichere Einzäunung *innerhalb* einer sicheren Einzäunung handelte (sprich einer Weide mit guten Zäunen und verschlossenen Gattern), durften wir ihn hierbehalten. Dennoch würde es nicht einfach sein. Ich wusste, dass Flash es nicht mochte, eingesperrt zu sein, doch hier war er auf jeden Fall besser aufgehoben als in einer staatlichen Einrichtung, wo er völlig isoliert gewesen wäre.

Flashs Lächeln erstarb, und er ließ den Kopf hängen, als könnte er es keine Minute länger ertragen, angesichts seiner Situation Tapferkeit zu zeigen. Er seufzte tief, sein Bauch wölbte sich beim Einatmen vor und zog sich beim Ausatmen zusammen.

Er vermisste Penny. *Warum ist sie plötzlich verschwunden, und warum bin ich eigesperrt?*

Ich nahm einen langen Stock und schob ihn durch den Maschendraht, um Flashs Schulter zu kratzen.

„Es tut mir so furchtbar leid, Kumpel. Ich wollte das alles nicht."

Während ich mit dem Stock hantierte, musste ich an das vorherige Wochenende denken, als Tom und ich in die Ambulanz der Klink gefahren waren, um mit unserer Tollwutbehandlung zu beginnen.

An ebendiesem Tag hatte unsere Tochter Meghan einen Ultraschalltermin, um zu erfahren, ob ihr erstes Baby ein Mädchen oder ein Junge war. Als wir die Formulare in der Ambulanz ausfüllten, sah ich auf meine Armbanduhr. *Sie wird uns in einer Stunde anrufen.*

Wir hatten unseren Kindern von dem Drama der Frühgeburt und von Pennys und Prince' Tod erzählt, doch wir hatten kein Wort über die mögliche Tollwuterkrankung verlauten lassen. Wir wollten sie nicht unnötig in Sorge versetzen, denn es hätte sich ja als falscher Alarm herausstellen können. Nun waren wir tatsächlich in Gefahr, aber ich weigerte mich, den aufregenden

Neuigkeiten meiner schwangeren Tochter einen Dämpfer zu verpassen. Wir mussten unser Geheimnis noch eine Weile für uns behalten.

„Wir werden Sie in zwei benachbarte Untersuchungsräume legen", erklärte die Krankenschwester. „Wir warten nur noch auf das Serum aus dem Labor."

Ich lehnte mich auf der mit Papier ausgelegten Untersuchungsliege zurück und zitterte. *Hier drin ist es eiskalt! Ich brauche Socken.*

„Geht es dir gut?" Tom musste meine Gedanken gelesen haben.

„Ja, alles in Ordnung", sagte ich. „Ich bin froh, dass wir hier sind und behandelt werden."

„Es tut mir so leid." Er streckte den Kopf durch die Tür und lächelte mich an. In diesem Lächeln lag alles, was ich brauchte: *Wir stehen das hier zusammen durch.*

„Das dauert ja eine Ewigkeit. Kann ich hier bei dir warten?" Er ließ sich auf den Stuhl fallen und gab vor, sich zu entspannen.

Ich war froh über seine Nähe. In mehr als drei Jahrzehnten Ehe hatten wir eine Menge gemeinsam durchgemacht, doch dies war eine Premiere. Eine Tollwutbehandlung stand nicht auf der Liste von Abenteuern, die wir miteinander erleben wollten.

Die Krankenschwester schob ihren Medikamentenwagen herein und streifte ihre Handschuhe über. In dem Moment klingelte das Telefon.

„Entschuldigen Sie bitte, aber dieses Gespräch muss ich annehmen", sagte ich. „Könnten Sie uns für einen Moment allein lassen?" Ich stellte das Telefon auf Lautsprecher, und Tom lehnte sich herüber, um mitzuhören. Ich schloss die Augen, um die Umgebung auszublenden.

„Es ist ein Mädchen", rief Meghan. „Wir bekommen ein kleines Mädchen!"

Ein Mädchen. Ein kleines Mädchen. *Danke, Jesus, danke.*

Tom und ich lächelten durch Tränen hindurch. Meghans aufgeregte Stimme schallte durch den Untersuchungsraum, während wir uns über mögliche Namen und Säuglingsthemen unterhielten.

„Ach Schatz, wir freuen uns so! Wir können es kaum abwarten, dass euer kleines Mädchen zur Welt kommt!" Ich klatschte voller Freude in die Hände.

Nachdem ich das Gespräch beendet hatte, umarmten Tom und ich einander für einen langen Moment. Es gab keine Worte für die Flut von Emotionen, die über uns hereinbrach: die Freude über das heranwachsende neue Leben, die Angst vor der Tollwut, die Trauer über Penny und Prince und das Gefühl, einander so sehr zu brauchen. Unsere Nerven waren in höchster Alarmbereitschaft und intensivierten jedes dieser Gefühle noch.

„Klopf, klopf!" Die Krankenschwester kam fröhlich in den Raum zurück. „Würden Sie bitte beide Ihre Unterhosen herunterziehen, dann kann ich Sie in die rechte Pobacke spritzen."

Wissen Sie, als der Pastor uns während der Trauung dazu aufforderte, die Worte „bis dass der Tod uns scheidet" zu wiederholen, da hätte ich mir nie träumen lassen, dass wir einmal eine solche Situation miteinander erleben würden. Aber nun ja, wenn man neunzehn und zweiundzwanzig Jahre alt ist, kann man sich nicht wirklich viel vorstellen. Wir waren ein junges, verliebtes Paar, wir hatten beide gerade die kleine Pfingstler-Bibelschule abgeschlossen und sahen nichts als blauen Himmel und Sonnenschein vor uns. Ich hätte die Drehungen und Wendungen des Lebens, die uns bis hierhergebracht hatten, unmöglich vorausahnen können.

„Nun, ich wollte schon immer ein Partnertattoo mit dir haben", sagte ich. „Dies hier kommt dem wahrscheinlich ziemlich nahe."

Tom lächelte mich an, und da es nicht passend schien, laut herauszuplatzen, kämpften wir beide gegen das Lachen an, das ein willkommenes Ventil für den emotionalen Druck bot.

Ähem. Flashs Grunzen erinnerte mich daran, dass es ihm egal war, in welchen Tagträumen ich mich verlor – er wollte bitte schön, dass ich ihn weiterhin mit dem Stock kratzte. Er manövrierte seinen Körper in eine Stellung, die es mir ermöglichte, mit meinem provisorischen Kratzinstrument sein Hinterteil zu erreichen. Mein eigenes Hinterteil fühlte sich von der Tollwutimpfung noch immer wund an. Flash schwang mit geschlossenen Augen vor und zurück und genoss sichtlich die kleine Massage. Mit kleinen Bewegungen gelang es ihm, sich jeweils so zu positionieren, dass nach und nach sein ganzer Körper zum Zuge kam – und das trotz des Maschendrahtzauns zwischen uns.

Schließlich schien Flash zufrieden zu sein, und ich zog den Stock durch den Maschendraht zurück und warf ihn fort. Mit halb geschlossenen Augen stand Flash still da, nur sein Schweif bewegte sich, um eine Fliege zu verscheuchen.

Ein Zughorn ertönte in der Ferne, doch der Klang war so schwach, dass ich ihn kaum wahrnahm. In einer ruhigen Nacht und mit der richtigen Windrichtung konnte man den Zug durch die rund zehn Meilen entfernte Stadt fahren hören. Ich drehte mich um und ließ mein Gesicht von dem sanften Südwind streicheln. *In drei Monaten, wenn Flash wieder aus dem Gehege herausdarf, wird der Wind die schwere Sommerhitze mit sich bringen. Die wilden Frühlingsblumen werden dann längst verwelkt sein.* Flash mag die gelben Wildblumen besonders gern und frisst nach und nach das gesamte Feld leer. *Im nächsten Jahr wieder, Kumpel.* Das heißt … wenn er überlebt.

> *… dass all' unser Verhalten unter Deiner Leitung steht …*

„Huhu!", erklang eine Stimme hinter der Weide. Es war unsere Nachbarin Bridgette, die nie zu uns kam, ohne irgendetwas mitzubringen. Mal war es ein Teller ihres köstlichen Eintopfgerichts aus Louisiana, mal eine Schokoladentafel von einer ihrer Ausflüge in ein ortsansässiges Geschäft mit exotischen Lebensmitteln, ein anderes Mal eine Pflanze aus ihrem Garten. Diesmal war es eine Vintage-Vase mit einem Strauß aus Wildblumen, Blättern und Gräsern, die sie auf den Feldern zwischen unseren Häusern gepflückt hatte.

„Ich dachte, du könntest eine kleine Aufmunterung gebrauchen, Liebes", sagte Bridgette, als sie am Gatter ankam und mich fest umarmte. Sie hielt mir den bunten Strauß entgegen und holte einen Umschlag aus ihrer Tasche. Darauf stand in ihrer Blockbuchstaben-Architekten-Handschrift „Tom & Rachel" in einem kleinen Herzen. Ich spürte einen Kloß im Hals.

„Tom hat uns alles erzählt", sagte sie in ihrer gedehnten Südstaatensprechweise. Ich schluckte mühsam.

„Ich nehme an, ihr wisst, dass ich –"

Bridgette ließ mich nicht ausreden. „Sch, sag jetzt nichts. Was geschehen ist, ist geschehen. Ich weiß, wie schwer es ist, aber du solltest keine weitere Minute mit Selbstvorwürfen verbringen. Das hilft nichts und niemandem."

Es hat keinen Sinn, mit Bridgette, einer erfolgreichen Innenarchitektin mit eigener Firma, zu verhandeln, wenn sie sich einmal ihre Meinung gebildet hat. Ich war inzwischen seit mehr als einem Jahrzehnt mit ihr befreundet und kannte sie gut genug, um zu wissen, wann ich den Mund halten musste.

Bridgette gehört zu den schönsten Überraschungen meines Lebens. Als wir uns zum ersten Mal begegneten, war ich so eingeschüchtert von ihr, dass ich kaum zu sprechen wagte. Sie schien alles zu sein, was ich nicht war:

Sie war erfolgreich; ich befand mich gerade in einer Krise.

Sie war gebildet; ich hatte nie das College abgeschlossen.

Sie war elegant; ich trug noch immer bequeme Mamahosen.

Sie stammte aus dem Süden, ich aus dem Norden.

Sie war charmant; ich war aus dem Norden.

Sie war eine außergewöhnliche Multitasking-Frau; ich kämpfte mich von einer Aufgabe zur nächsten.

„Wie geht's *Hay-soos?*" Bridgette schaute über meine Schulter zum Gehege, aus dem ihr Flash entgegensah und sich sichtbar nach Freiheit sehnte.

Hay-soos, die spanische Aussprache von „Jesus", war der Name, den sie Flash gegeben hatte, als sie ihn zum ersten Mal sah. Anfangs ärgerte ich mich maßlos über diesen Namen, doch nun wärmte er mir das Herz. Ja, Bridgette und ich hatten mit den Jahren einen weiten gemeinsamen Weg zurückgelegt. Nach meinem anfänglichen Zögern, einander kennenzulernen, begannen wir, beruflich zusammenzuarbeiten, und meine ursprüngliche Verschüchterung schmolz dahin, als ich entdeckte, wie freundlich und authentisch sie war.

„Hör mal, ich habe ein neues Projekt, über das ich gern mit dir sprechen würde", sagte Bridgette. „Hast du einen Moment Zeit? Ich möchte dir ein paar Pläne für ein Ausbauprojekt zeigen, an dem Steve und ich arbeiten und das im nächsten Jahr beginnen wird. Deine Ideen wären uns sehr willkommen."

Ich wusste, was sie vorhatte. Sie wollte mich in eine Sache verwickeln, die mich von meinen Sorgen ablenken würde. Wir gingen ins Haus. Sie blätterte durch ein paar Zeichnungen und machte hier und da ein paar Skizzen. Ihre gewohnte schleppende Sprechweise tat mir gut.

Bridgettes Strategie ging auf, zumindest vorübergehend. Ich ließ mich auf ein neues Kreativprojekt ein, um meinen Kopf mit anderen Dingen zu füllen. Ich versuchte, die Angst um Flashs Wohlergehen zu verdrängen, doch ich wusste, dass ich in den nächsten drei Monaten nicht gut schlafen würde.

● ● ●

Jeden Morgen hielt ich auf dem Weg zu Flashs Gehege den Atem an, voller Furcht, was ich vorfinden würde. Würde er mit den Hufen stoßen und sabbern oder auf dem Boden liegen? Jeden Morgen begrüßte er mich mit dem gleichen Ausdruck. *Bitte, lass mich hier raus!*

Atme tief durch, Rachel. Ich warf eine Portion Heu in das Gehege, füllte den Eimer mit frischem Wasser und sah dann mehrmals während des Tages nach ihm.

Meistens spähte ich aus einer diskreten Entfernung zu ihm hinüber, ungefähr so, wie es eine Mutter vom Flur aus mit ihrem Baby tut, das im Laufstall spielt. Wenn das Baby die Mutter sieht, wird es ganz aufgeregt und will hochgenommen werden, obwohl es nur Augenblicke zuvor ganz zufrieden auf seine Finger geschaut oder mit seinen Zehen gespielt hat.

Mit Flash verhielt es sich genauso. Ich war jedes Mal erleichtert zu sehen, wie er die Blätter von den Bäumen in seinem Gehege abzupfte, sich genüsslich auf der Erde herumwälzte oder sein Hinterteil an einem Zaunpfosten rieb. Solange er mich nicht sah, schien er zufrieden zu sein. Sobald er mich jedoch erblickte, kam er sofort zum Gatter und begann, herzzerreißend zu keuchen und zu schnaufen, um mir klarzumachen, dass er unbedingt herauswollte. Es war eine Qual, ihn dort allein zu lassen; er sah so bedauernswert aus. Ich vermied diese dramatische Szene so oft wie möglich, indem ich um die Ecke der Scheune spähte, nach seinen Bewegungen Ausschau hielt und auf Laute lauschte, die auf ein Problem hinweisen könnten. Wenn Flash meine Anwesenheit nicht bemerkte, schlich ich mich auf Zehenspitzen davon, froh, dass er einen weiteren Tag überlebt hatte.

Währenddessen musste das normale Leben weitergehen. Das Mittagessen musste pünktlich auf dem Tisch stehen. Die Bäder mussten geputzt werden. Die Wäsche machte sich nicht von allein. Eines Tages stellte ich beim Wäschefalten im Schlafzimmer meine Lieblingssendung auf BBC an, „Escape to the Country". Darin geht es um zukünftige Hauskäufer in Großbritannien, die Immobilien auf dem Land suchen. Ich holte ein T-Shirt aus dem Wäschekorb und war glücklich, gedanklich im wunderschönen Wales zu sein. *Oh, diese Reetdächer!*

Ganz plötzlich begann mein Herz zu rasen, und ich zitterte, während sich Schweißperlen auf meiner Stirn bildeten. Ich fühlte mich benommen – eine Welle überwältigender Sorge und Angst ergriff Besitz von meinem Körper. Ich konnte nicht klar denken, in meinem Kopf herrschte ein einziges Chaos. Ich tastete nach dem Bettrahmen und setzte mich, schloss die Augen und atmete tief durch. Ich weiß nicht, wie lange es dauerte – vielleicht eine oder zwei Minuten –, aber ich war von der Intensität wie gelähmt.

Bis dahin hatte ich oft die Augen verdreht, wenn mir Leute von Panikattacken erzählten. Ich dachte, sie müssten sich einfach nur zusammenreißen.

Lieber Herr, vergib mir meine Ahnungslosigkeit.

Angst ist real.

Die sehr realen und intensiven angsterfüllten Momente, die ich durchmachte, kamen nur sporadisch vor, sodass ich keinen Arzt aufsuchte. Doch man sollte Panikattacken nicht auf die leichte Schulter nehmen. Sie können unglaublich kräftezehrend sein, sodass man unbedingt medizinische und professionelle Hilfe in Anspruch nehmen sollte.

Meine Ängste bestanden meistens aus einem schwachen, aber konstanten „Was, wenn?".

Ich machte mir nicht nur Sorgen um Flash, sondern auch um alle „Was, wenn?"-Fragen des Lebens.

Was, wenn ich krank werde?

Was, wenn einem unserer Kinder etwas zustößt?

Was, wenn wir unsere Rechnungen nicht bezahlen können?

Was, wenn wir auf einer belebten Schnellstraße eine Reifenpanne haben?

Was, wenn ich an einem Schinkensandwich ersticke?

Was, wenn ich von einer Sturzflut weggeschwemmt werde? (Mein schlimmster Albtraum!)

Was, wenn das Haus abbrennt?

Was, wenn meine Ehe scheitert?

Was, wenn ich nicht genug in der Bibel gelesen habe?

Was, wenn ich nicht genug gebetet habe?
Was, wenn ich an meiner Berufung vorbeigelebt habe?
Was, wenn ich Gott verpasst habe?
Was, wenn ich mich in allem täusche?
Was, wenn?

Es war, als hätte sich ein Virus in mir breitgemacht. Wenn man sich einen Virus eingefangen hat, weiß man das meistens gar nicht, bis die Symptome auftreten. Flash in seinem Gehege eingesperrt zu sehen, die Tollwutbehandlung mit Tom durchzumachen (glücklicherweise wurden die nachfolgenden Spritzen in die Arme gegeben) und drei Monate lang zu warten – all das zwang mich dazu, alles auf einer tieferen Ebene zu durchdenken. Ich hatte keine andere Wahl.

Sorge beginnt mit winzigen Zellen, die sich in Mutanten verwandeln und vervielfachen und schließlich in unserem Kopf Amok laufen. Diese Mutanten erzählen uns, dass jeder Bereich unseres Lebens dem Untergang geweiht ist. Die Angst beginnt, mit einem dicken schwarzen Stift alles zu überkritzeln, und schließlich zerknüllt sie die komplette Seite. *Warum soll ich mir überhaupt noch Mühe geben? Es ist alles ein einziges Desaster!*

Die Angst hatte mich in eine depressive Stimmung versetzt. Vorher hatte ich sie dann und wann bekämpfen müssen, doch nun tobte eine schonungslose Schlacht in mir. Was ich in dieser Situation auf mentaler und geistlicher Ebene brauchte, waren eine effiziente Impfung und eine Quarantäne.

Ich musste dringend eine neue Richtung in meinen inneren Selbstgesprächen einschlagen und mich auf neue Weise um meine Seele kümmern. Ganz praktisch gesehen benötigte ich Ruhe und gesundes Essen und Zeit mit Freunden wie Bridgette.

Es ist nicht leicht, sich Schwäche einzugestehen, vor allem wenn man glaubt, dass sich alles im eigenen Kopf abspielt. Bridgettes Freundlichkeit war wie ein heilender Balsam; manchmal waren es ganz einfache Dinge wie einer ihrer hausgemachten Kartoffelaufläufe, die es sonst nur an Feiertagen gab, die meiner Seele guttaten.

Doch auf geistlicher Ebene fühlte ich mich wie ausgedörrt. Ich konnte einfach nicht beten. Ich blätterte durch die Psalmen, aber das half mir nicht. Und meine Schuldgefühle angesichts meiner Unfähigkeit, mein geistliches Leben zu organisieren, wenn ich es am meisten brauchte, halfen mir ebenfalls nicht. Selbst in den besten Zeiten hatte ich stets darum gekämpft, eine persönliche Andachtszeit einzuhalten – was ja eigentlich das Rückgrat eines lebendigen Glaubens sein sollte. Und so spürte ich in diesem Moment nicht nur die Last der Angst wie ein schweres Gewicht auf meinen Schultern, sondern zusätzlich auch noch die Schuldgefühle aufgrund meiner mangelnden geistlichen Beständigkeit.

Was ich brauchte, war eine tägliche Liturgie. Zu diesem Zeitpunkt wusste ich noch nicht einmal, was „Liturgie" bedeutet. Liturgie[11] ist wörtlich „ein Werk des Volkes" oder besser „ein Werk *für* das Volk". Es ist im Prinzip eine Ordnung für den Gottesdienst, die vor langer Zeit aufgestellt wurde und Menschen dabei helfen soll, konstruktiv und formgebend zu lesen, zu beten und Gott zu loben.

Das allgemeine Gebetbuch war etwas, woran ich mich klammern konnte. Darin befindet sich die „Ordnung für das tägliche Morgengebet", eine Reihe von Bibeltexten, Gebeten und Glaubensbekenntnissen. Jeden Tag konnte ich in den „Strom der Anbetung" eintreten, der mit mir oder eben auch ohne mich zu fließen schien. Ich konnte mich von diesem Strom tragen lassen. Ich musste nichts aus eigener Kraft tun. Ich musste nicht entscheiden, über welchen Bibeltext ich nachdenken wollte. Das Wissen, dass Millionen von Christen das Gleiche lasen, atmeten und beteten, gab meiner erschöpften Seele Nahrung.

Ich hütete die Gebete und Bibelstellen, auf die ich täglich stieß, wie einen Schatz. Als ich begann, regelmäßig zu lesen und mich mit den Texten zu beschäftigen, entdeckte ich eine Onlineversion, die ich sogar auf mein Smartphone laden konnte. Manche Aspekte des modernen Lebens sind wirklich prima! Im Handumdrehen konnte ich durch die vereinte Kraft der Christen rund um den Globus neuen Mut finden.

Jede tägliche Lesung war wie ein Gegenmittel für meine Angst.

Mit meiner Bibel in der einen Hand und dem *allgemeinen Gebetbuch* (oder der App auf meinem Smartphone) in der anderen begann ich, mehr als hier und dort ein tröstendes Gebet zu finden – ich begann, die geistliche Übung des Morgen- und Abendlobes wie ein Festmahl zu genießen. Es war kein Ersatz für meine eigenen Gebete, sondern eine Ergänzung, die mir half, meine Gedanken zu formen und in Gottes Nähe zu kommen.

> *Herr, unser Gott, allmächtiger und ewiger Vater.*
> *Du hast uns sicher den Anfang dieses Tages*
> *erleben lassen …*

Diese Worte einfach zu atmen, half mir, meine Gedanken auf Gott auszurichten, und die Angst vor dem Morgen und dem, was möglicherweise passieren konnte, verflüchtigte sich.

DIESER neue Tag.
Heute.
Hier bin ich in Sicherheit.

Jesus ist heute bei mir. Er hat mich sicher hierhin gebracht. Ich muss nichts anderes tun, als diesen Moment – diesen Tag – in seiner Gegenwart zu leben. Anstatt meine angsterfüllten, sorgenvollen Bitten ständig in meinem Kopf zu wiederholen, hatte ich nun etwas, an das ich mich klammern und das ich beten konnte. *Er ist heute bei mir. Ich bin in Sicherheit.* Indem ich mir die Realität dieser Worte vor Augen führte, begann ich, Gottes Gegenwart überall zu spüren.

Den Tag mit dieser Liturgie zu beginnen, hielt meine Angst in Schach und meinen Kopf frei von der Zellmutanten-Armee. Mein Herz wurde mit der Wahrheit umgürtet, während ich in den ständig fließenden Strom der Gebete eintrat und der Angst den Einlass verwehrte. Dann und wann spähte ich in ihre Richtung, ließ sie aber nie herein – sie blieb immer draußen. Ich musste die angsterfüllten Gedanken gar nicht verleugnen, sondern ihnen einfach nur die Macht verweigern, in mir Raum zu finden.

Jeden Tag betete ich die Tagesgebete, langsam und laut.

Ich las die tägliche Schriftlesung. Ich sprach die Glaubensbekenntnisse aus.

Ich ließ diese Dinge in meinem Innern ihre Arbeit verrichten.

Einen Tag nach dem anderen.

Sorge verschwindet nicht immer über Nacht, aber es ist so befreiend, unsere Aufmerksamkeit nur auf das zu richten, was heute vor uns liegt. So haben wir genug Kraft, die heutigen Kämpfe auszufechten, genug Liebe, um die heutigen Bedürfnisse zu stillen, und genug Mut, um heute unser wahres Selbst zu sein. Was der heutige Tag mit sich bringt, kann schwer, vielleicht sogar „unmöglich" sein, doch in diesem Moment in der Gegenwart von Christus zu sein und seinen Willen durch Geben, Lieben und einfach nur Sein zu erfüllen, ist das Beste, was wir tun können. Die folgenden Psalmworte können uns diesbezüglich mit Zuversicht erfüllen:

> Wie könnte ich mich dir entziehen; wohin könnte
> ich fliehen, ohne dass du mich siehst? Stiege ich in
> den Himmel hinauf – du bist da! Wollte ich mich im
> Totenreich verbergen – auch dort bist du! Eilte ich
> dorthin, wo die Sonne aufgeht, oder versteckte ich
> mich im äußersten Westen, wo sie untergeht, dann
> würdest du auch dort mich führen und nicht mehr
> loslassen.
> Psalm 139,7–10

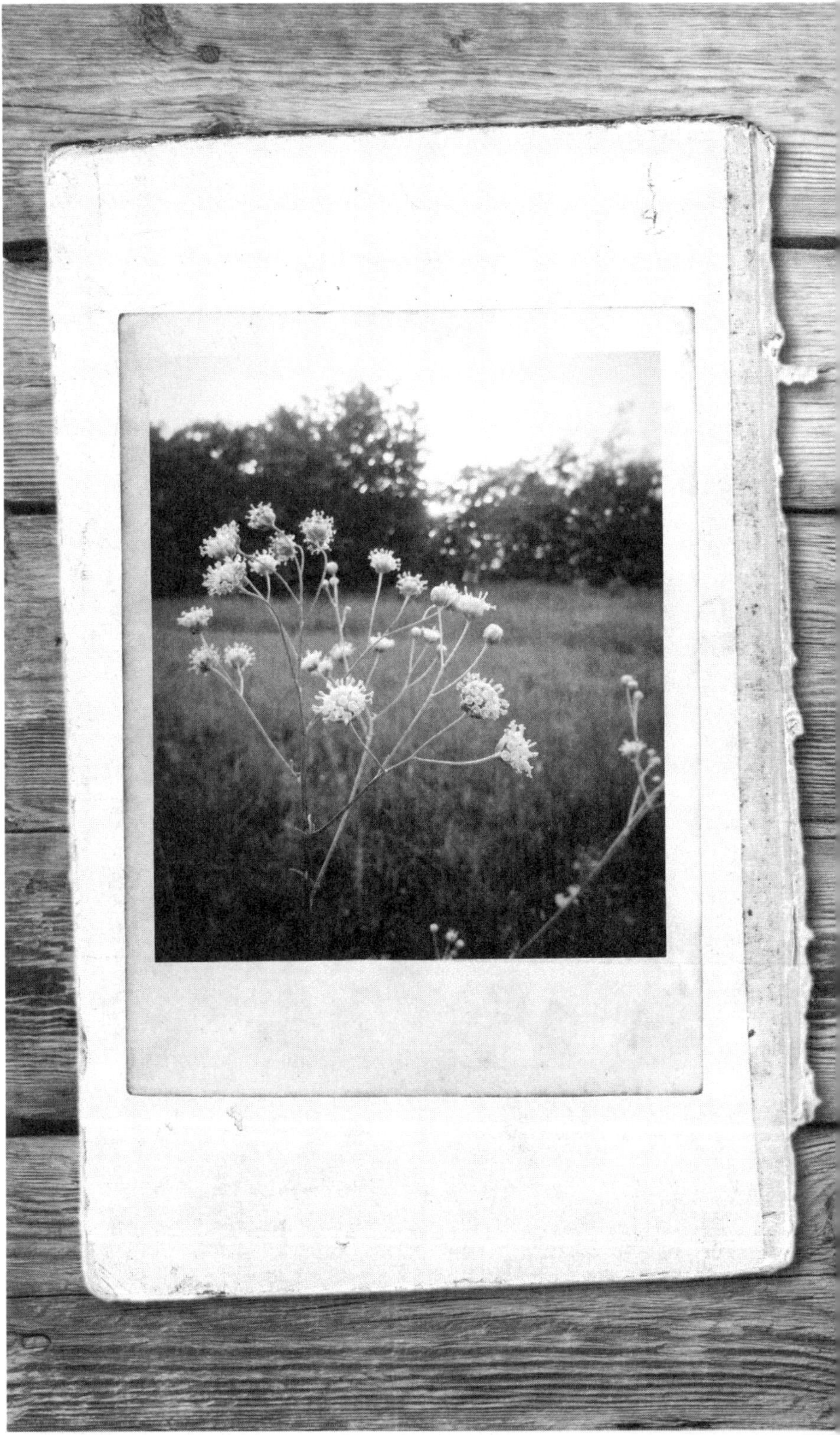

7.

Das Volk seiner Weide

Kommt herzu, lasst uns dem Herrn frohlocken
und jauchzen dem Hort unsres Heils!
Lasst uns mit Danken vor sein Angesicht kommen
und mit Psalmen ihm jauchzen!
Denn der Herr ist ein großer Gott
und ein großer König über alle Götter.
Denn in seiner Hand sind die Tiefen der Erde,
und die Höhen der Berge sind auch sein.
Denn sein ist das Meer und er hat's gemacht,
und seine Hände haben das Trockene bereitet.
Kommt, lasst uns anbeten und knien und niederfallen
vor dem Herrn, der uns gemacht hat.
Denn er ist unser Gott, und wir das Volk seiner Weide
und Schafe seiner Hand.
Wenn ihr doch heute auf seine Stimme hören
wolltet. […]

Morgenlob, „Venite: Psalm 95",
Das allgemeine Gebetbuch, Erster Teil

Tag Nummer neunzig.

„Er ist wieder startklar", sagte Dr. Howard und gab Flash eine letzte Auffrischungsimpfung, während wir im Gehege standen. Zum ersten Mal seit drei Monaten durfte ich Flash wieder berühren, und meine Hände zitterten, während ich sein Halfter hielt. „Die Quarantäne ist vorbei. Flash war nicht mit Tollwut infiziert."

Ich konnte nicht an mich halten. Ich hüpfte vor Freude ausgelassen herum und schlang glücklich meine Arme um Flash.

Er hatte es geschafft! *Lieber Herr, er hat es geschafft!*

„Oh Flash! Du hast es hinter dir!", war alles, was ich sagen konnte, während ich mein Gesicht für einen langen Augenblick an seinen Hals drückte. Er roch so gut und war staubig und zottelig und warm – genau wie in meiner Erinnerung. Seine Augen sprühten vor Aufregung, als ob er sein Glück nicht fassen konnte beim Anblick des halb offenen Gatters.

„Ich werde dich bürsten und streicheln, bis du es nicht mehr aushalten kannst", versprach ich ihm. „Aber nicht hier." Eifrig folgte er mir auf die Weide und streckte den Kopf in die Luft, um jeden Duft einzufangen, der ihm um die Nase wehte.

Die Fellpflege kann warten.

An diesem späten Maimorgen schienen der Himmel blauer und die flaumigen Wolken weißer zu sein. Wahrscheinlich bildete ich es mir nur ein, aber sogar das Gras schien ein satteres Grün zu zeigen. Einige von Flashs heiß geliebten gelben Wildblumen waren hier und da noch übrig geblieben, und er machte sich gleich über sie her. Tom sah uns zu und kam zu mir herüber. Er legte seinen Arm um meine Schultern.

Als Flash weiter aufs Feld hinaustrabte, erschreckte er ein Paar Wegekuckucke, die fälschlicherweise angenommen hatten, sie könnten ihr Balzritual in Ruhe genießen. Nun hatten sie ein Publikum.

Das Männchen ließ einen fetten Grashüpfer aus seinem Schnabel baumeln, um seiner Angebeteten ein köstliches Geschenk zu machen. Sie huschte in kleinen Kurven davon, scheinbar desinteressiert.

Hey, das ist für dich! Das Männchen reckte den Kopf nach vorn und nahm die Verfolgung auf.

Plötzlich hielt das Weibchen an. Auch ihr Verfolger blieb abrupt stehen.

Das Weibchen sah ihn über die Schulter hinweg kokett an: *Du lässt mich kalt.* Dann lief sie im Zickzack auf das Gebüsch zu, als wollte sie ihn abschütteln.

Unbeirrt folgte das Männchen seiner Angebeteten ... und mit einem Flügelschlagen empfing sie ihn. Ihr gespielt geziertes Gehabe hatte wunderbar funktioniert.

Flashs Unterlippe kräuselte sich, als ob er lächelte, während er einen alltäglichen Moment auf der Weide genoss – etwas, das ihm in seiner Zeit im Gehege gefehlt hatte. Dann trottete er zum hinteren Ende der Weide. Er sprang hoch und buckelte zweimal voller Freude, bevor er seinen Weg fortsetzte.

„Sieht so aus, als wäre er glücklich, wieder draußen zu sein", sagte Tom lachend. Er drehte mich zu sich und sah mir in die Augen. „Geht es dir gut?"

Ich nickte erleichtert. „Das waren drei lange Monate, nicht wahr?"

„Wenn du wüsstest, wie oft ich nach Flash geschaut und jedes Mal damit gerechnet habe, er würde tot daliegen." Tom schüttelte den Kopf. „Es tut so gut, ihn wieder auf der Weide zu sehen."

„Ich kann es kaum erwarten, wieder mit ihm über die Pfade zu spazieren. Allein wollte ich das nicht machen, es tat mir zu weh, dass er mich dabei sehen konnte. Er hätte nicht verstanden, warum er mich nicht begleiten durfte."

„Ich habe die Pfade für dich gemäht und vorbereitet", sagte Tom.

„Aber es gibt noch eine letzte Sache, die wir tun müssen." Tom zögerte einen Moment. „Wir müssen Flash die Stelle zeigen, wo Penny gestorben ist."

Ich schloss beide Augen, dann sah ich ihn durch ein geöffnetes Auge an: „Bist du sicher? Ich möchte Flashs ersten Morgen in Freiheit nicht unterbrechen." Ich wusste, dass Tom vermutlich recht hatte, auch wenn ich es nur für eine Formalität hielt. Ich dachte mir, dass Flash nicht wirklich verstehen würde, was wir ihm zeigen wollten.

„Ich glaube, wir sollten es jetzt tun, während wir mit ihm zusammen sind. Er wird noch jede Menge Zeit für sich auf der Weide haben, aber das hier sollten wir gemeinsam tun." Tom holte bereits eine Apfelscheibe aus seiner Hosentasche.

Ich nickte. Es war richtig.

„Komm her, Kumpel!", rief Tom und pfiff sein „Komm, ich hab ein Leckerli für dich"-Pfeifen. Wir warteten, während Flash widerstrebend zurückkam. Dann führten wir ihn zur Scheune. Zu meiner Überraschung ging er sofort in die Box, wo Penny zuletzt gelegen hatte. Er schnüffelte an den frischen Sägespänen, die den Boden bedeckten.

„Er weiß es", flüsterte ich. „Er weiß, dass sie hier war."

Flash umkreiste die Box, dann blieb er stehen und blies scharf durch die Nüstern. Er scharrte mit den Hufen, bis unter den Spänen der Boden erschien, und schnüffelte an der freigelegten

Erde. Tom nahm seine Kappe ab, wir gingen langsam auf die Box zu und legten unsere Arme auf die Oberkante der Trennwand. Bei jedem Atemzug blähten sich Flashs Nüstern und zogen sich dann wieder zusammen. Erde und Sägespäne wirbelten herum.

Die hellen Klänge einer singenden Spottdrossel wurden vom warmen Luftzug durch das offene Fenster getragen – eine perfekte musikalische Untermalung für die Gedenkfeier, die in der Scheune vor sich ging. Flash durchkreiste noch einmal die Box und blieb auf der Stelle stehen, wo Penny gestorben war. Seine Ohren hingen herab, seine Augen blinzelten. Die Minuten verstrichen langsam.

Seine Penny würde nicht zurückkommen.

Eine Träne rollte über meine Wange; ich wischte sie mit dem Handrücken ab.

In den vergangenen drei Monaten hatten Tom und ich jeder für sich getrauert. Trauer können wir offenbar nur bis zu einem gewissen Grad miteinander teilen – selbst mit denen, die uns am nächsten stehen. Es ist eine Last, die man individuell trägt. Niemand kann einem die Gefühle abnehmen, die man durchmacht, oder sagen, wann man „es geschafft hat", oder die Leere füllen, die man im Inneren spürt. Da ist eine gewisse Einsamkeit – teils, weil man den anderen nicht belasten will, teils, weil es schmerzt, darüber zu sprechen. Manchmal taten Tom und ich das Einzige, was wir tun konnten: Wir nahmen uns bei der Hand oder nickten einander voller Verständnis zu: *Ich weiß, dass es hart ist.*

Als das letzte Lied der Spottdrossel verklang, wurde mir bewusst, dass ich mir so große Sorgen um Flashs Gesundheit und mein eigenes Wohlergehen gemacht hatte, dass mir gar nicht in den Sinn gekommen war, dass auch Flash einen großen Verlust erlitten hatte und Zeit zum Trauern brauchte. Wie hatte ich das versäumen können? Ich hätte es wissen müssen.

Es war so passend, wie wir alle zusammen waren, um Penny endgültig Lebewohl zu sagen.

Flash schien in Gedanken versunken zu sein. *Denkt er an die Zeit, die er gemeinsam mit Penny verbracht hat?*

Wir sahen, wie er mit seinem Maul über die Erde strich und seufzte. Schließlich drehte er sich um und verließ die Box, hielt auf dem Weg hinaus jedoch bei mir an und rieb seinen Kopf an meiner Schulter. Dann blieb er ganz ruhig stehen.

Die Leute sagen immer, was sie am meisten an ihren Haustieren schätzen, ist die Art und Weise, wie sie ihre bedingungslose Liebe und vollständige Hingabe gegenüber ihren Besitzern zum Ausdruck bringen. Sie akzeptieren uns so, wie wir sind, und wollen immer in unserer Nähe sein.

Flashs einfühlsames Auftreten mitten in diesem bewegenden Abschiednehmen von Penny tröstete mich mit tiefem Frieden. Es gab keine Verurteilung, keine Beschuldigung – nur Liebe. Ich umfing den großen Kopf mit beiden Händen, hielt sein Gesicht und drückte meine Lippen auf seine zottelige Stirn. *Danke, lieber Flash.*

Dann hatte er genug und machte sich auf den Weg zu Toms Arbeitstisch. Offenbar war meine Umarmung zu viel für ihn gewesen, und er fühlte sich unbehaglich.

Flash überblickte das Werkzeug, die Schutzbrillen und Holzvorräte. Er nahm einen Handschuh mit den Zähnen auf, schüttelte ihn und ließ ihn auf den Boden fallen. Danach kam der andere Handschuh an die Reihe, gefolgt vom Maßband. Es fiel scheppernd zu Boden, sodass Flash erschrocken nach hinten in einen Stapel leerer Kisten stieß. Die Kisten flogen in alle

Richtungen. Das unbeabsichtigte Getöse verwirrte ihn noch mehr, er zog seinen Schweif ein und hechtete vorwärts. Mit einem weiteren Sprung zur Seite war Flash aus der Scheune, bevor noch irgendetwas passieren konnte.

„Er ist wieder ganz der Alte!", sagte Tom mit schiefem Grinsen.

Obwohl ich mir noch die letzten Tränen abwischte, musste ich lachen. Ich hatte Flashs Mätzchen vermisst.

Flash ging zur Weide zurück, und ich folgte ihm hinaus in den Sonnenschein und beobachtete, wie er schmatzend die restlichen gelben Wildblumen fraß.

Ich atmete tief durch und konnte nur „Danke" sagen.

Danke, Herr.

Die Worte aus dem „Venite" ergänzten mein Gebet:

Kommt herzu, lasst uns dem Herrn frohlocken
und jauchzen dem Hort unsres Heils!

„Venite" ist das lateinische Wort für „Kommt" als liturgische Einladung, Gott jeden Morgen zu loben. Obwohl ein großer Teil meines Herzens noch immer schmerzte, war ich in höchstem Maße dankbar.

Okay, ich habe nicht vor Freude geschrien, aber mein Herz war mit Dankbarkeit erfüllt, als ich auf die Weide zuging. Ich konnte Gottes Gegenwart spüren, als ob diese Weide sein Königshof wäre. Und es passte nur zu gut, genau hier über diese Worte nachzudenken:

Kommt, lasst uns anbeten und knien und
niederfallen
vor dem Herrn, der uns gemacht hat.
Denn er ist unser Gott, und wir das Volk
seiner Weide
und Schafe seiner Hand.

Während ich in Gedanken versunken war, fühlte sich der Wind, der das Gras zum Rascheln brachte, zeitlos, ja uralt an. Es war wie das Geräusch eines sich öffnenden Zelteingangs, wenn die Familie des Hirten einen neuen Morgen begrüßte.

Es wird wieder ein heißer Tag werden.

Vielleicht buk Brot über dem Feuer, das bald mit Honig und Käse verzehrt werden würde, um dem Hirten Kraft für seine Arbeit zu geben.

Wussten die Hirten von alters her, welche Weiden die besten Gräser und Wildblumen hervorbrachten? Natürlich! Sie lebten und atmeten das Land. Sogar ich, die ich nicht auf dem Land aufgewachsen war, wusste inzwischen, zu welcher Jahreszeit die Kameldornblätter zart sind und der Schwindelhafer wächst, wann die Disteln ihre Samen verstreuen und wann das trockene Bachbett Wasser führt. Die jahreszeitlichen Veränderungen – selbst so subtile wie das Drehen des Windes, der penetrante Geruch der getrockneten Früchte des Johannisbrotbaums und die von Gesang begleitete Ankunft der Drosseln auf ihrem Weg Richtung Norden – berühren die Seele der Landbewohner und erinnern uns daran, dass wir nicht die Kontrolle über das Universum haben. Das Beste, worauf wir hoffen können, ist, uns durchzuschlagen, während wir unseren Lebensraum erforschen und in Dankbarkeit gegenüber Gott leben.

Ich zog einen alten Baumstumpf in den Schatten und hockte mich auf seine raue Oberfläche. Ich sah zu, wie Flash mit den Ohren wackelte und ein weiteres Büschel Gras auszupfte. Es war die perfekte Umgebung, um meine Gedanken fortzuführen, die mich während Flashs Quarantäne beschäftigt hatten …

„Das Volk seiner Weide." Es war ein malerischer Ausdruck, der nun Sinn für mich ergab. In der Bibel sprach Gott die Sprache der Menschen jener Zeit. Er interagierte mit ihnen in ihrer Zeit und in ihrer Lebenswelt, damit sie ihn kennenlernen konnten. Die Menschenmengen, die Jesus zuhörten, konnten seine Lehren am besten verstehen, wenn er Bilder gebrauchte, die ihnen von ihrem Alltag her vertraut waren: Landwirtschaft, Schafzucht, Fischerei, Brotbacken und Einkäufe auf dem Markt.

Die Menschen, die Jesus zuhörten, waren Kinder ihrer Zeit und dachten, wie man damals dachte. Der sich ständig verändernde Himmel war in ihren Augen eine solide Kuppel, über die täglich die Sonne und der Mond wanderten.[12] Sie betrachteten die Erde als eine feste Masse, die auf Säulen ruhte, die Gott ihnen in seiner Güte gegeben hatte.

Doch ihre primitive Sicht der Welt brachte Jesus nicht aus der Fassung. Er kam dort mit ihnen zusammen, wo sie waren, und passte seine Botschaft auf eine Weise an, die für sie verständlich war. Ich begann zu begreifen, dass ich mich als moderner Leser der Bibel in die Seiten der Geschichte, in die Kultur und Sprache der biblischen Zeit zurückversetzen musste, um sie voll auszuschöpfen.

Ich lernte, meine Bibel mit „anderen Augen" zu lesen und die Gedanken, Ideen und Konzepte zu entschlüsseln, die *hinter* den Worten verborgen sind, um die Bedeutung der Texte zu entdecken. Da die Verfasser der Schrift von der Weltsicht und Kultur ihrer Zeit geprägt waren, konnte ich biblische Texte nicht immer mit meiner vom einundzwanzigsten Jahrhundert geprägten Denkweise entschlüsseln, die alles rational, wissenschaftlich oder gar historisch belegen will.

In der Vergangenheit hatte man mir beigebracht, ich müsse jedes einzelne Wort der Bibel wörtlich nehmen. Das führte dazu, dass so mancher Text Fragen bei mir aufwarf, doch zugleich entwickelte ich eine gewisse Gelassenheit, mich nicht zu sehr mit Details zu beschäftigen, die nicht schlüssig zu sein schienen. Ich ging einfach über sie hinweg, als hätte ich sie überhaupt nicht wahrgenommen …

Als Kind verbrachte ich mit meiner Familie einen langen, heißen Sommer bei meinen Großeltern in Nebraska. Als die Ferien vorbei waren, traten wir die lange Heimfahrt nach Poulsbo, Washington, an. Es war in den 1970er-Jahren, wir waren eine ausgelassene Pastorenfamilie in einer Familienkutsche, die einen Wohnwagen hinter sich herzog.

Unser Wohnwagen war kein luxuriöses Wohnmobil mit allem Schnickschnack, sondern eher eine zweckmäßige Schachtel auf Rädern, in der wir alle Sachen verstauen konnten, die nicht mehr ins Wageninnere passten – zum Beispiel Familienerbstücke von meinen Großeltern oder ein Rasenmäher und Werkzeuge, die wir bei Farmverkäufen ergattert hatten.

Mein älterer Bruder Eric und ich hatten den silbernen Wohnwagen stolz mit evangelistischen Botschaften dekoriert; in dicken schwarzen Lettern stand da: *Jesus rettet. Jesus ist der Weg. Jesus kommt bald zurück.* Evangelisation war eine Familienangelegenheit, und wir nahmen an, dass mit unseren aufgemalten Botschaften und den Traktaten, die wir an jeder Tankstelle und jedem Rastplatz verteilt hatten, schon bald eine Erweckung stattfinden würde.

Wir waren ein denkwürdiger Anblick auf der Straße: Eric, Katherine und ich drängten uns auf der Rückbank zusammen und versuchten, mit Kissen unseren jeweils persönlichen Raum zu verteidigen. Mama und Papa saßen vorn mit meinem kleinen Bruder Dan zwischen sich.

Damals gab es noch keine Anschnallgurte – was ganz praktisch war, denn so konnten wir regelmäßig den Sitzplatz tauschen, während die Landschaft an uns vorbeiraste und unser Unbehagen zunahm. Wir setzten uns abwechselnd auf die Seite, wo die Kühlbox auf dem Boden stand – die Füße auf dem kalten Deckel, die Knie unterm Kinn.

Die andere Seite war geräumiger. Katherine stapelte so viele Kissen auf den Boden, bis sie auf gleicher Höhe mit dem Höcker in der Mitte waren. Dann rollte sie sich darauf zusammen, während ich mich auf dem mittleren Sitz ausstreckte, ohne Eric allzu nahe zu kommen. Ohne Klimaanlage war es wichtig, „auf seiner Seite der Grenze" zu bleiben.

Während wir Meile um Meile für Jesus zurücklegten, warf ich einen Blick auf meine Eltern: Papa, gut aussehend, mit seinen langen Koteletten und einer Hand auf dem Lenkrad, Mama mit ihrem 1970er-Jahre-Trägerkleid und dem coolen Bandana-Kopftuch. Mama reichte uns immer wieder kleine Pappbecher mit Apfelsaft (vorsichtig aus einer Flasche eingeschüttet, die sie zu ihren Füßen aufbewahrte) und machte uns Erdnussbutter- und Marmeladenbrote auf ihrem Schoß, während meine Geschwister und ich die Zeit mit „Auto-Bingo" totschlugen, mehr oder weniger harmonisch Loblieder sangen oder die Bücher der *Encyclopedia Brown*-Reihe lasen, bis uns übel wurde.

Eigentlich war es eine unspektakuläre Autofahrt, die aber dennoch zu den Abenteuern zählt, die im Geschichtsbuch der Familie festgehalten wurden. Lange nach Idaho kam nämlich der Höhepunkt des ganzen Sommers.

Wir hätten das Ereignis hinten auf der Rückbank garantiert verschlafen, hätten wir nicht plötzlich Mamas lauten Aufschrei gehört, der uns aus dem Schlaf riss: „KINDER! NICHT HINGUCKEN!" Sofort sahen wir aus dem Fenster. Ein Auto überholte uns auf der linken Spur, und wir bekamen ein nacktes Hinterteil zu sehen, das gegen das Rücksitzfenster gedrückt wurde. Ein Unbekannter zeigte uns sein Hinterteil! Der Fahrer manövrierte den Wagen über die Mittellinie, kam noch näher an unseren Wagen heran und fuhr eine Weile neben uns her, bevor er davonbrauste.

Während meine Eltern brummelten, wie weit es schon mit unserer Welt gekommen sei, sahen meine Geschwister und ich einander mit aufgerissenen Augen an: *Habt ihr das gesehen?!*

„Kinder, ich habt doch nichts gesehen, oder?" Mama schaute über ihre Schulter nach hinten und zeigte mit dem Buttermesser auf uns.

„Was? Nein, nein. Wir haben nichts gesehen. Haben wir was verpasst?" Ich versuchte so auszusehen, als hätte ich bis gerade geschlafen. Es war schwierig, nicht zu grinsen, aber wir setzten alle drei unsere Unschuldsmiene auf und gaben vor, wieder einzuschlafen. Katherine und ich kuschelten uns aneinander und flüsterten miteinander. Ja, natürlich hatten wir alles gesehen. *Danke, Mama.*

Alles in allem war es eine gute Zeit gewesen.

Ein dickes Nachschlagewerk hatte auf meinem Schreibtisch Staub angesammelt. Ich hatte *The Big Book of Bible Difficulties*[13] vor einiger Zeit aus dem Regal geholt, in der Hoffnung, es könnte mir helfen, die Bibel besser zu verstehen. Darin werden Antworten auf „problematische" Textstellen gegeben, die von Kritikern als Fehler oder Widersprüche herausgestellt wurden. Sicherlich gibt es viele Menschen, denen ein solches Buch helfen kann, mich aber wühlte es eher auf. Die darin angebotenen kurz gefassten „Kein Problem"-Lösungen stellten mich nicht zufrieden. Eine Zeit lang stapelte ich andere Bücher obenauf, schließlich stellte ich das Nachschlagewerk zurück ins Bücherregal.

Ich konnte mittlerweile nicht mehr zu meiner früheren Vorgehensweise zurückkehren: entweder versuchen, alles zu beweisen, oder einfach vorgeben, dass ich kein Problem mit Textstellen habe, die nicht mit meiner Wahrnehmung als Mensch des einundzwanzigsten Jahrhunderts vereinbar sind.

Wie also sollte ich die Bibel lesen?

Es war eine Erleichterung für mich zu entdecken, dass ich mich den biblischen Texten aus einem anderen Blickwinkel nähern konnte, ohne dabei meine Wertschätzung für sie zu verlieren. John Walton, Professor für das Alte Testament am Wheaton College, und Brent Sandy, Professor für das Neue Testament und Altgriechisch am Wheaton College, sind diesbezüglich zu folgendem Schluss gekommen:

„Den meisten von uns ist nicht bewusst [...], wie sehr sich die Welt des Altertums von unserer heutigen Welt unterscheidet. [...] Das Alte Testament ist der Kultur des damaligen Nahen Ostens, und das Neue

Testament der Kultur der Griechen und Römer jener Zeit näher als unserer Welt des einundzwanzigsten Jahrhunderts. Tausende von Jahren und Kilometern liegen zwischen unserer Welt und der biblischen Welt. Das hat zur Folge, dass wir immer wieder innehalten und uns fragen müssen, ob wir die Bibel im Licht der ursprünglichen Kultur oder im Licht unserer modernen Kultur lesen. Die Werte der Bibel unterschieden sich zwar von den Werten der Kulturen des Altertums, doch sie wurden in der damaligen Sprache und innerhalb der kulturellen Gepflogenheiten der damaligen Zeit formuliert."[14]

Die Bibel enthält eine Fülle von Aussagen über Gepflogenheiten, Kultur und die Natur. Meine „moderne Brille" abzulegen, gab mir Raum, die Schönheit der biblischen Texte wertzuschätzen, die darin enthaltenen Schwierigkeiten anzunehmen und zuzulassen, dass die Geschichten ihre eigenen Fragen aufwerfen. Es ist nicht verwunderlich, dass ich insbesondere die Geschichten mag, in denen Tiere entweder Nebenrollen spielen, so wie die Raben, die Elia mit Nahrung versorgten, oder sogar tragende Rollen, wie im Fall des Fisches, der Jona verschlang.

Während ich so nachdachte, hob Flash plötzlich den Kopf, atmete tief ein und stieß ein brüllendes „Iah, iah, iah!" aus. Ich lächelte über den haarsträubenden Klang, der über die Weide hallte und von den Bäumen am Zaun zurückgeworfen wurde. Das Brüllen erinnerte mich an eine meiner Lieblingsgeschichten in der Bibel, in der ein sprechender Esel und ein Mann namens Bileam vorkommen.

Ich wurde nie müde, diese Geschichte zu lesen, die sich während der Reise der Israeliten ins Gelobte Land ereignete und uns zum Kopfschütteln verleitet. Ich blieb immer wieder bei der Frage nach der tatsächlichen Umsetzung hängen: *Wie genau spricht wohl ein Esel?* Sie können die Geschichte im vierten Buch Mose, Kapitel 22, nachlesen. Hier die gekürzte Rachel-Fassung:

Die Moabiter und ihr König Balak waren entsetzt: Die Israeliten hatten auf ihrem Weg ins Gelobte Land bereits die Amoriter vernichtet und marschierten nun direkt auf Balaks Königreich zu. Deshalb überredete Balak den Propheten Bileam, das Problem zu lösen, indem dieser Gottes Volk verfluchte.

Bileam sattelte seine Eselin und machte sich gemeinsam mit den Boten des Königs, die ihm die Nachricht überbracht hatten, auf den Weg nach Moab, obwohl Gott ihm gesagt hatte, er solle nicht mit ihnen gehen. Unterwegs brach die Eselin plötzlich zur Seite aus und lief ins Feld.

Was ist mit ihr los?, fragte sich Bileam. Er schlug das Tier, um es wieder auf den Weg zu bringen (Ich bin nicht gerade begeistert von dieser Reaktion!), und setzte seine Reise fort.

Auf einem engen Weg, der zwischen Weinbergen hindurchführte und von Mauern eingefasst war, drängte sich die Eselin ohne Vorwarnung ganz an die Seite, sodass Bileams Bein eingeklemmt wurde. Wieder schlug er sie.

Einige Minuten später blieb das Tier endgültig stehen und legte sich auf den Boden.

„Jetzt reicht's mir!" Bileam stieg vom Rücken der Eselin ab und ließ seine Wut ein drittes Mal an ihr aus, diesmal sogar mit einem Stock.

Plötzlich begann die Eselin zu sprechen: „Warum schlägst du mich?"

„Weil du mich vor allen Leuten bloßstellst!", schrie Bileam.

„Bin ich nicht seit eh und je deine Eselin? Habe ich mich jemals so verhalten wie heute?"

„Nein", gestand der Prophet.

Nun öffnete der Herr Bileam die Augen: Dort, mitten auf der Straße, stand der Engel des Herrn mit dem Schwert in der Hand. Kein Wunder, dass sich die Eselin erschreckt hatte! Und Bileam? Nun ja, er wurde von einer solchen Angst ergriffen, dass er ungebremst zu Boden stürzte.

„Warum hast du die Eselin geschlagen?", fragte ihn der Engel. „Ich habe mich dir absichtlich entgegengestellt, weil du auf einem verkehrten Weg bist. Wenn mich deine Eselin nicht gesehen und mir dreimal ausgewichen wäre, hätte ich dich auf der Stelle getötet und sie verschont."

Was für ein dramatisches göttliches Eingreifen! Ich kann mir gut vorstellen, dass die Israeliten diese Geschichte wieder und wieder erzählen mussten; vielleicht war es die Lieblingsgeschichte der Kinder des Hirten. Ein Esel, der ihre Sprache sprach! Ein schwertschwingender Engel! Mit großen Augen hörten sie zu und lernten ...

Sie lernten, dass Gott aktiv in diese Welt eingriff und dass selbst die begabtesten Propheten Fehler machten. Sie lernten, dass einem Esel, einem der geringsten Tiere der Welt, die Gabe gegeben wurde, mit geistlichen Augen zu sehen und auf übernatürliche Weise zu sprechen. Es ist eine Wundergeschichte, erzählt mit einer Prise Humor. *(Ein sprechender Esel? Na, komm schon!)*

Nun, wenn Gott einen Esel gebrauchen kann, dann kann er sicherlich auch mich gebrauchen, oder? Diese Lektion hatte ich immer wieder verpasst, weil ich die Geschichte in aller Eile durchlas, bevor zu viele Fragen aufkommen konnten. Nun lernte ich, einen Gang zurückzuschalten und mich mit der Botschaft auseinanderzusetzen; ich hatte keine Angst mehr, dabei zu verweilen.

Flash brüllte noch einmal, und von meinem Aussichtspunkt auf dem Baumstumpf sah er so klein und furchtbar einsam auf der großen Weide aus. Obwohl sein Brüllen mich zum Lächeln brachte, wurde mir rasch bewusst, dass es ein klagender Ruf an einen Freund war, eine Botschaft, die in den Wind geschickt wurde, in der Hoffnung, eine Antwort zu bekommen. Seine Ohren stellten sich auf und lauschten auf ein mögliches Wiehern aus der Ferne.

Die Freude und Traurigkeit und Wehmut seines Brüllens trafen mich tief in meinem Innern. So viel war in den letzten Monaten passiert. Vielleicht verlieh Gott Flash die Gabe, zu mir zu sprechen, so wie er es mit Bileams Esel getan hatte. *Gib acht! Hier passiert etwas Geistliches!*

Ich konnte Flashs Gefühle so gut nachempfinden. Meine Freude, die Bibel mit einer neuen Sichtweise zu lesen, wurde von einer gewissen Traurigkeit getrübt, weil ich gleichzeitig etwas losließ, das ich viele Jahre lang getan hatte. Bildhaftes und Poesie und sogar Humor in der Bibel zu finden, bedeutete, einen gewissen Fundamentalismus, den ich mir über die Jahre angeeignet hatte, und die damit verbundene Sicherheit aufzugeben. In meinem Bestreben, mich an jedes einzelne Wort zu klammern, hätte ich beinahe die atemberaubende Lebendigkeit von Gottes Wort verpasst, das die Beschränkungen von Papier und Tusche zu sprengen versuchte, um meine Seele zu beleben. So wie Flash musste auch ich dem Einen vertrauen, auf dessen Weide ich gehörte, dem Einen, der für mich sorgen, meine Bedürfnisse erfüllen und mich weiterführen würde.

Ich stand auf und klopfte den Staub von meiner Jeans. Flash nahm die Bewegung wahr und drehte sich zu mir um. Während des Sitzens auf dem harten Baumstumpf war mein Bein eingeschlafen, und so humpelte ich durch das hohe Gras zu ihm hin. Er begrüßte mich mit einem sanften „Phhh" seiner Nüstern. Ich streichelte seinen Hals und fuhr den Streifen auf seinem Rücken entlang bis zu der Stelle direkt über seinem Schweif. Ich drückte meine Fingerspitzen durch sein dickes Fell bis auf die Haut, so wie er es am liebsten hatte. Flash entspannte sich und genoss spürbar das Gefühl, endlich wieder von menschlichen Händen berührt zu werden.

Gott baut sein Reich mit unerwarteten Mitteln. Er arbeitet mit dem, was ihm zur Verfügung steht: Weiden, Fischer, Witwen, Ausgestoßene, Vögel – sogar Esel.

Wenn Gott einen Esel gebrauchen kann, dann kann er ganz gewiss auch mich gebrauchen.

Gottes Allgegenwart bedeutet, dass nichts außerhalb seiner Macht liegt. Martin Luther sagte einmal, „[…] dass Gott überall, in jedem Körper, in jedem Geschöpf, in jedem Wesen zugegen ist. Gott ist in jedem einzelnen Geschöpf tiefer, innerlicher, gegenwärtiger als das Geschöpf selbst."[15]

Es liegt also an uns, unsere Augen für Gottes Gegenwart zu öffnen und empfänglich zu sein für die Wege, die er benutzt, um zu uns zu sprechen. Vielleicht geschieht es durch einen Esel. Vielleicht dadurch, dass wir Zeit in Gottes Schöpfung verbringen. Vielleicht durch den aufrichtigen Rat eines Freundes, über den wir eigentlich nicht nachdenken wollen. Vielleicht durch die lebendige, atmende Bibel – wenn wir nicht schnell darüber hinweglesen, sondern wirklich auf das hören, was sie uns zu sagen hat.

Entscheidend ist, dass wir Gottes Reden nicht verpassen, weil wir uns sicher sind, „dass er so nicht spricht". Gott könnte uns nämlich überraschen.

Ich ließ Flash allein und ging zu den frisch gemähten Pfaden zurück, die die Weide umkreisten und durchschlängelten. Flash genoss noch immer seine wiedergewonnene Freiheit und kaute genüsslich seine Wildblumen.

Das ist in Ordnung, Kumpel. Heute werde ich allein spazieren gehen.

„Kommt", lädt uns der Psalm ein.

Venite.

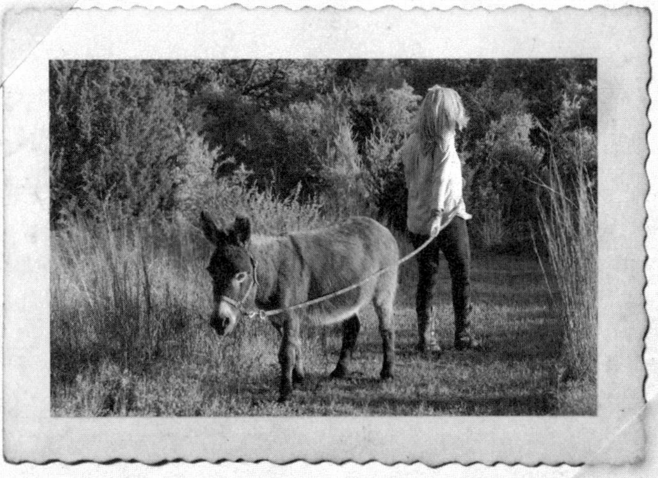

8.
Führe uns nicht

Vater unser im Himmel.
Geheiligt werde Dein Name.
Dein Reich komme.
Dein Wille geschehe,
wie im Himmel, so auf Erden.
Unser tägliches Brot gib uns heute.
Und vergib uns unsere Schuld,
wie auch wir vergeben unseren Schuldigern.
Und führe uns nicht in Versuchung,
sondern erlöse uns von dem Bösen.
Denn Dein ist das Reich und die Kraft
und die Herrlichkeit in Ewigkeit.
Amen.

Morgenlob, „Vaterunser",
Das allgemeine Gebetbuch, Erster Teil

„Wird er irgendwann lernen, wie man vorwärtsgeht?", fragte Tom, als ich mich hinhockte und nach Henry rief.

„Sch. Lass ihn in Ruhe. Er hat Probleme." Ich sah unverwandt auf Henry, während ich meine Hand langsam öffnete und ihm eine kleine Möhre hinhielt.

„Komm! Komm, Henry!", rief ich.

Henry hatte vor der Scheune in der Morgensonne gedöst und sah mich nun interessiert an. Das hohe texanische Gambagras versteckte seinen korpulenten Bauch, und er schluckte ein weiteres Grasbüschel herunter, während er über mein Angebot nachdachte. Er schielte auf die Möhre, spähte umher, ob Flash zu sehen war (was nicht der Fall war), dann kam er auf mich zu.

„Siehst du, es geht schon besser", sagte ich fröhlich.

Nach drei Metern blieb er stehen.

„Es geht wieder los", sagte Tom, der sich gegen die Scheune gelehnt hatte und zuschaute.

Mit kurzen, sich überkreuzenden Schritten drehte sich Henry um einhundertachtzig Grad. Dann streckte er seine Hinterhufe aus und begann, langsam auf mich zuzukommen.

Rückwärts.

Ein langsamer Schritt nach dem anderen.

„Biep, biep, biep!" Tom ahmte den Signalton eines Lasters im Rückwärtsgang nach.

Als Henry anhielt, befand sich sein Hinterteil fast auf meinem Schoß. Ich lehnte mich nach rechts, damit ich um ihn herum sehen konnte. Er schaute mich mit einem Ausdruck hilfloser Verlegenheit an, als ob sein Hinterteil sich selbstständig gemacht und darauf bestanden hätte, zuerst anzukommen.

„Ist schon gut, Henderson. Ich verstehe dich." Ich streckte die Hand aus, um die Oberseite seines Hinterteils zu streicheln, und arbeitete mich über den dunklen Streifen auf seinem Rücken vor. Henry atmete hörbar aus. Obwohl sein Kopf abgewandt war, lauschten seine Ohren aufmerksam auf meine Stimme.

„Du musst dich umdrehen, wenn du diese Möhre haben willst." Ich hielt die Möhre zur Seite, sodass er sie sehen konnte. Er spähte über seine Schulter und dachte einige Momente lang nach.

Wenn man verletzt worden ist, kann man nicht vorsichtig genug sein.

Schließlich drehte er sich um und holte mit den Lippen vorsichtig die Möhre aus meiner Hand. Er kaute darauf herum und blinzelte mit den Augen. Meine Knie schmerzten vom langen Hocken, deshalb versuchte ich, meine Position zu verändern, ohne ihn zu erschrecken. Obwohl Henry kein Problem damit hatte, sich Flash gegenüber durchzusetzen, war er Menschen gegenüber nach wie vor scheu. Ich konnte mir überhaupt nicht vorstellen, dass er in einer Parade mitlief, wie Doc Darlin erzählt hatte, aber Doc ist ja auch ein Eselflüsterer.

„Finde dich damit ab. Dein Esel ist seltsam." Tom winkte mir zu, als er sich auf den Weg zum Haus machte.

Sosehr ich auch hoffte, dass Henry eines Morgens aufwachen und eine neue Richtung einschlagen würde – er kam weiterhin rückwärts auf mich zu, egal, in welcher Situation. Ich gab die Hoffnung auf, er könnte mir irgendwann genug vertrauen, um sich mir vorwärts zu nähern. Er würde wohl immer diese defensive Position einnehmen, die dem Instinkt eines kleinen Tieres entspricht, das im Zweifelsfall rasch weglaufen muss.

Aber rückwärts zu kommen, ist immer noch besser, als wegzurennen. Henry kam jedes Mal, wenn ich ihn rief; immerhin vertraute er mir genug, um wenigstens das zu tun.

Vielleicht ist heute der Tag…

Ich rieb seine zotteligen schwarzen Ohren und hielt ihm eine Apfelscheibe hin. Er schnüffelte daran und sah mich fragend an: *Was ist mit den Möhren passiert?*

„Ich habe keine Möhren mehr, Henry. Ich habe dir die letzte gegeben." Ich versuchte es mit einer Erziehungsstrategie, die bei meinen Kindern manchmal funktioniert hatte: „Heute darfst du ein neues Leckerli probieren! Mhm!" Ich lächelte ihn aufmunternd an.

Henry zögerte und bewegte halbherzig die Lippen, gerade genug, um das Ende der Apfelscheibe zu erwischen. Sie hing wie eine Zigarette aus seinem Maul, und sein Ausdruck sagte alles. *Igitt!*

Er ließ die Unterlippe herunter, um den Apfel loszuwerden, doch dieser klebte an seiner Lippe fest und betonte seine Flunsch nur noch mehr.

„Im Ernst? Du magst keine Äpfel? Hat man je von einem Esel gehört, der keine Äpfel mag?" Henry antwortete nicht. Er starrte mich nur an, während die Schwerkraft schließlich siegte und die Apfelscheibe auf den Boden fiel. Er sah noch nicht einmal hinterher.

Flash, der die Gelegenheit nutzen wollte, schlenderte auf das „eklige" Häppchen auf dem Boden zu und verschlang es. *Vielen Dank für den Snack!*

Unsere Trainingseinheit war für heute erledigt, und ich griff nach einer Bürste zum Striegeln. Vor Kurzem hatte ein Regenguss die bevorzugten Wälzplätze der Esel in Matsch verwandelt, sodass beide getrocknete Erdklumpen in ihrem Fell hatten. Flashs lange Mähne erinnerte an Dreadlocks mit dekorativ eingeflochtenen Perlen.

„Du zuerst, Kumpel." Da die zwei noch immer um ihren Platz in der Hierarchie kämpften, versuchte ich, Flash als Ersten dranzunehmen, wann immer es möglich war. Es war wichtig für Flash zu wissen, dass ich ihn als Leittier betrachtete. In der Eseltheorie hätte es beiden helfen können, sich in ihren Rollen zu entspannen, statt miteinander im Wettbewerb zu stehen. In der Eselrealität schien es jedoch überhaupt keinen Unterschied zu machen.

Ich wollte eigentlich mit Flashs Mähne beginnen, doch er drehte sich um und bestand darauf, dass ich mit seinem Schweif anfing. Er wusste genau, was er tat. Sein Schweif ist ziemlich lang, beinahe wie ein Pferdeschweif, und es würde einige Zeit dauern, die Erdklumpen herauszubürsten. Doch das schien ihn nicht im Geringsten zu stören, im Gegenteil: Flash schnaubte hochmütig Richtung Henry – *Siehst du? Ich bin zuerst dran!* –, dann stellte er sich so hin, dass er sich bestmöglich entspannen konnte.

Die Tierpflege hat etwas Wohltuendes. Während man einen Esel striegelt, kann man eine Weile abschalten. In einer Welt, die von Ablenkungen und lauten Stimmen erfüllt ist, hat der rhythmische Kling der Striegelbürste eine tröstende Wirkung auf mich. Ich liebe es, meine Esel währenddessen zu beobachten – das zufriedene Ausatmen und das sanfte Wackeln mit den Ohren. In diesen Augenblicken ist die Welt in Ordnung. Mit jedem Bürstenstrich lassen die Sorgen nach, und ängstliche Gedanken werden mit jeder Klette und jedem Erdklumpen, der zu Boden fällt, zerstreut.

Vater unser im Himmel.
Geheiligt werde Dein Name …

Henry kam im Rückwärtsgang näher, er wollte ebenfalls ge-
striegelt werden. Nun hatte ich zwei Eselhinterteile vor mir, die
einander wegdrängen wollten. Ich streichelte Henrys Hinterteil
mit der einen Hand und striegelte Flash weiter mit der anderen. Ich kann zumindest *versuchen*, Multitasking zu praktizieren, nicht wahr? Henry hörte auf, Flash zu verdrängen, und ließ
schließlich seine Ohren ruhig zur Seite hängen. *Für den Augenblick ist es genug.*

> *Dein Reich komme.*
> *Dein Wille geschehe…*

Für die meisten Menschen wäre diese Situation wohl nicht der
richtige Rahmen für das Vaterunser, aber irgendetwas daran –
vielleicht die Bodenständigkeit der Prozedur – schien für mich
genau passend zu sein. Während ich striegelte und die vertrauten
Worte betete, dachte ich an Menschen, die meinen Glauben entscheidend geprägt hatten – allen voran mein Großvater.

Großvater Raaum war zweiundvierzig Jahre lang lutherischer
Pfarrer gewesen. Ich liebte es, ihn und meine Großmutter in
ihrem Pfarrhaus im Prairie-Stil in der kleinen Stadt in Nebraska
zu besuchen, besonders im Sommer. Jenseits der Wiese befand
sich die Kirche mit ihrem hohen Kirchturm und der Glocke, die
Großvater jeden Sonntagmorgen läuten ließ, um den Gottesdienst anzukündigen.

Großvater war noch von der alten Schule. Allwöchentlich zog
er seine Runden durch die zehn quadratischen Häuserblocks der
Stadt – meistens zu Fuß –, um kranke Gemeindemitglieder zu besuchen. Jeden Samstagabend vervielfältigte er das Mitteilungsblatt

der Kirche in seinem Büro. Der Geruch von Druckfarbe erfüllte das Haus, während wir Kinder zusahen, wie die Blätter eins nach dem anderen auf dem dampfenden Stapel landeten.

Sonntags trug Großvater die Amtstracht – eine weiße Robe über einer schwarzen, gekrönt mit einem Kragen und einer Stola. Die Stola war ein breiter silberner Schal, der über die Schultern gelegt wurde und bis zu den Knien reichte. Die Farbe der Stola wechselte je nach liturgischer Jahreszeit im Kirchenkalender.

Diese kirchenspezifischen Begriffe waren mir fremd, aber ich fand sie interessant. Meine Eltern, die als junge lutherische Missionare nach Mexiko gesandt worden waren, hatten die verändernde Kraft und die Gaben des Heiligen Geistes innerhalb der charismatischen Bewegung der späten 1960er-Jahre kennengelernt und waren vollständig in dieser Bewegung aufgegangen. Dies bedeutete den Bruch mit ihrem Missionsvorstand und erlaubte es ihnen, neue, aufregende Wege zu gehen, die mehr Spielraum für Gottes Führung ließen.

Während meiner Grundschuljahre zogen wir von Mexiko in den pazifischen Nordwesten Amerikas, wo mein Vater für eine freie charismatische Kirche arbeitete. Unsere Gottesdienste waren wesentlich ungezwungener und überschwänglicher als die Gottesdienste, die ich in Großvaters Kirche erlebte. Ich liebte die Lobpreislieder und die formlose Ungezwungenheit, die unsere Gottesdienste kennzeichneten. Warum sollte irgendjemand den traditionelleren Stil vorziehen, der so steif und förmlich wirkte?

Und doch, irgendetwas an Großvaters Kirche berührte mich tief im Inneren. Der Holzfußboden und die Bänke, die Buntglasfenster und das Taufbecken, sogar das Untergeschoss, wo die Sommerbibelschule und gemeinsame Mahlzeiten sowie Hochzeits-, Geburtstags- und Begräbnisempfänge stattfanden – das alles fühlte sich … ja, es fühlte sich nach etwas an, das ich nicht in Worte fassen konnte. Heute weiß ich, welcher Begriff dafür passt: *sakral*.

Der Altarraum war so ganz anders als die Turnhalle, in der sich unsere Gemeinde zum Gottesdienst traf. Die Atmosphäre in der Turnhalle war ungezwungen und einladend, und wir Kinder konnten lärmend unsere Energie rauslassen und Basketball spielen, während die Erwachsenen die Klappstühle für den Gottesdienst aufstellten. Wenn ich Großvaters Kirche betrat, war alles gedämpft und feierlich. Es war, als würde man ein anderes Land betreten – mit einer anderen Sprache und einer anderen Kultur. Jeder Gottesdienst ließ in mir den Wunsch nach mehr zurück, obwohl ich die Form des Gottesdienstes eigentlich für überholt hielt.

Das Abendessen im Haus meiner Großeltern fand immer im Esszimmer statt. Am Küchentisch gab es nur Frühstück und Mittagessen. Meine Mutter setzte diese Tradition in unserer Familie fort. Großmutter benutzte nie Pappgeschirr, egal, wie einfach die Mahlzeit war. Im Sommer hatten wir immer jede Menge Gemüse aus dem Garten – Mais, Rote Beete, Möhren und Erbsen. Dazu aßen wir schwedische Hackfleischbällchen oder Schmorhuhn. Wir Kinder waren immer lange vor den Erwachsenen mit dem Essen fertig und warteten ungeduldig darauf, dass wir vom Tisch aufstehen durften.

Unsere leer gegessenen Teller waren für Großvater das Zeichen, seine viel benutzte Bibel zu öffnen. Er räusperte sich und begann: „In Jesu Namen …“ Dann machte er eine kleine Pause, bevor er weiterlas.

Wir waren von zu Hause an die Bibellese nach dem Abendessen gewöhnt. Mein Vater las uns aus einer Kinderbibel vor, und wir schauten ihm über die Schulter, um die Bilder sehen zu können.

Großvaters Bibellese kam uns schrecklich lang vor, vor allem weil wir keine Bilder zum Anschauen hatten. Im Rückblick denke ich, dass es nur kurze Psalmen waren, aber damals kam es mir endlos vor. Wenn er zu Ende gelesen hatte, beugte er den Kopf und sagte: „Lasst uns beten."

Und wir stimmten alle ein: „Vater unser im Himmel ..."

Sobald meine Geschwister und ich das „Amen" hörten, sprangen wir auf, nahmen unsere Teller und brachten sie zum Spülbecken in der Küche. Erst wenn der gesamte Tisch abgeräumt war, hatten wir für den Abend frei. Wir konnten in den nahen Teich zum Schwimmen gehen oder im Garten Federball spielen, bis es dunkel wurde.

Wenn ich während dieser Besuche das Vaterunser aufsagte, kam es mir monoton und überflüssig vor. *Jeden Abend nach dem Abendessen? Man kann es auch übertreiben!*

Ja, dies waren die Worte, die Jesus seinen Jüngern gegeben hatte – ein sehr gutes Gebetsmodell. Als Erwachsene hatte ich gelernt, dass das Vaterunser gewissermaßen als „Aufwärmübung" für tiefere Gebete dienen konnte, die uns für den geistlichen Kampf ausrüsten oder eine tiefere Anbetungserfahrung ermöglichen. Wie bei einem Aufsatz („Schreibe über deinen ersten Schultag – Achtung, fertig, LOS!") konnte das Vaterunser mit seinem einfachen Rahmen dazu dienen, persönliche Gebete zu inspirieren. Aber sollte man es wirklich täglich als eigenständiges Gebet sprechen? Einmal im Monat war doch sicher genug.

Ach Großvater, deine altmodischen Gewohnheiten sind so drollig.

So oder ähnlich dachte ich damals.

Ich gab es auf, Henry dazu zu bringen, „richtig herum" zu mir zu kommen. Seine unkonventionelle Vorgehensweise tat niemandem weh und verstärkte nur meine Zuneigung zu ihm.

Eines Nachmittags, als ich in der Scheune ein paar Kisten mit Winterkleidung verstaute, sah ich Flash und Henry aus dem hinteren Wäldchen angetrottet kommen. Flash sah mich und beschleunigte das Tempo – mit Henry im Schlepptau, der sich eindeutig *vorwärtsbewegte*. Ich zeigte auf das Heu, das ich ausgelegt hatte, damit sie während meiner Arbeit beschäftigt waren, und Flash schwenkte ab und begann, am Heu zu knabbern.

Ich schaute Henry an. Als ich damit rechnete, dass er anhalten und sich umdrehen würde, hielt er meinem Blick stand – und kam weiter vorwärts auf mich zu.

„Oh Henry", flüsterte ich ermutigend, „sieh nur, kleiner Schatz." Er kam mit dem Kopf zuerst, mit gespitzten Ohren und mit zuversichtlich ausgreifenden Schritten auf mich zu. Schließlich hielt er an und schnüffelte an meiner Hand.

Ich kniete mich hin, nahm seinen Kopf in beide Hände und drückte einen Kuss auf seine kleine Nase.

„Du hast es geschafft, Henderson Nummer zehn. Du hast es geschafft!"

Nun, Sie werden vielleicht denken, dass ich nahe am Wasser gebaut bin, aber Sie müssen zugeben, dass dies ein legitimer Moment war, um ein paar Tränen zu vergießen. Henry machte das nichts aus. Er schmiegte sich noch enger an mich, als ob er begriffen hätte, wie wichtig dieser Durchbruch war.

Ich hatte Geduld und Verständnis gebraucht, während ich darauf wartete, dass Henry mir genug vertraute, um mit dem Kopf voran zu mir zu kommen. Ich konnte die Sache nicht beschleunigen. Nun hatte Henry es ohne Trara geschafft, und der Lohn war wundervoll.

Ich genoss diesen Sieg und *dachte* noch nicht einmal daran, ihm nun das Gehen am Führstrick beizubringen. Er sollte erst beweisen, dass er nun konsequent vorwärtsging.

Immer eins nach dem anderen.

• • •

„Ich kann es nicht fassen, dass wir in einer Kirche über diese Dinge sprechen können", flüsterte Tom, der sich zu mir herüberlehnte. Wir hatten von einer Vortragsreihe zum Thema „Wissenschaft und Glaube" in einer Methodistenkirche in Dallas gehört und die Gelegenheit beim Schopf ergriffen.

Tom war es müde geworden, seine Fragen zu diesem Thema mit den Verantwortlichen unserer Gemeinde oder mit Freunden und Familienmitgliedern zu besprechen. Die meisten interessierten sich nicht dafür oder wussten nur wenig darüber, und mehrere äußerten die Sorge, wenn man erst einmal das Alter des Universums infrage stelle, könne man leicht auf einen absteigenden Ast geraten und schließlich im Atheismus enden.

Nun saßen wir an einem Sonntagmorgen in einem Raum voller Menschen, die einer ernsthaften Diskussion zu diesem Thema, das uns so wichtig war, folgten. „Auch wenn unsere Generation sich nicht damit befassen will, unsere Kinder und Enkel werden es sicherlich tun!", sagte Tom. Ich fühlte eine überwältigende Freude angesichts der Freiheit, die Unermesslichkeit und Komplexität der Schöpfung zu erforschen und dabei zu entdecken, was sie uns über unseren erstaunlichen Gott zu sagen hat.

Der Vortrag sollte um elf Uhr beginnen, doch wir hatten beschlossen, schon vorher am Gottesdienst teilzunehmen, nur um zu sehen, wie er war. Ich war über dreißig Jahre lang Mitglied einer Freikirche gewesen und hatte nie einen Methodistengottesdienst besucht. Ich hatte keine Ahnung, was mich erwartete.

Halt, das nehme ich zurück – ich hatte sehr wohl gewisse Erwartungen.

Ich schäme mich zu bekennen, dass ich mit einer verwässerten Botschaft des Evangeliums, mit einer Atmosphäre wie in irgendeinem x-beliebigen Verein und mit einer oberflächlichen Spiritualität rechnete. Ich rechnete damit, alles andere als begeistert von den Kirchenliedern zu sein (sorry, Wesley-Brüder). Ich rechnete damit, dass es trocken und langweilig werden würde. Erinnerungen an Großvaters Gottesdienste kamen hoch. Auch wenn es in unseren Kreisen nie offen ausgesprochen wurde, wurde doch die Auffassung vermittelt, konfessionelle Kirchen wären geistlich tot.

In meinem Kopf hatte daher immer folgendes Denkmuster geherrscht:

Offizielle Kirche = ohne Leben.

Evangelikale Gemeinde = lebendig.

Offizielle Kirche = soziales Evangelium.

Evangelikale Gemeinde = wahres Evangelium.

Diese Auffassung wurde beim Gottesdienst um neun Uhr dreißig komplett erschüttert.

Ich betrat das neunzig Jahre alte Gotteshaus und schaute zu den Bögen aus massivem Holz und der hoch aufragenden Decke hinauf. Das Hauptschiff wurde von Bankreihen flankiert und führte zur Kanzel. Ich sah den Chor auf der Empore sitzen. Die wundervolle Orgel füllte die Front der Kirche aus. Sofort spürte ich einen Kloß in der Kehle. Dieser Raum war so ganz anders als die Turnhalle, in der sich unsere Gemeinde zum Gottesdienst versammelte, und auch anders als alle modernen Gemeindegebäude, in denen wir uns normalerweise wohlfühlten.

Sakral, dachte ich. *Das hier fühlt sich sakral an.*

Buntglasfenster. Habe ich die Buntglasfenster schon erwähnt? Ich hatte das Gefühl, nach Hause zu kommen.

Während des Gottesdienstes stand die Gemeinde auf, um das Apostolische Glaubensbekenntnis zu sprechen, das im Kirchenblatt abgedruckt war, sodass Besucher wie Tom und ich miteinstimmen konnten. Ich hatte es bereits auswendig gelernt und zu einem Teil meiner regelmäßigen Gebetsspaziergänge gemacht. Doch es mit der Gemeinde gemeinsam laut auszusprechen, war noch einmal ganz anders, als es allein aufzusagen. Ich war so bewegt, dass ich es nicht bis zum Schluss schaffte.

Danach sangen wir ein Kirchenlied, hörten eine Lesung aus dem Matthäusevangelium und beteten gemeinsam das Vaterunser. Auch diese Worte befanden sich im Kirchenblatt, ich sah sie durch einen Tränenschleier. Hinter uns erklang die Stimme eines kleinen Jungen, die sich mit den Stimmen des älteren Paares neben uns vermischte, als wir alle gemeinsam beteten. Irgendwo mittendrin versagte Tom die Stimme. Ich sah aus dem Augenwinkel, wie er sich ebenfalls die Tränen abwischte.

Als wir uns wieder hinsetzten, fragte ich mich: Hatte ich meinen Kindern das Vaterunser beigebracht? Gehörte es für sie zum regelmäßigen Gebet dazu? Vielleicht hatten sie es gelernt, aber ich konnte mich nicht daran erinnern, dass es eine Priorität gewesen wäre – weder zu Hause noch in der Gemeinde.

Auch der Rest des Gottesdienstes – eine Predigt, die klar das Evangelium verkündigte, und ein abschließender Segen, der von allen gemeinsam gesungen wurde – war beeindruckend.

Wo war dies alles nur in meinem bisherigen Leben geblieben? Vielleicht hatte Großvater Raaum mit seinen „eigenartigen" lutherischen Methoden etwas gewusst, was mir erst jetzt aufging: In solchen Traditionen liegt eine gewisse Schönheit, Anmut und Heiligkeit, die, so fühlt es sich jedenfalls für mich an, den Himmel ein Stück weit öffnen.

Wir waren eigentlich wegen des Themas „Wissenschaft und Glaube" gekommen, und nun wurde uns durch diesen Gottesdienst bewusst, wie selbstgefällig und kurzsichtig wir in unserem Glauben geworden waren. Hier waren Brüder und Schwestern in Christus, engagierte Nachfolger von Jesus, die ich bisher mit Überheblichkeit betrachtet hatte: *Diese armen Leute wissen gar nicht, was ihnen fehlt. Sie sind bestimmt nicht so „brennend im Geiste" wie wir. Wenn sie das Vaterunser sprechen, dann sind das sicher nur leere Worte für sie.*

Ich spürte eine Art Scham in mir hochkommen. Nein, es *war* tatsächlich Scham. Meine Geringschätzung gegenüber liturgischen Gottesdiensten hatte ihre Wurzel in einem Überlegenheitsgefühl – auch wenn ich mir das nur ungern eingestand.

In unserem Bestreben, unseren Glauben in aller Freiheit auszudrücken, haben wir Evangelikalen eine komplett neue Liturgie erschaffen – eine standardisierte Form des Lobpreises mit der Betonung auf „neu, bedeutungsvoll und aufregend". Wir wollen um jeden Preis eine langweilige, routinemäßige Religion vermeiden – und warten deshalb mit Licht und Rauch, ausgeklügelten Bühnenaufbauten, Lobpreisbands und Multimediapräsentationen auf. Diese Form des Gottesdienstes hat sicherlich ihre Berechtigung und kann uns helfen, uns Gott näher zu fühlen, daher will ich nicht darauf herumreiten. Ich verstehe die Motivation, auf unsere zeitgenössischen Befindlichkeiten einzugehen, und ich habe selbst in Lobpreisteams mitgearbeitet, die mit großer Aufrichtigkeit genau dieses Ziel verfolgten.

Doch während dieses Methodistengottesdienstes erkannte ich eine gewisse Verarmung in meinem Glaubensleben, die mir vorher gar nicht bewusst gewesen war. Ich musste daran denken, wie meine Großmutter mir erzählt hatte, dass sie als Kind in ihren Weihnachtsstrümpfen Orangen gefunden hatte. Als ich sie fragte, ob sie über dieses magere Geschenk traurig gewesen sei, antwortete sie lachend: „Wir kannten es nicht anders. Wir dachten, alle anderen würden auch nur eine Orange geschenkt bekommen." Sie wusste nicht, dass ihre Familie arm war. Erst als sie größer wurde und zur Schule ging, erfuhr sie, dass andere Kinder zu Weihnachten Spielzeug und Kleider geschenkt bekamen. Plötzlich waren ihre Orangen nichts Besonderes mehr.

An jenem Morgen in der Methodistenkirche stieß ich auf geistliche Reichtümer, die ich ab sofort für mich in Anspruch nehmen wollte. Das gemeinsame Sprechen des Vaterunsers als integraler Bestandteil des Gottesdienstes war für mich wie das Entdecken einer Goldmine. Es verband mich mit Millionen von treuen Christen in der ganzen Welt, die auch das Vaterunser und das Glaubensbekenntnis aus Solidarität und Gehorsam gegenüber Jesus sprachen. Ich war von dankbarer Demut erfüllt, dass ich zu ihnen gehören durfte.

Als wir an jenem Tag die Kirche verließen, fühlte ich mich inspiriert, das Vaterunser von nun an täglich zu beten. Obwohl ich die Worte auswendig kannte, schrieb ich sie in mein Notizbuch, denn ich wollte sicherstellen, dass sie in meiner ständig wachsenden Kollektion einen Ehrenplatz hatten. Das Vaterunser in meiner eigenen schlichten Handschrift zu sehen, half mir dabei, die Worte wirklich zu verinnerlichen.

Morgens und abends hielt ich bei jedem Satz inne und ließ die Worte tief in mein Bewusstsein dringen. Jede Gelegenheit war geeignet – beim Autofahren, beim Abwasch, beim Spaziergang über die Weide oder abends kurz vor dem Einschlafen.

Jesus sagte seinen Jüngern: „Ihr sollt deshalb *so* beten." Bisher hatte ich das als einen Vorschlag, eine Art Leitfaden für wichtigere Gebete betrachtet. Doch nun begann ich, das Vaterunser als klare Anweisung zu verstehen.

Ich kaufte mehrere Bücher, die sich mit dem Vaterunser beschäftigen. Dabei stieß ich auf folgende Worte, die mich besonders berührten:

„Vielleicht können Sie sich nicht mehr daran erinnern, wann Sie das Vaterunser zuletzt gesprochen haben. Und doch ist das Beten des Vaterunsers eine der ausdrücklichsten Anweisungen, die Jesus uns im Neuen Testament gibt. Es gehört zu den einfachsten Dingen, die wir als seine Nachfolger praktizieren können."[16]

Dein Reich komme, dein Wille geschehe…

Es ist schwer, diese Worte mit dem Herzen zu sprechen, ohne dabei verändert zu werden.

• • •

Henry machte kleine Fortschritte. Manchmal kam er mit dem Kopf zuerst zu mir, manchmal hielt er vorher an, drehte sich wie eine Lok auf der Drehscheibe und zeigte mir sein Hinterteil. Ich konnte nie voraussagen, ob ich seinen Kopf oder sein Hinterteil sehen würde.

Obwohl ich ursprünglich beschlossen hatte, damit zu warten, hielt ich es nun doch für an der Zeit, das Gehen am Führstrick mit ihm zu üben. Bisher hatte ich immer Flash am Seil geführt (und ihm damit weiterhin die Führungsrolle zugeteilt), und Henry war uns ohne Halfter oder Seil gefolgt. Das wollte ich nun ändern.

Henry ein Halfter anlegen? Ein Kinderspiel! Er schob seine Nase in die Vorrichtung wie ein Profi und ließ mich das Halfter sogar festschnallen. Ihn dazu bringen, dass er mir am Führstrick folgt? Das war eine ganz andere Geschichte.

Für unsere erste Lektion stand ich links neben Henrys Kopf, zog sachte mit der rechten Hand am Führstrick und sagte mit sanfter Stimme: „Komm, Henry. Komm!"

Die zweite Lektion würde darin bestehen, das Kommando „Brr, anhalten!" zu lernen. Damit ich ihm diesen Befehl beibringen konnte, musste sich der kleine Kerl allerdings erst einmal bewegen.

Henry bewegte sich nicht. Sein Schweif wedelte, doch seine Hufe standen fest auf dem Boden.

„Komm, Henry!", wiederholte ich mit einem weiteren sanften Ruck. *Okay. Du kannst selbst entscheiden.* Ich ließ den Führstrick locker und zeigte ihm, dass ich ein Leckerli für ihn hatte.

Henry beschloss, nicht zu reagieren.

„Los, komm!" Ich ließ ihn erneut mit einem sanftem Ziehen am Führstrick und einem Blick auf das Leckerli wissen, was ich von ihm wollte. *Leckerli, lass mich nicht im Stich.*

Diesmal bewegte sich Henry.

Im Kreis.

Er drehte sich um die eigene Achse und begann _____zugehen. Sie können das fehlende Wort selbst ergänzen.

Richtig: „rückwärts".

„Henry, ist das dein Ernst? So kannst du nicht mit mir spazieren gehen!"

Es war ihm egal. Er wollte seinen Willen haben.

Meine Spaziergänge mit Henry verwandelten sich in Wartemomente. Sobald wir uns auf den Weg machten, streckte Henry einen Hinterhuf nach hinten aus, befühlte den Boden, bewegte seine Vorderhufe rückwärts und tat dann das Gleiche mit dem anderen Hinterhuf.

Einen Rückwärtsschritt nach dem anderen kam er voran, und ich musste ihm Anerkennung zollen. Beim Rückwärtsgehen konnte er nicht sehen, was vor ihm lag, doch er vertraute mir genug, um trotzdem weiterzugehen.

Ich musste an ein Zitat von Oswald Chambers denken, das gut zu Henrys sonderbarem Verhalten passte und sich auch auf meine persönliche Glaubensreise anwenden ließ: „Der Glaube weiß niemals, wohin er geführt wird. Aber er kennt und liebt den Einen, der führt."[17]

Tag für Tag auf Henry zu warten, gab mir Zeit zum Nachdenken. Wir besuchten den ganzen Sommer über die Vortragsreihe in der Methodistenkirche, und Tom und ich erkannten, dass es an der Zeit war, voranzugehen und neue Wege zu finden, unseren Glauben zu leben. Doch es würde schwer für mich werden, meine Gemeinde zu verlassen. Sie bestand aus guten Menschen, die prima Christen waren, und ich liebte sie. Würde man mich dafür verurteilen, dass ich die Gemeinde verließ? Würde man mich als Abtrünnige betrachten?

Ich hatte mich nach einem tieferen Gespür für das Sakrale gesehnt, erfüllt von Ritualen und Traditionen, und nach einem geistlichen Zuhause, wo man uns nicht schief ansah, wenn wir bestimmte Fragen stellten. Die Methodistenkirche schien diese Bedürfnisse zu erfüllen – dort war eine tiefe Liebe zu Jesus zu spüren, gepaart mit Bibeltreue, wundervollen liturgischen Gottesdiensten und der Bereitschaft, über Themen wie „Wissenschaft und Glaube" und Unterschiede in der biblischen Auslegung zu diskutieren (und dabei gegebenenfalls auch zu unterschiedlichen Ergebnissen zu gelangen).

Darüber hinaus beteten wir jeden Sonntag das Vaterunser. Laut. Alle gemeinsam. Dies berührte mich auf eine Weise, die ich nicht erklären kann. Vielleicht war es Teil des Geheimnisvollen, nach dem ich mich sehnte …

In vieler Hinsicht war ich wie Henry. Ich wollte dorthin gehen, wohin Gott mich führte, aber ich war ängstlich, weil ich den Weg nicht sah. Ich hatte Angst vor der Veränderung. Angst davor, ihm zu folgen. An Gottes Führstrick rückwärtszugehen, ist eine Möglichkeit, dorthin zu gelangen, aber es ist nicht der wirkungsvollste und auch nicht der vergnüglichste Weg. Man sieht, wo man bereits war, aber nicht, wohin man unterwegs ist.

„Führe mich."

Bei diesen Worten blieb ich stehen. Ich betete das Vaterunser mit Henry im Schlepptau, der immer noch den Rückwärtsgang eingelegt hatte.

Führe mich zu grünen Weiden.

Führe mich zum Erfolg.

Führe mich zur richtigen Arbeit.

Führe mich zu neuen Möglichkeiten.

Auch Henry hatte angehalten und schien nachzudenken.

„Du kannst es tun, Henry. Du kannst deinen kleinen strammen Körper umdrehen", ermunterte ich ihn.

Henry ignorierte meinen Rat und streckte erneut einen Huf nach hinten aus. Ich rollte mit den Augen, aber was sollte ich sagen? Er bewegte sich, und das war im Moment genug.

Führe mich zu größeren Höhen.

Führe mich in die Sicherheit.

Führe mich in die richtige Kirche.

Und wenn wir schon dabei sind: Führe mich zu ein paar guten Schnäppchen bei meinem nächsten Großeinkauf im Supermarkt.

Ich fragte mich, warum Jesus uns dazu aufforderte zu beten: „Führe uns nicht in Versuchung." Wer würde schon davon ausgehen, dass Gott uns in Versuchung führt? Der Apostel Jakobus jedenfalls ging nicht davon aus, als er schrieb: „Niemand, der in Versuchung gerät, kann behaupten: Diese Versuchung kommt von Gott. Denn Gott kann nicht vom Bösen verführt werden, und er verführt auch niemanden zum Bösen" (Jakobus 1,3).

Flash kam hinter der Scheune hervor, um nach Henry und mir zu sehen, und schnaubte ausgiebig, als er herangeschlendert kam. Henry legte die Ohren an und schnappte nach Flashs Beinen.

„Achte nicht auf ihn, Henderson. Du kannst dir alle Zeit lassen, die du brauchst. Es ist okay." Ich tätschelte sein Hinterteil und sah eine kleine Staubwolke aufsteigen und fortwehen. Er sah mich über die Schulter mit Erleichterung in den Augen an.

Ich verurteile dich nicht, Kumpel.

Ich ließ den Führstrick ein wenig lockerer. Während ich über den Pfad weiterging, gefolgt von einem kleinen, rückwärtsgehenden Esel, dachte ich: *Wir sehen bestimmt lustig aus. Aber letztlich gibt mir dein langsames Tempo mehr Zeit zum Nachdenken.*

Vielleicht wusste Jesus, dass wir Wege finden würden, unsere eigenen Wünsche als seinen Willen zu definieren, wenn er uns Worte gegeben hätte wie „Führe uns nach deinem Willen". Meine Gebete bestehen auch so schon aus genug Bitten. Vielleicht wusste Jesus, dass die Dinge, um die wir bitten, genau die Dinge sind, die uns am meisten in Versuchung bringen.

Grüne Weiden sind wundervoll, doch sie können uns in Versuchung bringen, satt, träge und faul zu werden.

Erfolg mag die Antwort auf ein Gebet sein, aber darin ist gleichzeitig auch die Versuchung verborgen, stolz zu werden.

Der „richtige Job" könnte genau das sein, worauf ich gehofft hatte, doch er könnte die Versuchung mit sich bringen, dass ich selbstgenügsam werde.

Die „richtige Kirche" könnte ein geistliches Bedürfnis erfüllen, aber ich könnte der Versuchung erliegen, zurückzuschauen und meine bisherige Glaubensreise zu kritisieren, statt sie dankbar anzunehmen.

Autsch. Tatsache war: Während ich neue Wege des Gebets, des Bibellesens und des Lobpreises entdeckte, fragte ich mich ständig: *Wie kommt es, dass ich bisher daran vorbeigegangen bin? Warum hat mir nie jemand von diesen Glaubenspraktiken erzählt?* Ich hatte mein gesamtes Leben in Gemeinden und mit der Nase in der Bibel verbracht, und doch hatte ich so wenig Zeit darauf verwendet, Jesus auf eine Weise kennenzulernen, die über seine Mission, für meine Sünden zu sterben, hinausging. Ich hatte seine Lehren lediglich als Präambel für das Kreuz betrachtet, und ich hatte mich nie darum bemüht, so zu beten, wie er gebetet hatte.

Ich bewegte mich vorwärts, sah aber zurück, genau wie Henry. *Führe uns … aber führe uns nicht in Versuchung.*

Jesus führt uns tatsächlich, und er kennt unsere Schwächen und Neigungen. Er zieht sanft am Seil und sagt: „Hier geht's lang. Du kannst es schaffen." Und dann wartet er auf uns, während wir unseren Weg rückwärts ertasten, statt ihm unser Gesicht zuzuwenden und seinem guten Plan zu vertrauen. Am Vertrauten festzuhalten, scheint das Sicherste zu sein, doch es hindert uns daran zu wachsen.

Gott nachzufolgen, ist etwas Heiliges. Mit jedem Schritt bauen wir an Gottes Königreich mit, „wie im Himmel, so auf Erden".[18] Der Apostel Paulus sagte zu Beginn seiner Rede auf dem Marktplatz in Athen: „Aus dem einen Menschen, den er geschaffen hat, ließ er die ganze Menschheit hervorgehen [...]. Das alles hat er getan, weil er wollte, dass die Menschen ihn suchen. Sie sollen mit ihm in Berührung kommen und ihn finden können. Und wirklich, er ist jedem von uns ja so nahe!"[19]

Henry drehte den Kopf und sah mich an. Seine Ohren wackelten fragend hin und her.

„Du kannst es schaffen, Henry. Du hast das Zeug dazu", ermunterte ich ihn noch einmal. Er wedelte mit seinem kleinen Schweif, und dann ... begann er, sich umzudrehen. Ich hielt den Atem an. „So ist es richtig!"

Drei weitere Schritte, und er schaute endlich vorwärts. Ich beugte mich hinunter und drückte einen Kuss auf seine weiche Nase. Sein Ausdruck sagte alles: *Ich vertraue dir.*

„Geh weiter, Henry", flüsterte ich. „Geh weiter."

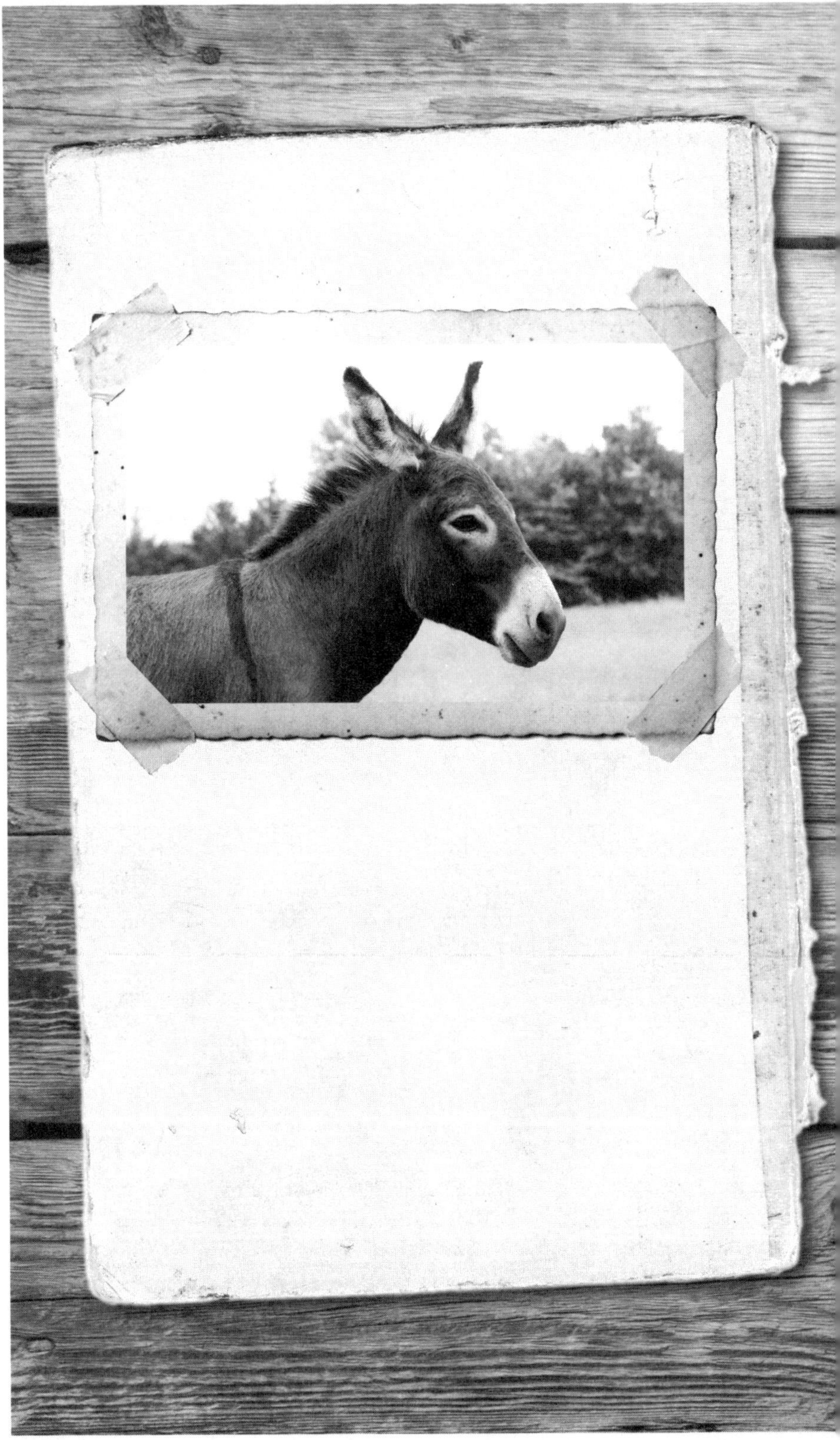

9.
Vergiftete Herzen

Oh Gott, du hast uns nach Deinem Bilde erschaffen
und durch Jesus, Deinen Sohn, erlöst:
Sieh mit Barmherzigkeit auf die Menschheit;
nimm von uns die Arroganz und den Hass,
die unser Herz vergiften.
Reiße die Mauern nieder, die uns voneinander trennen;
vereine uns in Liebe und wirke durch unsere Kämpfe
und Verwirrungen hindurch,
um Deine Absichten auf der Erde zu verwirklichen:
dass zu Deiner Zeit alle Nationen und Rassen
in Harmonie vor Deinen himmlischen Thron treten
und Dir dienen;
durch Jesus Christus, unseren Herrn. Amen.

Gebete für die Welt, „Für Einheit unter den Menschen",
The Book of Common Prayer[20]

Ich staubte gerade die Bücherregale in Graysons ehemaligem Kinderzimmer ab, als ich sie fand.

Die unteren Regale enthielten noch immer seine Lieblingsbücher: *Ein Jahr als Robinson*, *Ruf der Wildnis* und natürlich *Calvin und Hobbes*. In den oberen Regalen standen ein paar Modellzüge und -autos, daneben verschiedene Pokale, Medaillen und Eishockey-Pucks. In einer Ecke lag „Buddy", seine Stoffpuppe aus Kindertagen.

Während ich Buddy hinsetzte, bemerkte ich eine 3-D-Kinobrille hinter den Büchern – ein Souvenir von *Toy Story 3*. Ich nahm die Brille in die Hand und fühlte mich in die Zeit zurückversetzt, als die ganze Welt wegen der in diesem Film verwendeten Technologie aus dem Häuschen war. Die Kommentare zum Film übertrafen sich regelrecht:

„Atemberaubend!"

„Umwerfend!"

„Überragend!"

„Verblüffend!"

„Außergewöhnlich!"

Tom und ich fuhren mit Grayson ins Kino – er war damals an der Highschool, aber nach wie vor ein Fan von Woody und Buzz – und kramten eifrig das zusätzliche Geld für die 3-D-Vorführung aus dem Portemonnaie („So lohnenswert!"). Wir kauften eine Tüte Popcorn, fanden unsere Sitze, öffneten jeder unser Päckchen mit der 3-D-Brille und warteten darauf, dass der Film begann. Plötzlich spürte ich, dass ich noch schnell zur Toilette musste ... nun, ich hatte drei Kinder zur Welt gebracht, ich war in die Jahre gekommen, und dann war da ja auch noch die Schwerkraft. Ich warf einen Blick auf meine Armbanduhr. *Gerade noch genug Zeit.*

Als ich zurückkam, hatte ich nur die erste Minute des Films verpasst. Ich lehnte mich bequem zurück, holte die 3-D-Brille aus meiner Tasche und schaute auf die Kinoleinwand.

Moment mal. Da stimmt was nicht.

Die Farben waren trüb.

Das Bild war unscharf.

Die Animation war holprig.

Alles war dunkel.

Kurzum: Es war furchtbar!

Haltet den Film an. Man hat uns reingelegt!

Ich schaute mich im Kinosaal um, dann sah ich zu Tom und Grayson. Alle schienen den Film zu genießen – sie lächelten und mampften Popcorn.

Äh-äh. Mir könnt ihr nichts vormachen. Ihr macht zu viel Reklame für einen Film, bringt die Leute dazu, dass sie einen Aufpreis bezahlen, und dann traut sich niemand, die fürchterliche Qualität anzuprangern, aus Angst, als Einziger enttäuscht zu sein.

Kennen Sie *Des Kaisers neue Kleider?* Wie das Kind in dem Märchen würde ich, und ich ganz allein, die Person sein, die genug Mut aufbrachte, um diese Farce zu beenden. Gerade als ich aufstehen und die Wahrheit ins Publikum rufen wollte, drehte sich Tom mit einem freudigen Grinsen zu mir.

Plötzlich verschwand sein Lächeln, und er sah mich fragend an:

„Rachel, warum trägst du deine Sonnenbrille?"

Was? In Windeseile nahm ich die Brille ab.

Nun, das erklärte einiges. Ich fand die richtige Brille und setzte sie auf.

ACH DU MEINE GÜTE!

Der Film war atemberaubend!

Die lebensechten Effekte waren umwerfend!

Die Farben waren intensiv.

Die Animation war verblüffend!

Ich war von der brillanten Qualität überwältigt.

Okay, ich hab's begriffen.

Die 3-D-Technologie ist wirklich genial.

Tatsache ist: Der Film hatte sich keineswegs geändert. Der Filmvorführer hatte nicht die Filmrollen ausgetauscht, während ich nach meiner Brille wühlte.

Das Einzige, was sich geändert hatte, war meine Brille.

Die richtige Brille machte den Unterschied!

• • •

Ich hievte den fünfundzwanzig Kilo schweren Leckstein aus dem Kofferraum – und ließ ihn direkt vor meinen Füßen zu Boden fallen, ganz knapp an meinen Zehen vorbei. *Wie schafft es Bill nur, solche Sachen einfach hochzuheben?* Irgendwie gelang es mir, den mit Mineralien gespickten Stein den größten Teil des Weges zu seinem üblichen Platz unter den Zedern zu tragen – dann gab ich auf und rollte ihn die letzten drei Meter über den Boden.

Henry kam als Erster hinter der Scheune hervor, um zu sehen, was da los war. Mir war nicht bewusst gewesen, dass ich während des mühsamen Transports gegrunzt und geächzt hatte, und nun sah mich Henry mit einer Mischung aus Mitleid, Dankbarkeit und Belustigung an.

Henry. Beim Anblick seiner nach vorn gerichteten Ohren und seiner schokoladenbraunen Augen, die mich unverwandt anschauten, konnte ich nicht anders und verfiel in eine Art Babysprache: „Hi, kleiner Henry. Hallo, mein Süßer!" Ich streckte eine Hand aus, um ihn dazu aufzufordern, zu Mama zu kommen. Als er einen Schritt auf mich zumachte, dachte ich, wir würden einen Moment tiefer Zuneigung teilen, doch stattdessen kam Flash um die Ecke gedonnert und schubste Henry aus dem Weg.

Willkommen in der Wirklichkeit.

Mit angelegten Ohren zwickte Henry Flashs Hals: *Ich zuerst, Kumpel.* Flash antwortete, indem er Henry mit einer gezielten Hüftbewegung gegen den Zaun drückte.

„Hey, ihr zwei, hört sofort auf damit, okay?"

Die Esel hielten lange genug inne, um mich beide mit einem Blick anzusehen, der wohl besagen sollte: *Gern, wenn* er *auch aufhört.*

Ich seufzte. Henry war seit vier Monaten bei uns, und ich hatte mein Bestes getan, um Doc Darlins Rat zu befolgen – nämlich geduldig zu warten, dass sich zwischen den beiden eine echte Freundschaft entwickelte. Bisher hatten Flash und Henry bestenfalls eine Beziehung entwickelt, in der jeder die Grenzen des anderen respektierte, aber von einer emotionalen Bindung konnte keine Rede sein. Jedenfalls konnte ich keine Anzeichen dafür erkennen.

Es war klar, dass Flash Henry als Störung seines zuvor wohlgeordneten Lebens betrachtete. Er hatte seine Routine, seinen Rhythmus, sein *Leben* gehabt – dieses Leben, das er nach Penny neu zusammensetzen musste. Er hatte allein überlebt und war zufrieden gewesen. Und dann kam plötzlich dieser kleine Raufbold mit seinem überdimensionierten Ego und erschütterte Flashs Existenz. Henry war absolut liebenswert, doch er war mit jeder Menge emotionalem Gepäck gekommen: Er brauchte

Liebe und wollte der Boss sein. Beides gefiel Flash ganz und gar nicht – er war nicht bereit, seine Position als Anführer auf der Weide kampflos aufzugeben.

Flash, wenn du nur lernen könntest, Henry einfach zu lieben, dann würde er sich entspannen und dir nicht länger deine Position streitig machen.

Henry, der noch von dem Schubs beleidigt war, bestand darauf, als Erster am Leckstein zu lecken. Während er ganz, ganz langsam daran schleckte, als wäre da keine Warteschlange hinter ihm, legte ich meinen Arm um Flashs Hals. Er schnüffelte an meinem T-Shirt und knabberte mit seinen wulstigen Lippen daran, bevor seine Zunge die Salzreste fand, die noch am Stoff klebten.

Flash war ein guter Esel, und ich liebte ihn. „Danke, dass du Henry Platz gemacht hast", sagte ich.

Nur Sekunden später nahm ich mein Kompliment zurück: Flash löste sich aus meiner Umarmung, um Henry wegzuschubsen und den Leckstein für sich allein zu beanspruchen.

Flash, wirst du je etwas anderes in Henry sehen als eine Bedrohung deiner friedlichen Existenz? Ich schüttelte den Kopf und ging zu meinem Atelier zurück, um einige Arbeiten zu erledigen. Ich hatte das Projekt mit Bridgette fertiggestellt und freute mich auf einen neuen Auftrag für ein exklusives Einkaufszentrum im Norden von Dallas. Meine Aufgabe bestand darin, mehrere originelle Stücke aus verschiedenen Materialien zu kreieren, um zum dekorativen Design des Zentrums beizutragen, und ich konnte es kaum erwarten, damit zu beginnen.

Eine E-Mail von unserem Schwiegersohn Nathan begrüßte mich am Computer.

„Eine alleinerziehende Mutter mit drei Kindern sucht für etwa einen Monat eine Bleibe, bis sie ihre Probleme geregelt und ein neues Zuhause für sich und die Kinder gefunden hat."

Es gab keinen Grund, eilig auf diese Nachricht zu reagieren. Nathan hatte die Mail an einen großen Kreis von Empfängern gesandt, für den Fall, dass irgendjemand Hilfe anbieten konnte. Er und Meghan hatten Shonda im Rahmen eines christlichen Dienstes kennengelernt und eine besondere Beziehung zu ihr aufgebaut. Sie standen schon seit mehreren Jahren mit ihr in Verbindung und kümmerten sich insbesondere um die Kinder.

So gern ich auch helfen würde, Nathan, das ist nicht der richtige Zeitpunkt, dachte ich. *Sicherlich wird sich irgendjemand melden und zusagen.*

Tatsache war, dass Tom mit seiner neuen Tätigkeit völlig ausgelastet war, und ich war mit dem neuen Designprojekt beschäftigt. Wir fühlten uns beide ein wenig überfordert und hatten den Wunsch, einen ausgeglicheneren Rhythmus für unser Leben zu finden.

Wir beteten gemeinsam für Shonda und ihre Familie und begannen, uns durch unsere To-do-Liste für den Tag zu arbeiten. Am frühen Nachmittag kam Tom zu mir in die Waschküche. „Jetzt, wo die Kinder nicht mehr da sind, haben wir zwei leere Schlafzimmer", sagte er beiläufig.

„Ja, haben wir", nickte ich. „Aber nur in einem davon steht ein Bett." Grayson hatte sein Bett mit ins College genommen.

„Shonda arbeitet nachts, und die Kinder brauchen wirklich nur einen Platz zum Schlafen", sagte Tom in Erinnerung an die Details aus der Mail.

„Stimmt."

„Vielleicht sollten wir sie bei uns aufnehmen", sagten wir beide gleichzeitig. Mit Matratzen und Schlafsäcken würden wir provisorische Betten für sie bauen.

Shonda und ihre drei Kinder Morgan (15), Devon (11) und Missy (10) kamen mit ein paar Koffern, Schulranzen und einigen wenigen persönlichen Dingen bei uns an. Missy hatte ihr liebstes Spielzeug, ein Barbie-Traumhaus, dabei, und sie verbrachte Stunden damit, Dekogegenstände aus Tonpapier zu basteln und Listen für Möbel und Zubehör für das Puppenhaus zu erstellen.

Shonda jonglierte mit zwei, zeitweise sogar drei Teilzeitstellen, um über die Runden zu kommen, und schlief nur wenige Stunden pro Nacht. In der ersten Woche bekamen wir sie kaum zu Gesicht, ausgenommen von einigen Stunden tagsüber, in denen sie Schlaf nachzuholen versuchte. Dann spähte ich durch die halb geöffnete Schlafzimmertür, um zu sehen, ob alles in Ordnung war.

Für ihre Kinder brachte sie selbst Essen mit, weil sie uns keine Unannehmlichkeiten bereiten wollte, aber mir wurde schon bald bewusst, dass es sinnvoll war, größere Einkäufe zu machen und gemeinsame Mahlzeiten zuzubereiten. Seit Grayson zum College ging, war ich ein wenig zu faul geworden, um nur für Tom und mich zu kochen. Nach fast dreißig Jahren regelmäßigem Kochen genoss ich es, nicht mehr ständig Mahlzeiten zu planen, und leistete mir den Luxus, auswärts zu essen, wann immer uns danach war. Nun fand ich mich plötzlich in der Situation wieder, für vier zusätzliche Esser zu kochen, mit den Kindern gemeinsam zu essen und im Kühlschrank Portionen für Shonda aufzubewahren, die sie mit zur Arbeit nehmen konnte. Die Küche war mit Lachen und köstlichen Düften erfüllt, und im Spülbecken stapelte sich das Geschirr.

Es war wundervoll.

„Morgan, gehst du bitte hoch und siehst nach, ob Missy und Devon ihre Zähne geputzt haben und bettfertig sind?", fragte ich eines Abends. Da Shonda fast jeden Abend arbeitete, musste ich in meiner Erinnerung kramen, wie man Kinder dazu brachte, zu einer angemessenen Zeit ins Bett zu gehen. Später sagte ich ihnen Gute Nacht und prüfte, ob sie es bequem hatten.

Leider brauchte ich mehr als zwei Wochen, um zu erkennen, dass viele der Dinge, die ich als selbstverständlich vorausgesetzt hatte – Schlafanzug, Zahnbürste, Zahnpasta und Waschutensilien –, Luxusgegenstände waren, die unsere Gäste nicht besaßen.

Die Kinder hatten das nie durchblicken lassen.

Sie gingen einfach hoch und gaben vor, dass alles ganz normal wäre. Sie überzeugten mich sogar davon, dass sie gern in ihren Kleidern schliefen.

Die Anzeichen waren da gewesen, aber ich hatte sie nicht gesehen. Es brach mir das Herz, als ich erkannte, wie viel ich fälschlicherweise vorausgesetzt hatte.

Plötzlich kam es mir vor, als würde ich das Leben durch eine andere Brille sehen.

Während ich eines Abends für alle einen Topf Spaghetti kochte, hatte ich plötzlich eine Szene aus meinen Teenagerjahren in Mexiko vor Augen.

Ich saß in einem Taxi und hatte dem Fahrer gerade erklärt, wohin ich wollte, als seine Augen die meinen im Rückspiegel trafen.

„Ihre Augen sind blau!", rief er aus. „Ist das Ihre echte Augenfarbe?"

„Ja, meine Augen sind wirklich blau", erwiderte ich.

„Und, sehen Sie denn auch alles blau?", fragte er.

„Natürlich nicht!", antwortete ich. „Ich sehe alles genauso wie Sie!"

„Welche Farbe hat das Auto dort?" Der Taxifahrer zeigte auf einen weißen Volkswagen.

„Oh, es ist blau", zog ich ihn auf.

Als er mich verblüfft ansah, beeilte ich mich zu erklären: „Nein, nein, es ist weiß. Ich habe nur Spaß gemacht."

Er war nicht überzeugt. Nach mehreren Minuten, in denen wir diskutierten und ich alle möglichen Objekte mit ihrer Farbe benennen musste, glaubte er mir endlich.

Nun starrte ich auf die Spaghettisoße und dachte: *Der Taxifahrer hat vielleicht recht gehabt.* Seine braunen Augen und meine blauen Augen sahen die Welt tatsächlich auf unterschiedliche Weise. Wir sahen beide weiße Volkswagen, aber meine blauen Augen, zusammen mit meinem blonden Haar und meiner hellen Haut, sahen zudem eine Welt voller Möglichkeiten. Ich hatte nie darüber nachgedacht, dass sich mir viele dieser Möglichkeiten *aufgrund* meiner blauen Augen, blonden Haare und hellen Haut überhaupt erst geboten hatten. Ich hatte immer gedacht, wenn man hart arbeitet und entschlossen ist, kann man einen Weg finden, egal, welche Hautfarbe man hat. Schließlich sind die Menschen freundlich und gut und werden jedem eine Chance geben, oder nicht?

Sieh mit Barmherzigkeit auf die Menschheit...

Es war ihnen nicht bewusst, doch unsere afroamerikanischen Gäste, die in unseren spartanisch ausgestatteten Schlafzimmern schliefen, halfen Tom und mir, eine andere Welt zu sehen – die Welt, die sie mit ihren wunderschönen braunen Augen sahen.

Zum ersten Mal sah ich eine andere Realität, die ich unwissentlich ignoriert hatte. Ich hatte immer geglaubt, ich hätte hart für alles gearbeitet, was ich erreicht hatte, und war davon ausgegangen, dass alle Menschen die gleichen Chancen hatten. Ich sträubte mich gegen den Gedanken, dass jemand ein Stipendium, einen Job oder eine helfende Hand allein aufgrund seiner Hautfarbe bekommen konnte – oder eben nicht. Nun fragte ich mich, ob ich mich nicht komplett getäuscht hatte. Ich begann, die Komplexität rassischer und kultureller Vorurteile sowie die Herausforderungen zu sehen, die mit Armut und Mangel einhergingen.

Shonda hatte kein Auto und nahm die Hilfe einer Freundin in Anspruch, um zur Arbeit und zurück zu fahren. Sie konnte unseren PC benutzten, um E-Mails zu schreiben und im Internet zu surfen, doch normalerweise musste sie dafür eine Bibliothek aufsuchen – sofern sich eine in ihrer Nähe befand. Shonda hoffte, dass sie in dem Monat, den sie mit ihren Kindern bei uns verbrachte, genug Geld verdienen würde, um die Mietkaution für eine neue Wohnung bezahlen zu können – möglichst in einer Wohngegend mit einer guten Schule. Ihre Kinder hatten in den letzten drei Jahren dreimal umziehen und die Schule wechseln müssen und brauchten Hilfe, um versäumten Stoff nachzuholen.

Aus nächster Nähe bekam ich nun mit, wie sich Armut fortsetzt – von Generation zu Generation. Ich fühlte mich schuldig, weil ich immer davon ausgegangen war, Menschen wie Shonda hätten Probleme, weil sie falsche Entscheidungen trafen oder nicht hart genug arbeiteten. Wenn ich unter den gleichen Umständen leben würde, würde ich es besser machen? Würde ich einen zweiten Mindestlohnjob annehmen und versuchen, mit weniger Schlaf auszukommen?

Plötzlich sah ich deutlich, in was für eine privilegierte Situation ich hineingeboren worden war.

Als wir unser Haus für eine wohnungslose Familie öffneten, wurde unser gut geplantes Leben kräftig durcheinandergerüttelt. Es ist eine Sache, „den Armen zu helfen", indem man sonntags Geld in den Opferstock legt oder für ein Kind in der Dritten Welt eine Geldspende überweist, und eine ganz andere, hautnah zu erleben, wie der tägliche Kampf einer sozial benachteiligten Familie aussieht. Erst wenn man tagein, tagaus mit ihnen lebt, wird einem bewusst, wie wenig man wirklich davon mitbekommt.

Es wäre eine starke Untertreibung zu sagen, dass uns diese Erfahrung demütig gemacht hat...

Der Autor Neil Gaiman drückt es so aus: „Die Kluft, die zwischen Menschen besteht, ist darauf zurückzuführen, dass wir jeweils nur ein Gesicht, die Hautfarbe, das Geschlecht, die Rasse und die Ausstrahlung sehen, wenn wir einander betrachten, doch was wir nicht sehen, sind die Geschichten, die sich hinter all dem verbergen."[21]

Sosehr ich Geschichten auch liebe – die von Shonda und ihrer Familie hatte ich nicht gesehen.

• • •

Als der Monat sich dem Ende näherte, waren Tom und ich uns einig, dass wir die Familie nicht einfach wieder gehen lassen wollten. Ein Haus auf der gegenüberliegenden Straßenseite wurde zur Miete angeboten, und wir packten die Gelegenheit beim Schopf. Dank einiger großzügiger Spender brachten wir genug Geld für die Mietkaution auf, trugen Möbel und Haushaltsgegenstände zusammen und fanden Freunde, die bereit waren, beim Umzug zu helfen. Morgan, Devon und Missy wurden in einer Schule in unserer Wohngegend angemeldet, und so kamen sie immer noch häufig bei uns vorbei. Tom und ich halfen, wann immer wir konnten. Wir wussten, dass dies keine Lösung auf Dauer war, doch wir hofften, dass die Kinder gut durch das Schuljahr kommen würden, bis Shonda eine feste Arbeitsstelle fand.

Eines Morgens klopfte es während des Frühstücks an der Tür. „Ich habe den Bus verpasst", sagte Morgan entschuldigend. Sie war wieder eingeschlafen, nachdem Shonda sie geweckt hatte, bevor sie zur Arbeit gegangen war. Morgan hatte keinen Wecker, und die jüngeren Kinder hatten bereits das Haus verlassen. Es war nicht das erste Mal, dass dies vorkam, und, um ehrlich zu sein: Ich war nicht gerade begeistert, sie erneut zur Schule fahren zu müssen. Diese kleinen Dinge auf ihrer To-do-Liste – rechtzeitig zur Schule kommen, Hausaufgaben machen oder Bastelarbeiten anfertigen – erinnerten mich daran, wie einfach es für unsere Kinder gewesen war, solche Aufgaben zu erledigen. Das Material war bereits im Haus, und wenn wir Nachschub brauchten, konnten wir es uns leisten, zum Bastelladen zu fahren und neues Tonpapier und Klebstoff zu kaufen. Wir hatten die Zeit und die Mittel, unseren Kindern dabei zu helfen, ihre Hausaufgaben ordentlich zu erledigen. Ihre Schullaufbahn hatte ihnen die Weichen für eine erfolgreiche Zukunft gestellt – in einem Maße, wie es mir damals überhaupt nicht bewusst gewesen war.

Unser Arrangement mit Shonda und ihrer Familie stellte sich als gleichermaßen anstrengend wie wundervoll, chaotisch wie schön heraus. Wir waren in jeder Hinsicht voll ausgelastet. Und ich erkannte, dass der Weg der Liebe kein einfacher ist. Ich war viel besitzergreifender mit meiner Zeit und meinem

Geld umgegangen, als ich immer angenommen hatte. In meinem Herzen hatte sich Selbstsucht eingenistet, und Tom und ich mussten schmerzlich feststellen, wie wenig wir uns bisher um die Bedürfnisse anderer gekümmert hatten, insbesondere um die Bedürfnisse von Menschen, die uns nicht ähnlich waren.

Zum ersten Mal sahen wir uns als Spiegelbild der Menschen in unserem Umfeld, die sich anfänglich mit Geld, Nahrung und Möbeln großzügig zeigten, die jedoch von der Bildfläche verschwanden, als die Bedürfnisse der Empfänger anhielten und ihr Maß an „gutem Willen" aufgebracht war. Meine Anrufe mit dem Ziel, bürokratischen Papierkram zu entwirren, zeigten mir, wie leicht eine Familie durch die Maschen der Bürokratie fallen kann und ums Überleben kämpfen muss, wenn die soziale Unterstützung ausbleibt.

War es Zufall, dass dieses Gebet sich seinen Weg in mein Herz gebahnt hatte?

Reiße die Mauern nieder, die uns voneinander
trennen; vereine uns in Liebe …

• • •

„Miss Rachel, ich glaube, die Esel bringen sich gegenseitig um!", rief Missy von draußen. Sie saß am Tisch in der Nähe des Zauns und aß ihren Nachmittagssnack. Ich rannte aus dem Haus und sah, wie Flash und Henry einander mit erschreckender Heftigkeit bissen und stießen. Henry verbiss sich so heftig in Flashs Nacken, dass dieser unsanft zu Boden ging.

„Henry! Lass ihn los", rief ich wütend. Warum hörte er nicht auf?

„Er tut Flash weh!", rief Missy bestürzt.

„Henderson! Henderson Nummer zehn!"

Ich klatschte in die Hände und brüllte, und schließlich ließ Henry von Flash ab, allerdings nur, um sich umzudrehen und zu buckeln, wobei er Flash mit den Hinterhufen am Maul traf. Flash sprang auf und schnappte vergeblich nach Henrys Nacken. Henry war klein und wendig, und Flash war ihm kampftechnisch unterlegen. Henry schaffte es geschickt, Flash erneut zu beißen, bevor dieser überhaupt begriff, was los war.

Warum nur kamen die beiden nicht miteinander aus? Ihr natürliches „Spiel" schlug immer in einen Kampf um, und dann verletzten sie einander unnötig. Sie bissen und stießen sich zu heftig. Statt Freunde zu werden, rangelten sie nach wie vor um ihre Position und ließen zu, dass Angst und Rivalität eine Mauer zwischen ihnen aufrichteten.

Wenn Flash allein auf der Weide war, war er vollkommen zufrieden und sanftmütig. Henry brachte Flashs weniger positive Eigenschaften – Eifersucht, Geiz und das Streben nach einer vorrangigen Stellung – zum Vorschein. Vorher hatte sich Flash nie in einer Situation befunden, in der er sich mit etwas anderem als sich selbst beschäftigen musste.

Genau das geschieht, wenn unsere Routine durchbrochen wird. Jedenfalls sollte es so sein. Unterbrechungen unserer Routine sorgen dafür, dass wir einen Schritt zurücktreten und die Dinge aus einem anderen Blickwinkel betrachten.

„Missy, ich glaube, die Esel brauchen einen Tapetenwechsel", sagte ich. „Möchtest du mich begleiten, wenn ich mit ihnen spazieren gehe?"

Missy sah mich an, als ob ich den Verstand verloren hätte. „Ich möchte ihnen nicht zu nahe kommen. Sie machen mir Angst."

„Oh, sie haben nur gespielt", erklärte ich ihr. „Siehst du, wie brav sie jetzt sind?" Sie sah zu Henry hinüber, der sie durch den Zaun hindurch anstarrte, als wollte er sie mit bloßer Gedankenkraft dazu bewegen, sich um ihn zu kümmern. „Sie haben sich genug ausgetobt, und jetzt freuen sie sich, wenn wir eine Runde mit ihnen spazieren gehen."

„Ich weiß nicht...", erwiderte Missy zögernd, während ich nach den Halftern griff, die an einem Haken neben dem Gatter hingen.

„Es ist in Ordnung, wenn du uns nur zuschauen willst", versicherte ich. Missy sah erleichtert aus. Sie steckte sich einen weiteren Keks in den Mund und lehnte sich wieder auf ihrem Stuhl zurück, wobei sie mit ihren Beinen vor und zurück schaukelte. Sie war wirklich ein süßes Mädchen, und je mehr Zeit ich mit ihr und ihrer Familie verbrachte, desto größere Sorgen machte ich mir um ihre Zukunft. Was würden sie tun, wenn sich Shondas Arbeitssituation nicht verbesserte?

Plötzlich legte Missy ihren Keks hin und zeigte auf Henry. „Was ist mit seinen Beinen los?", fragte sie.

Henrys Hinterbeine wiesen blutende Bisswunden auf. Fliegen schwirrten unablässig um ihn herum, und er stampfte mit den Hufen auf, um sie zu vertreiben.

„Die Fliegen wollen ihn anknabbern", sagte ich und legte die Halfter ab. „Missy, könntest du ins Haus gehen und ein paar Möhren holen?" Ich musste Henry mit dem Fliegenspray behandeln, das wir in der Sattelkammer aufbewahrten. Er war nie zuvor mit einem Spray in Berührung gekommen, und ich hatte keine Ahnung, wie er reagieren würde.

Henry sah mich mit der riesigen Spraydose zurückkommen, und seine Augen schauten argwöhnisch. Ich stellte die Spraydose hinter mir auf den Boden, nahm die Möhren von Missy entgegen und redete Henry beruhigend zu, damit ich ihm sein Halfter und den Führstrick umbinden konnte. Ganz offensichtlich spürte er, dass etwas im Busch war.

„Alles in Ordnung, Kumpel", versuchte ich, ihn zu beruhigen. „Hier, eine Möhre für dich. Kau darauf herum, während ich mich um die Fliegen kümmere." Sobald ich auf das Ventil drückte, sprang Henry zurück und versuchte wegzulaufen. Ich hielt das Seil fest und zog ihn zu mir zurück, wobei ich nur mühsam das Gleichgewicht halten konnte. Als ich erneut auf das Ventil drückte, stellte er sich auf die Hinterbeine und zeigte mir seinen weißen Bauch. Er war jetzt voller Panik und zog mit aller Kraft an dem Seil, um sich loszureißen. Er sprang in kleinen Kreisen um mich herum und hielt nicht eine Sekunde still.

Ohne Tom schaffe ich das nicht. Ich stellte das Fliegenspray so weit wie möglich von Henry entfernt auf den Boden, um ihm zu zeigen, dass alles okay war, während ich weiter beruhigend auf ihn einredete. Er stampfte mit den Hinterhufen auf und versuchte, die Fliegen mit dem Schweif zu verscheuchen. *Wenn du nur ein paar Augenblicke stillhalten würdest, damit ich deine Beine besprühen kann!* Er begriff nicht, dass ich ihm helfen wollte. Ich nahm den Führstrick ab und ging zu Flash zurück, der gemeinsam mit Missy alles mitangesehen hatte.

Natürlich!

„Flash, willst du ihm zeigen, wie es funktioniert? Ich hätte mit dir anfangen sollen, damit er sieht, dass er keine Angst zu haben braucht." Ich holte die Spraydose und besprühte ausgiebig Flashs Beine (um die so gut wie keine Fliegen herumschwirrten) und dann auch noch seinen restlichen Körper. Er stand ganz still und schien die Prozedur sogar zu genießen! Ich spähte zu Henry hinüber, der sich von dieser offenkundigen Scharade nicht täuschen ließ. Er war davon überzeugt, dass das Spray schlecht war, und blieb außerhalb meiner Reichweite, nur um auf der sicheren Seite zu sein. Er würde also noch eine Weile leiden müssen, bis ich das Fliegenmittel entweder auf seine Beine reiben oder aber mit Toms Hilfe seine Beine doch noch besprühen konnte.

„Komm, wir gehen noch ein Stück", sagte ich und hakte den Führstrick an Flashs Halfter fest. Wenn Flash und Henry sich nicht balgten, war es schön, mit ihnen zusammen zu sein. Ich wusste, wenn ich Flash am Seil führte, würde Henry schon bald in seinem eigenen Rhythmus hinterherkommen.

Der blaue texanische Himmel verlockte mich dazu, meinen Blick nach oben zu wenden und ein wenig von den Sorgen um Shonda und ihre Familie auszuspannen. Gott verstand, dass ich keine Worte fand. Er ging still mit mir, genau wie Flash. Esel haben nichts übrig für unnötige Plauderei.

Es dauerte einen Moment und brauchte einen wortlosen Austausch, bis ich Flash dazu gebracht hatte, mir am Seil zu folgen. *(Du kommst mit mir. – Ich will nicht mitgehen. – Du kommst. – Nein. – Doch. – Okay…)* Als es mir schließlich gelungen war, ihn zum Gehen zu bewegen, ging er so willig mit, als wäre es seine eigene Idee gewesen. Henry blieb noch eine Minute in Missys Nähe, dann folgte er uns mit einem gewissen Abstand. Aus welchem Grund auch immer wollte er Flash nicht aus den Augen verlieren, selbst wenn ich, die ich in diesem Moment nicht gerade seine Lieblingsperson war, an dessen Seite ging.

Tief durchatmen. Genieße das Hier und Jetzt, Rachel. Lass deinen Geist zur Ruhe kommen. Eine der Geschichten von Jesus erfüllte meine Gedanken, während wir zu dritt spazieren gingen. Ich stellte mir immer vor, wie Jesus in solchen Momenten im

Freien von Menschen umgeben war, die ihm aufmerksam zuhörten.

> Da stand ein Gesetzeslehrer auf, um Jesus eine
> Falle zu stellen. „Lehrer", fragte er, „was muss ich
> tun, um das ewige Leben zu bekommen?" Jesus
> erwiderte: „Was steht denn im Gesetz Gottes? Was
> liest du dort?" Der Gesetzeslehrer antwortete: „Du
> sollst den Herrn, deinen Gott, lieben von ganzem
> Herzen, mit ganzer Hingabe, mit all deiner Kraft
> und mit deinem ganzen Verstand. Und auch deinen
> Mitmenschen sollst du so lieben wie dich selbst." –
> „Richtig!", erwiderte Jesus. „Tu das, und du wirst
> leben." Aber der Mann wollte sich verteidigen und
> fragte weiter: „Wer gehört denn eigentlich zu meinen
> Mitmenschen?"
> Lukas 10,25–29

Jesus antwortete, indem er eine Geschichte[22] erzählte. Ich stellte mir die Szene in ihren lebendigen Details vor, als Flash anhielt, um einige zarte Blätter von einem Busch am Wegesrand abzuzupfen:

Ein jüdischer Mann reiste von Jerusalem nach Jericho über eine Straße, die „Blutweg" genannt wurde, weil dort immer wieder Reisende von skrupellosen Banditen überfallen wurden. Und auch diesem Reisenden lauerten Banditen auf. Sie zogen ihm seine Kleider aus, raubten ihn aus und schlugen ihn halb tot. Dann ließen sie ihn am Straßenrand liegen.

Zufällig kam ein jüdischer Priester des Weges.

Hörte er den Mann stöhnen und um Hilfe rufen?

Doch der Priester blieb nicht stehen, sondern ging schnell auf die andere Seite und setzte seinen Weg fort. Später kam ein Tempeldiener aus Jerusalem vorbei und sah den verletzten Mann dort liegen, doch auch er kam ihm nicht zu Hilfe, sondern ging weiter seines Weges. Der Mann war mittlerweile dem Tode nahe.

Dann kam ein Samariter auf einem Esel die Straße entlanggeritten (die Samariter wurden von den Juden verachtet). Vielleicht dachte er darüber nach, was er an seinem Zielort tun würde – es gab Leute, die auf ihn warteten, und Geschäfte, die es zu erledigen galt.

Wenn sein Esel doch nur schneller laufen würde!

Doch als er den verletzten Mann sah, änderte er augenblicklich seine Pläne.

Rasch stieg er von seinem Esel herunter und holte eine kleine Flasche mit Öl hervor. Er kniete sich neben den Mann und riss einige Streifen von seinem Gewand ab, mit denen er die Wunden des Fremden säuberte und verband. Der Mann versuchte, ihm zu erzählen, was passiert war, doch er konnte nur husten und brachte keinen vernünftigen Satz zustande.

„Sch. Versuchen Sie, nicht zu sprechen", sagte der barmherzige Samariter. Er legte die Arme um den Mann und setzte ihn auf seinen Esel, der über die Schulter auf den neuen Passagier schaute und die Ohren spitzte.

„Bis Jericho sind es noch einige Kilometer, aber ich werde mich um Sie kümmern. Mein Esel kennt den Weg im Schlaf." Der Samariter schnalzte mit der Zunge, und der Esel begann den langsamen Abstieg nach Jericho.

Der Samariter fand eine Herberge und blieb dort die ganze Nacht über bei dem verletzten Mann. Er wechselte die Verbände und legte ihm ein kühles Tuch auf die Stirn. Am nächsten

Morgen gab er dem Wirt zwei Silberstücke und bat ihn, sich um den verwundeten Gast zu kümmern. „Wenn es mehr kosten sollte, dann bezahle ich die Differenz, wenn ich zurückkomme", sagte er.

Jesus sah auf die Menschenmenge, die ihm zuhörte, dann wandte er sich an den Gesetzeslehrer, der ihn gefragt hatte: „Wer ist mein Nächster?"

„Nun", sagte Jesus, „welcher von den drei Reisenden war der Nächste dieses Mannes?"

„Derjenige, der ihm Barmherzigkeit erwies", antwortete der Gesetzeslehrer, unfähig, das Wort „Samariter" auszusprechen.

„Richtig. Geh und folge seinem Beispiel", sagte Jesus.

Mitleid und Barmherzigkeit. Durch diese Brille sah der Samariter den verletzten Mann. Der Priester und der Tempeldiener hatten ihre „Mitleidbrille" an jenem Tag wohl zu Hause gelassen. Vielleicht hatten sie es zu eilig oder konnten es nicht über sich bringen, jemanden zu berühren, der vielleicht im nächsten Moment sterben würde; schließlich gab es im jüdischen Gesetz Vorschriften für solche Situationen. Vielleicht dachten sie, der Mann hätte sich seine Not selbst zuzuschreiben, und möglicherweise hatten sie auch Angst, selbst Opfer von Banditen zu werden.

Es gibt so viele Gründe, warum Barmherzigkeit nicht die „richtige" Antwort ist.

Es kommt ungelegen.

Es ist teuer.

Es könnte falsch verstanden werden.

Er verdient es nicht.

Sie hat nicht die richtige Hautfarbe.

Sie haben die falsche Religion.
Die Regierung sollte sich darum kümmern.
Es stört die Routine.

Ja, es stört die Routine, und genau so kann die Kruste unseres Herzens aufbrechen und offenbaren, was sich wirklich darin befindet. Wenn unsere Komfortzone erschüttert wird, können wir den „anderen" als Menschen sehen, der im Bilde Gottes erschaffen wurde – als *Imago Dei*. So werden wir von Überflüssigem befreit und konzentrieren uns auf das Wesentliche; darauf, wie wir nach Gottes Willen leben sollen:

> Nein! Der Herr hat euch doch längst gesagt, was gut
> ist! Er fordert von euch Menschen nur eines: Haltet
> euch an das Recht, begegnet anderen mit Güte, und
> lebt in Ehrfurcht vor eurem Gott!
> Micha 6,8

Es gibt nichts Besseres, als in Gottes Strom des Erbarmens einzutauchen. Meine individualisierte Lebensanschauung – meine Ziele erreichen, meine Träume erfüllen, meine Berufung finden – hatte dafür gesorgt, dass ich beschäftigt und irgendwie unzufrieden war, während ich der tieferen, härteren Arbeit, die Menschen in meinem direkten Umfeld zu lieben, ausgewichen war. Wenn man auf diese Weise liebt, gibt es keine Garantien, keine „Ergebnisse", mit denen man fest rechnen kann – nur die Gegenwart des Heiligen Geistes, der uns zuflüstert: *Hierum geht es.*

Ich wünschte, ich könnte sagen, dass wir Shondas Geschichte zu einem guten Abschluss bringen konnten, doch ihr Kampf geht weiter. Wir halfen ihr durch eine schwierige Zeit hindurch, doch schließlich war sie es, die uns über das eine Jahr unserer direkten Nachbarschaft hinaus beeinflusste.

Wir lernten, dass es keine schnellen Lösungen oder einfache Antworten gibt, vor allem dann, wenn die Auswirkungen von Rassismus und Ungerechtigkeit die Dinge erschweren. Wir bekamen einen Einblick in eine Welt der Verletzungen und des beständigen Kämpfens, die aber zugleich von Resilienz, Freude und Würde geprägt war.

Als das Schuljahr zu Ende ging, fanden Shonda und die Kinder eine Wohnung, die näher an Shondas Arbeitsplatz lag und auch näher bei Meghan und Nathan. Obwohl sie nicht mehr in unserer Nachbarschaft wohnen, bleiben wir über E-Mail und SMS in Kontakt, und sie werden immer einen besonderen Platz in unserem Herzen haben.

Letztlich war es keine Störung unserer Routine – es war eine Intervention.

Eine göttliche Intervention, die mich demütig und dankbar und... verändert zurückließ.

Gott will uns beibringen, solchen Störungen – und letztlich dem ganzen Leben – mit Gnade, Offenheit und einem Herzen voller Erbarmen zu begegnen.

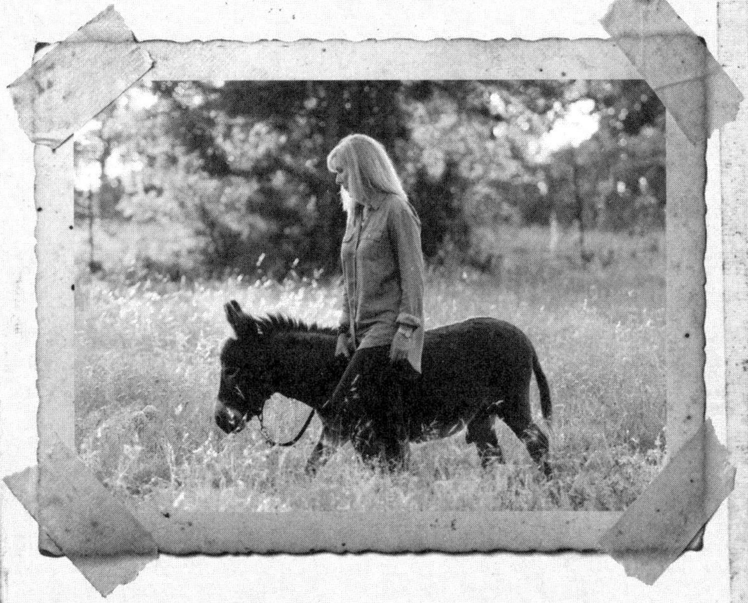

10.

Heiteres Licht

Heiteres Licht vom herrlichen Glanze deines
unsterblichen, heiligen, sel'gen himmlischen Vaters:
Jesus Christus, dich verherrlichen alle Geschöpfe.

Siehe, wir kommen beim Sinken der Sonne,
grüßen das freundliche Licht des Abends,
singen in Hymnen Gott, dem Vater, singen dem Sohn
und dem Heiligen Geiste.

Würdig bist du, dass wir dich feiern zu allen Zeiten
mit heiligen Liedern,
Christus, Sohn Gottes, Bringer des Lebens:
Dich lobpreise die ganze Erde.

Abendlob „Heiteres Licht" („Phos hilaron")[23]

Die langen Schatten der Zedern drehten auf Flashs und Henrys Weide Pirouetten wie eine anmutige Ballerina. Ich hatte eilig den letzten Teller vom Abendessen abgewaschen und war zum Gatter gelaufen, um den Sonnenuntergang nicht zu verpassen. Das abnehmende Sonnenlicht tanzte zum Zirpen der Zikaden, die lautlos aus dem Boden aufgetaucht waren und ihre hauchdünnen Häute an Baumstämmen und Zaunpfosten abrieben, um zur Paarung frei zu sein. Heute Abend wollte ich sehen, wie die Sonne sich zum letzten Mal verneigte und violette, purpurfarbene, orange und gelbe Schattierungen wie Abschiedsküsse an den Himmel warf, bevor sie von der Bühne verschwand. Der Vorhang der Nacht würde sich bald über den Tag senken, doch vorher würde noch dieses atemberaubende Abschiednehmen stattfinden.

Abendlob. Ein alter Begriff der Kirchenwelt, der zu dieser goldenen Stunde passte.

Flash und Henry folgten ihrem täglichen Protokoll und grasten mit einer Intensität, die an Kinder erinnerte, die kurz vor dem Zubettgehen noch schnell etwas essen, um sich für die lange Nacht zu rüsten. Ihre Fähigkeit, mit den Lippen die erlesensten Grasstängel und die köstlichsten Blätter auszusuchen, fasziniert mich immer wieder. Flashs Methode ist raffiniert: Seine Nase und sein Maul bewegen sich wie ein feiner Sensor über den Boden. Wenn er das gewünschte Büschel gefunden hat, umschließt er es mit seinen Lippen und beißt dann behutsam und mit sauberer Präzision die Spitzen ab. Henry dagegen findet mit flinken Lippen das geeignete Büschel und reißt es samt Wurzeln mit einem Ruck heraus. Das Büschel hängt ihm zu beiden Seiten des Mauls heraus, und er zieht es Stück für Stück hinein. Die saftige Spitze verschwindet zuerst darin, und wenn die Wurzel sich der anderen Ecke seines Mauls nähert, beißt er sie ab und lässt sie zu Boden fallen. Er ist ein chaotischer Grasfresser, der überall eine Spur der Verwüstung hinterlässt. Auch der heutige Abend war keine Ausnahme.

Ich ging um einen Kaktus herum auf Henry zu und hielt ihm meine noch feuchte Hand hin. Er wedelte mit den Ohren und vermied es, mich anzusehen. Er wollte ein weiteres Grasbüschel vernichten. Wenn er in den letzten Augenblicken vor der Dunkelheit die Wahl hat zwischen Aufmerksamkeit und Nahrung, dann siegt immer die Nahrung.

Ich legte meine Hand auf Henrys Schulter und wischte die kleinen Grasreste fort, die noch vom letzten Wälzen auf dem Boden in seinem Fell hingen. Die sanfte Geräuschkulisse auf der Weide und die zwei grasenden Esel bewirkten, dass ich innerlich zur Ruhe kam. Ein Schritt, Rascheln, Reißen, Kauen, dann das Gleiche wieder von vorn. Ein Schweifwedeln, ein Ohrenschütteln, ein leises „Phhh". Grillen hüpften hier und dort und zogen die Aufmerksamkeit eines Kuhreihers auf sich, der sich seine Abendmahlzeit besorgte. Das Schlagen großer Flügel erklang, als der Vogel in die Luft aufstieg, dann landete, die Flügel sinken ließ und nach dem nächsten Insekt suchte. Eine Spottdrossel saß auf einem Zaunpfosten, selbstbewusst erst in die eine und dann in die andere Richtung gewandt – wohlwissend, dass sie sich in jeder Position von ihrer besten Seite zeigte. Ihr klarer Gesang wurde von den Zedern am Rande der Weide zurückgeworfen und auf die Weide getragen. Ein junger Hase mit buschigem Schwanz kam hinter einem Strauch hervor und machte ein paar Hüpfer, bevor er mich sah und innehielt, um über seine Optionen nachzudenken.

„Hallo, kleiner Hase." Meine Stimme war leise und singend. „Alles gut. Du darfst weiterhoppeln." Ich dachte, es könnte hilfreich sein, ihm meine Zustimmung zu geben. Er saß ganz still da, nur seine Nase bewegte sich. Dann machte er zwei flinke Hopser, und sein buschiger Schwanz verschwand aus meinem Blickfeld.

Ich wandte mein Gesicht nach Westen und sog den Duft des mehligen Salbeis und Gambagrases ein. Ich betrachtete den verblassenden blauen Himmel – alles war in sanftes Sonnenlicht getaucht, golden und verzaubert. Kleine Wolken sammelten sich am Rande des Horizonts, als ob sie sich auf die Nachtruhe vorbereiteten.

Heiteres Licht...

Das Stundengebet, eine alte Gebetspraxis, hatte mich in seinen Bann gezogen. Als ich es entdeckte, war ich von seiner einfachen Schönheit fasziniert. Es wird manchmal auch als „Tagzeitengebet", „tägliches Offizium", „göttliches Offizium" oder als „Opus Dei" (Werk Gottes) bezeichnet, was mir besonders gut gefällt. Es handelt sich dabei um eine der ältesten Formen geistlicher Übungen, und seine Herkunft ist auf das Judentum zurückführen, aus dem schließlich das Christentum hervorging.[24]

Bis zu diesem Zeitpunkt hatte ich nicht die geringste Ahnung von der Existenz *geistlicher Übungen* gehabt. Als ich den Begriff zum ersten Mal hörte, lehnte ich ihn spontan ab, weil er für mich zu sehr nach Religiosität klang. Das Letzte, was ich gebrauchen konnte, waren zusätzliche „Du sollst..." in meinem Leben. Hatte Jesus uns nicht von all diesen Dingen befreit?

Doch meine Neugier war geweckt. Und tatsächlich: Das Stundengebet gab mir eine Struktur, um „unablässig" zu beten.[25] Ich fühlte mich gestärkt durch die Beständigkeit einer Morgen-,

Mittags- und Abendliturgie. Die Abendgebete – auch „Vesper" genannt – können durch die sogenannte Komplet ergänzt werden, ein Nachtgebet, das den Tag „komplett macht".

Um ehrlich zu sein, vergaß ich anfangs manchmal, das eine oder andere Gebet zu beten. Ich wachte morgens auf und stürzte mich in den Tag, und abends fiel ich todmüde ins Bett. An anderen Tagen saß ich auf dem Sofa und betete nur das Morgenlob, oder ich las das Abendlob auf meinem Smartphone, kurz bevor ich einschlief.

Doch nach jahrelangen, teils vergeblichen Bemühungen, regelmäßig zu beten, war der sakrale Rhythmus des Stundengebets wie eine Rettungsleine für mich, die mir einen festen Rahmen bot und meine Gedanken auf Gott hinlenkte. Meine persönlichen Gebete für meine Familie und andere Dinge, die mir auf dem Herzen lagen, waren so in fruchtbarem Boden verwurzelt.

Ich begann zu erkennen, dass bestimmte Gebete innerhalb der Liturgie regelmäßig wiederkehrten, und sie wurden mir bald vertraut. Im Laufe der Monate stellte ich erfreut fest, dass diese Vertrautheit zu einer echten Freundschaft geworden war. Wie bei jeder neuen Beziehung fand ich es auch hier wichtig, die Dinge nicht zu erzwingen, sondern Raum für eine natürliche Entwicklung zu lassen. Man muss neuen Freunden die Möglichkeit geben, sich auf ihre eigene Weise und in ihrem eigenen Rhythmus zu offenbaren.

Hallo, mein Freund! Die Gebete kamen sachte, wie es beste Freunde meistens tun.

Das Gebet „Heiteres Licht" („Phos hilaron"), ein Bestandteil der Vesperliturgie, zog mich von Anfang an in seinen Bann. Es ist wundervoll poetisch und ruft bei mir Staunen hervor. Als ich Nachforschungen über die Geschichte dieses alten Kirchenliedes anstellte und die Worte jeden Abend atmete, verliebte ich mich in die Art, wie Gott in die Sätze eingewoben ist. Mein Herz öffnete sich auf neue Weise für Gott. „Phos hilaron" ist das älteste bekannte Kirchenlied (außerhalb der Heiligen Schrift), das noch heute gesungen wird. Es wurde ursprünglich im späten dritten oder frühen vierten Jahrhundert auf Altgriechisch verfasst und im Laufe der Zeit in viele Sprachen übersetzt.

Ich mag insbesondere die lutherische Version:

> O heiteres Licht aus dem Himmel, o Glanz vom
> lebendigen Gott,
> du Sonne, gesegneter Jesus, die Welt ist erfüllt von
> dir.
>
> Bei uns ist es Abend geworden, und Dunkelheit senkt
> sich herab.
> O Geist und o Sohn und o Vater, wir preisen und
> rufen dich.
>
> Es ziemt sich für uns, dir zu singen allzeit mit
> erhobener Stimm:
> Du Heiliger, Geber des Lebens, die Schöpfung
> verherrlicht dich.[26]

Ich wäre nie in der Lage gewesen, solche lyrischen Worte selbst zu beten, ohne den Eindruck zu haben, dass ich Theater spielte. Ich meine: Hier stand ich – auf einer staubigen Weide mit zwei langohrigen Eseln, nachdem ich von Lasagne fettiges Geschirr gewaschen hatte. *Wenn ich es recht überlege, könnte ich eine Dusche gebrauchen.*

Ja, ich hätte mich wie eine Heuchlerin gefühlt, hätte ich Worte von so erhabener Schönheit selbst formuliert. Doch als ich diese alten Worte las, sie atmete, sie Gott darbot… da waren sie genau das, was meine Seele zum Ausdruck bringen wollte.

Die Schöpfung verherrlicht dich.

Hier und jetzt, in diesem Moment vor dem Einbruch der Nacht.

Der Sonnenuntergang enttäuschte mich nicht. Die Sonne sank tiefer am Horizont, sodass Henrys Ohren einen Moment lang in goldene Fahnen verwandelt wurden, die mit jeder Bewegung flatterten. Die letzten Strahlen färbten sein schokoladenbraunes Fell mit roten Strähnchen, sodass das dunkle Kreuz über seinen Schultern noch stärker hervortrat als üblich. Er hörte auf zu kauen, sah kurz zu mir auf und wandte seinen Blick dann der untergehenden Sonne zu. Aus seinen Maulwinkeln ragte noch immer Gras hervor. *Oh Henry, immer mit vollem Maul.* Wir atmeten beide gleichzeitig aus, mein kleiner Esel und ich, und teilten die Zufriedenheit des Augenblicks. Ich streichelte noch ein letztes Mal über seine Ohren, rief Flash ein Gutenacht zu und ging zum Haus zurück, um das Material für mein Malereiprojekt vorzubereiten, das ich am nächsten Tag in Angriff nehmen wollte.

• • •

Inzwischen nahm ich nur noch selten Aufträge für Wandmalereien an, doch eine meiner Lieblingskundinnen erwartete ein Baby und drängte mich, doch bitte, bitte für ein paar Tage mit dem Schreiben aufzuhören, damit ich die Wände ihres Kinderzimmers bemalen konnte.

Ich lachte. Wie hätte ich das ablehnen können?

Doch das Wesentliche zuerst: die morgendlichen Erledigungen. Ich wässerte die Blumenbeete rund ums Haus, schaufelte den Eselkot aus der Scheune und bereitete Heu für die „Jungs" vor, die noch immer draußen auf der Weide waren. Henry traf immer als Erster an der Scheune ein, während Flash schläfrig hinter ihm hergetrottet kam. Während ich die beiden getrennten Heuballen auslegte, suchten sie sich den Haufen aus, der ihnen am nächsten war, und tauchten hinein. Nun, Henry tauchte hinein und bearbeitete den Ballen mit den Hufen, um so viel Heu wie möglich auf einmal verschlingen zu können. Flash dagegen knabberte die Spitze des Ballens ab und warf mir einen wissenden Blick zu: *Henry hat noch immer Probleme mit dem Fressen, hm?*

Wie aufs Stichwort hörten beide Esel auf zu fressen und beäugten den Heuhaufen des jeweils anderen. Flash legte die Ohren zurück, nickte mit dem Kopf und schnaubte. Henry senkte den Kopf. Das sollte heißen: „Komm, wir tauschen." Und sofort tauschten sie ihre Plätze. Jeder war offenbar zufrieden, jetzt den besseren Anteil zu haben, und die beiden verputzten den Rest ihrer Mahlzeit in Ruhe wie zwei Brüder.

Als ich am Haus meiner Kundin ankam, packte ich meine Malutensilien aus, kletterte die Leiter hoch und machte mich daran, an einer Bauernhofszene auf einer Wand des Kinderzimmers zu arbeiten. Ich hatte vor, im Hintergrund eine rote Scheune auf einem Hügel mit ein paar Bauernhoftieren zu malen – eine Kuh, ein Pferd, Schweine und Hühner. Im Vordergrund sollte grünes Gras entlang der unteren Kante der Wand zu einer großen Eiche (mit einer Schaukel) führen.

Ich begann, die Umrisse zu skizzieren und die Farben zuzuordnen, doch dann beschloss ich, mich auf den Baum zu konzentrieren: Stamm, Äste und Blätter. Ich liebe Acrylfarbe, denn sie verzeiht einiges: Ich arbeite mich vom Hintergrund zum Vordergrund vor und kann Fehler übermalen, bis ich mit dem Ergebnis zufrieden bin. Acrylfarbe ist für mich ein wichtiger Faktor beim Malen, denn sie kommt meiner Neigung zum Perfektionismus entgegen, der mich sonst wahrscheinlich lähmen würde.

Mit einem breiten Pinsel trug ich meine dunkelsten Grüntöne auf, um den Grundstein für die schattigen Blätter zu legen, für die nicht viel Detailarbeit erforderlich sein würde. Als Nächstes kam der mittelgrüne Ton, die Hauptfarbe für das Blätterwerk. Nun achtete ich stärker auf die Formen der Blätter, indem ich feinere Pinsel benutzte. Ich brauchte fast den ganzen Tag, um den Baum zu gestalten, doch er sah immer noch platt und leblos aus. Ich lehnte mich ein wenig auf der Leiter zurück und starrte auf die Wandmalerei. Ich blinzelte, um mir mit meinem geistigen Auge vorzustellen, wie das fertige Bild aussehen würde. Wie aufs Stichwort kamen die Selbstzweifel hoch. *Es sieht fürchterlich aus. Deine Kundin wird das Bild hassen, wenn sie heimkommt und die fertige Hälfte sieht. Außerdem hast du überhaupt kein Talent.*

Meine kritische innere Stimme ist grausam.

Die Erfahrung hat mich gelehrt, diese Stimme zu ignorieren und einfach weiterzumachen.

Der Baum benötigte einige tiefere Schattierungen – und Lichtsprenkel. Unbedingt Lichtsprenkel.

Während ich hellgrüne und zitronenfarbene Tupfer auf die Blätter auftrug, verflüchtigte sich die kritische Stimme in mir. Der Baum erwachte zum Leben. Dunkle Schattierungen gaben ihm Tiefe und Form, und die Lichtsprenkel sorgten für einen verblüffenden Effekt. Es sah aus, als ob die Sonne jedes einzelne

Blatt geküsst hätte; der komplette Baum hatte sich in etwas Wunderschönes verwandelt.

Ich trank einen Schluck von dem Eiskaffee, den ich mitgebracht hatte, und dachte über die Schatten und Lichter in meinem eigenen Leben nach. *Penny und Prince.* Die Schatten der Trauer und Schuld kamen von Zeit zu Zeit immer noch in mir hoch. Ich überlegte, was hätte sein können und wie alles ganz anders hätte verlaufen können. Ich hätte gern die Zeit zurückgedreht. Und doch… Ich wusste, dass gerade *aufgrund* dieser Geschehnisse Henry heute bei uns war – ein fröhliches Licht. Ich konnte mir ein Leben ohne ihn nicht mehr vorstellen. Eines meiner schlimmsten Erlebnisse hatte zu einem meiner kostbarsten Geschenke geführt.

Schatten und Licht.

Die Kombination von beidem macht in der Malerei den entscheidenden Unterschied – und im Leben ebenfalls. Ich hatte so viel Zeit mit dem Versuch zugebracht, die Höhen und Tiefen zu verflachen, um besser mit den Dingen fertigzuwerden. *Wenn ich all die dramatischen Momente doch einfach auslassen könnte!* Und doch waren es genau diese Höhen und Tiefen, die meiner Existenz Bedeutung und Relief verliehen. Wenn alles „nicht allzu schwierig" und „nicht allzu aufregend" wäre, dann könnte ich vielleicht effizient leben, würde aber die Erfahrung versäumen, was es bedeutet, ein Mensch zu sein.

Mein Smartphone summte – Tom hatte mir eine SMS geschickt.

„Henry ist ausgerissen."

Was??

Dann eine weitere SMS.

„Mist, ich hab jetzt keine Zeit."

Ach du meine Güte! Wie konnte Henry ausreißen? Ich versuchte, Tom anzurufen, doch er ging nicht dran.

Dann ...

„Alles okay – ich hab ihn.“

Uff, das ist ja noch mal gut gegangen.

Wenig später wieder eine SMS:

„H. wieder ausgerissen (Emoji mit genervtem Gesichtsausdruck).“

Von meinem Arbeitsplatz aus konnte ich nichts tun, also hoffte ich, Tom würde ihn erneut einfangen und herausfinden, wie er ihn an künftigen Ausbruchversuchen hindern konnte.

„Hat sich unter dem Gatter durchgequetscht.“

Unter dem Gatter durchgequetscht? Wie um alles in der Welt ...?

Ahhh. In dem Moment wurde mir alles klar. Ich musste so heftig lachen, dass ich beinahe von der Leiter gefallen wäre.

Am Abend zuvor hatte ich nachgesehen, ob die Esel noch genug Wasser hatten. Dabei war mir aufgefallen, dass Henry in einer Art Lauerstellung vor dem Salzstein verharrte: nach vorn gestreckte Vorderbeine, gesenkter Kopf, Schwanz in die Luft erhoben.

Ich kicherte bei diesem lächerlichen Anblick.

„Henry, was machst du nur?“, zog ich ihn auf. Er reagierte, indem er sich aufrecht hinstellte und sein linkes Hinterbein in einer kreisförmigen Pose an die Nase führte.

„Liebe Zeit, Henry, du bist verrückt“, sagte ich, bevor ich die Hände um seinen Kopf legte und ihm einen Kuss auf die samtige Nase drückte. Dann kraulte ich so lange seine Backen, bis er genüsslich die Augen schloss.

Als ich nun Toms SMS las, wurde mir klar, dass Henry sich für den großen Ausbruch unter dem Gatter vorbereitet hatte. Für den rund fünfzig Zentimeter breiten Spalt musste er seine Lauerstellung anwenden und sich nach vorn schieben, seine Hinterbeine mit einem Ruck nachziehen und nach vorn drücken, um auf der anderen Seite des Zauns anzukommen.

Bergstellung.

Henry machte mich mit all seinen Eigenheiten froh.

… wir singen dir in Hymnen, Gott …

Ich kletterte höher auf die Leiter, um an die Spitze der Eiche zu gelangen, wo mehr Schattierungen nötig waren, um die Blätter hervorzuheben und sie lebendiger wirken zu lassen. *Hmmm, so ist es besser.*

Ich sah mich im Kinderzimmer um und erblickte ein weißes Gitterbett, einen Wickeltisch und wunderschöne Babykleidung, die auf das Neugeborene warteten. Alles war vollkommen und einladend. Mein Herz flatterte, und mein Lächeln erstarb, als ich an das Kinderzimmer dachte, das ich einst für mein Baby geplant hatte, das nie dort eingezogen war.

Im Alter von vierzig Jahren hatte ich infolge eines Autounfalls mein ungeborenes Baby verloren, das ich mir verzweifelt gewünscht hatte. Der Verlust stürzte mich in eine solche Trauer, dass ich nur noch funktionierte. Ich war nicht nur wütend auf Gott, sondern auch auf mich selbst, weil ich irgendeine alberne Besorgung gemacht hatte, die mich zur falschen Zeit an den falschen Ort geführt hatte, und ich war verwirrt von den widersprüchlichen Botschaften, die die Leute mir in der Absicht vermittelten, mich zu trösten.

Vierzehn Jahre später trauerte ich noch immer um mein Kind und fragte mich, „was hätte sein können".

Die Wut von damals ist heute nicht mehr da, und auch die akute Trauer, die sich direkt unter der Oberfläche meines Herzens eingenistet hatte, ist inzwischen abgeebbt – nur, wenn ich höre, dass jemand ein Baby verloren hat, empfinde ich diese Trauer wieder. Dann kann ich nichts dagegen machen, dass mir die Tränen die Wangen hinunterlaufen und mein Herz schwer ist. Die Erinnerungen kommen wieder hoch und machen mir bewusst, dass der Verlust für immer Teil meiner Seele bleiben wird. Doch gerade dieser Verlust hat eine tiefe Verbindung zu allen Frauen hergestellt, die sich nach Babys sehnen, die sie nie bekommen haben. Ich bin Teil einer kostbaren Schwesternschaft, und sie bedeutet mir viel.

Die Zeit – und das Licht – haben den Schmerz mit Schönheit ummantelt.

Die Schatten heben das Spiel und das Funkeln des Lichts hervor und verstärken unsere frohen Erfahrungen auf eine Weise, die wir kaum in Worte kleiden können. Ich habe heute Enkelkinder – unsere Töchter gehen voll in ihrer eigenen Mutterrolle auf –, und die Freude, die diese kleinen Menschenkinder in mein Leben bringen, ist unbeschreiblich. Ivy, Heidi, Hazel, August und Caroline sind Sonnenküsse, die meine Welt auf den Kopf gestellt haben und umso kostbarer für mich sind, weil da dieser Schatten der Trauer ist.

… wir grüßen das freundliche Licht des Abends…

Natürlich weiß ich, dass das Sonnenlicht mit wissenschaftlichen Begriffen erklärt werden kann. Ich weiß gerade so viel, dass die

Sonnenstrahlen entstehen, wenn winzige Photonen den glühenden Feuerball, den wir Sonne nennen, verlassen und durch den Weltraum reisen, um dann acht Minuten später die Erde zu erreichen. Photonen, die sich auf der Ebene von Quantenteilchen befinden, verhalten sich auf eine Weise, die der Logik trotzt: Sie werden entweder Teilchen oder Wellen, je nachdem, ob sie beobachtet werden.[27] Hä? Ergibt das für Sie irgendeinen Sinn?

Oder wie wäre es mit diesem Leckerbissen über Elektronen: „Wenn man weiß, wo sich ein Elektron befindet, kann man *per definitionem* nicht wissen, wohin es sich bewegt. Wenn man weiß, wohin es sich bewegt, kann man nicht wissen, wo es sich befindet. Und da bei derartigen Experimenten der bloße Akt der Beobachtung das Ergebnis beeinflusst, wird man niemals wissen, wie sich Elektronen verhalten, wenn sie *nicht* beobachtet werden."[28]

Einige von uns (darunter auch ich) gehen davon aus, dass die gesamte Schöpfung stets unter Beobachtung steht, nicht zuletzt das Licht. Die Ursprünge des Lichts sind aus wissenschaftlicher Sicht komplex, doch für mich ist das Licht einfach ein bewunderungswürdiges Phänomen, das uns dazu einlädt, unsere Welt auf neue Weise zu betrachten. Während die Sonnenstrahlen durch die Atmosphäre reisen, kreieren sie das goldene Glühen und die Farben des Sonnenuntergangs, die aus unserer Perspektive die scharfen Kanten unserer irdischen Realität ein wenig abmildern.

Nachdem ich meine Arbeit für den Tag beendet hatte, fuhr ich nach Hause, wo ich aus dem Suburban ausstieg und noch einen Moment im Abendlicht stehen blieb, bevor ich ins Haus ging. Ich betrachtete meine kleine Welt – ein altes Haus, das dringend ein paar Reparaturen nötig hatte, eine staubige Weide, ein

Fahrzeug voller Leitern und Malerzubehör, ein Stapel Rechnungen auf dem Schreibtisch, erwachsen gewordene Kinder, zwei kauzige Esel – und war überwältigt von der Schönheit in allem. Nichts davon war vollkommen, doch im Licht der untergehenden Sonne sah alles so unglaublich schön aus!

Und dann dachte ich: *Wenn wir doch nur die Welt im Licht von Jesus sehen könnten!*

In seinem Licht, seinem *heiteren Licht,* können wir überall Licht sehen, sogar in der Zerbrochenheit, die uns umgibt. Im ersten Kapitel des Johannesevangeliums wird es so wundervoll ausgedrückt: „Das wahre Licht ist der, der in die Welt gekommen ist, um für alle Menschen das Licht zu bringen" (Johannes 1,9). Sein Licht ist in der gesamten Schöpfung am Werk und im Leben eines jeden Menschen, egal, wie zerbrochen er ist. Der Musiker Leonard Cohen hat es besonders treffend ausgedrückt: „In allem gibt es einen Riss. So kommt das Licht herein."[29]

Bereits vor Tausenden von Jahren schrieb der Psalmist David: „Denn du bist die Quelle – alles Leben strömt aus dir. In deinem Licht sehen wir das wahre Licht" (Psalm 36,10). Die heiligen Worte klingen in unseren Herzen nach.

Wenn wir das Antlitz von Christus betrachten, dann baden wir in seinem *heiteren Licht,* das unsere Herzen froh macht und Lob und Dank hervorbringt.

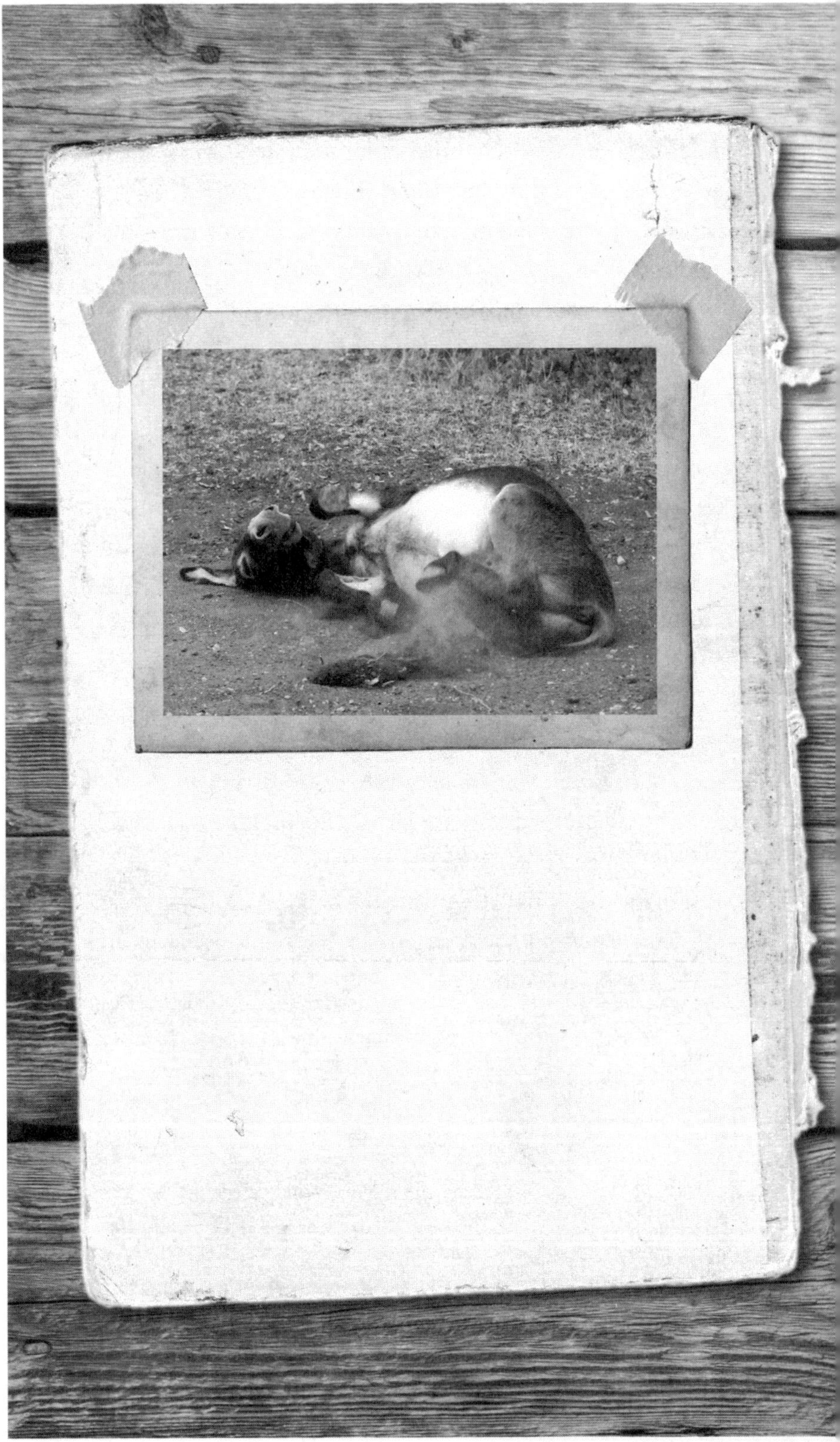

11.

Der Weg des Friedens

Gepriesen sei der Herr, der Gott Israels!
Denn er hat sein Volk besucht und ihm Erlösung
geschaffen.
Er hat uns einen starken Retter erweckt
im Hause seines Knechtes David.
[...]
Durch die barmherzige Liebe unseres Gottes
wird uns besuchen das aufstrahlende Licht
aus der Höhe,
um allen zu leuchten, die in Finsternis sitzen
und im Schatten des Todes,
und unsre Schritte zu lenken auf den Weg des Friedens.

Benedictus – Lobgesang des Zacharias – Lukas 1,
Das allgemeine Gebetbuch, Erster Teil

Ich konnte es kaum erwarten, Flash die Neuigkeit mitzuteilen.

„Du bist als Ehrengast zu einem Event eingeladen!"

Flash sah kein bisschen erstaunt aus: *Nun, du hast ja wohl kaum damit gerechnet, dass sie sich für Henry entscheiden würden, oder?*

Der Event würde auf der „Paws for Reflection"-Ranch stattfinden, einer lokalen Einrichtung für Tiertherapie. Die Ranch befand sich nur einen knappen Kilometer von unserem Haus entfernt, sodass wir zu Fuß dorthin gehen konnten, anstatt einen Pferdeanhänger zu mieten. Natürlich würde Henry Flash begleiten – vorausgesetzt, die beiden Esel waren mit einem gemeinsamen Spaziergang über die Landstraße einverstanden.

„Ich weiß nicht recht, was ich davon halten soll", sagte Tom, als ich ihm Flashs Halfter und Führstrick reichte.

„Ich bin sicher, sie werden das ganz großartig machen", erwiderte ich zuversichtlich. „Henry macht große Fortschritte beim geführten Spazierengehen, und wenn beide zusammen sind, werden sie mit uns kooperieren." Ich schlug einen besonders munteren Ton an, um Tom zu überzeugen.

„Aber es gibt zu viele Unbekannte in dieser Gleichung", sagte der Pessimist mit der Schirmmütze. „Sie sind noch nie auf Asphalt gelaufen, es gibt jede Menge schmackhaftes Gras in der Nähe, die Autos und Lkws fahren viel zu schnell, Hunde werden sie anbellen … Und du hast mich noch nicht davon überzeugen können, dass Henry *nicht* rückwärtsgehen wird. Das Ganze wird ein einziger Albtraum!" Er sah mich mit seinem berühmten *Ich weiß nicht, wie du es wieder mal geschafft hast, dass ich mich auf so was einlasse*-Blick an.

„Nur die Ruhe. Ich habe jede Menge Zeit für den Weg eingeplant, und ich habe mehrere Plastikbeutel mit Leckerli und

Möhren dabei." Ich gab vor, dass Toms Argumente mich nicht durcheinandergebracht hatten, während ich Henry sein blaues Halfter über den Kopf zog. Die beiden Esel hatten glänzendes Fell vom Bürsten und waren mit zueinander passenden grünen Halstüchern geschmückt. Sie sahen aus wie echte Berühmtheiten. Ich wusste, dass sie bei den Ranch-Gästen der Hit sein würden – wenn wir es denn schafften, sie dorthin zu bekommen.

„Du führst", wies ich Tom an, „und wir folgen dir. Und denk daran: Wir müssen geduldig sein. Es ist eine neue Erfahrung für sie, und sie werden es nicht sofort perfekt hinkriegen." Es war wichtig, dass wir keine zu großen Erwartungen hegten.

Tom legte seine Arme um Flashs Hals, drückte ihn und flüsterte ihm ein „Okay, Flashy. Los geht's!" ins Ohr, um ihn zu motivieren. Dann ging er los, während Flash beobachtete, wie Tom so lange ging, bis sich das Seil spannte und er abrupt stehen bleiben musste. Flash hatte keinen einzigen Muskel bewegt, er war so unbeweglich wie ein Anker.

„Im Ernst?" Tom zog kurz an dem Führstrick, um Flash zum Mitmachen zu bewegen. Flash ignorierte ihn und drehte sich nach Henry um, der gerade mit einer halben Rotation beschäftigt war.

„Oh nein, Henry, das ist jetzt nicht wahr!" Ich versuchte, seinen Kopf so zu drehen, dass er mich anschauen musste, aber es gelang mir nicht. Henry streckte einen Hinterhuf aus und bewegte sich langsam in meine Richtung.

Lieber Herr, hab Erbarmen. Das hier wird sonst ewig dauern.

Flash nutzte den Stillstand, um seine Umgebung in Augenschein zu nehmen; vielleicht dachte er dabei über die Bienen nach, die über dem angrenzenden Feld summten. *Sind das*

Honigbienen oder Hummeln? Wo ist überhaupt der Unterschied? Sie sehen sich so ähnlich.

Den Eseldenkprozess kann man nicht beschleunigen.

Toms Blick wurde dunkel, während er zuerst den Esel im Stillstand streifte und dann den mit dem Hinterteil zu uns gedrehten. Schließlich bohrte sich sein Blick in meinen: *Ich hab's dir ja gesagt.*

Mein Blick schoss direkt zurück: *Ich kann auf deinen Kommentar verzichten.*

Henry drehte seinen Kopf zu mir und hob den Schweif.

Nein! Nicht explodieren, Henry! Das ist der falsche Moment!

„Komm schon, Kumpel. Du schaffst das. Geh einfach weiter…", sagte ich jedoch ruhig und gefasst. Henry ließ seinen Schweif sinken, riss ein Büschel Gras heraus und begann zu kauen, als ob die ganze Übung sich ums Frühstück drehen würde.

Flash hatte seine Meditation mittlerweile beendet. *Ja, es sind Honigbienen.* Er schwenkte seinen Schweif, nickte mit dem Kopf und begann zu gehen.

Henry wägte seine Optionen ab. Erneut spähte er über die Schulter und sah, wie Flash fortging. Mit wedelnden Ohren überlegte er, ob er ihm vielleicht folgen sollte, bevor er zögernd zuerst einen Hinterhuf nach hinten streckte, dann den anderen.

In diesem Tempo werden wir wohl zur Verabschiedung eintreffen.

„In Ordnung, Kumpel. Dreh dich einfach um, wenn dir danach ist – nur keine Eile."

Schließlich drehte sich Henry um einhundertachtzig Grad, sah mir ins Gesicht und fiel in einen gleichmäßigen Takt. Und so stolzierten wir die Straße hinunter – Tom, Flash, Henry und ich.

Es blieb also noch rund ein Kilometer zu bewältigen, abzüglich zehn Schritte.

Das Gras am Straßenrand stellte eine große Versuchung dar und war leicht zu erreichen. Doch Henry ging brav weiter, solange Flash in Bewegung blieb. Dann und wann blieb Flash stehen und dachte nach. *Was? Zweige über mir? Wie unheimlich! Und warum rasen diese Autos an uns vorbei?*

Jeder Halt erforderte Geduld von unserer Seite und führte dazu, dass Henry sein Ritual wiederholte: Er drehte sich langsam um, um nach hinten zu schauen und darüber nachzudenken, woher er gekommen war. Dann kam der Augenblick der Sorge, allein zurückzubleiben – er sah zu Flash, ob der schon wieder auf dem Weg war. Schließlich reagierte er auf mein leichtes Ziehen am Führstrick, indem er rückwärts weiterging. Nach mehreren Rückwärtsschritten hielt er an, drehte sich in die richtige Richtung und ging weiter – als ob das alles ganz normal wäre.

Werden wir rechtzeitig zum Event da sein? Jeder Halt löste eine Hitzewelle bei mir aus und stellte mein Deodorant auf die Probe. Jeder Halt brachte mich aber auch dazu, an Jesus zu denken, wie er auf dem Rücken eines jungen, unerfahrenen Esels über Palmzweige und auf dem Boden ausgelegte Kleider nach Jerusalem geritten war, begleitet vom ohrenbetäubenden Rufen der Menge. Was für ein gewagter „triumphaler Einzug". Es hätte auch völlig danebengehen können.

Ja, solche Gedanken drängen sich einem auf, wenn man versucht, mit einem Esel rechtzeitig am Ziel anzukommen.

Mit Eseln einfach aus der Freude am Spazieren zu laufen, ist eine schöne Sache. Wenn man dabei jedoch ein Ziel vor Augen hat, ist es nervenaufreibend! Vielleicht hatte sich Jesus jede Menge Zeit gelassen – so wie Tom und ich.

Der Prophet Sacharja hatte dieses Ereignis vorhergesagt:

„Freut euch, ihr Menschen auf dem Berg Zion,
jubelt laut, ihr Einwohner von Jerusalem! Seht, euer
König kommt zu euch! Er ist gerecht und bringt
euch Rettung. Und doch kommt er nicht stolz
daher, sondern reitet auf einem Esel, ja, auf dem
Fohlen einer Eselin. In Jerusalem und im ganzen
Land beseitige ich, der Herr, die Streitwagen, die
Schlachtrosse und alle Waffen. Euer König stiftet
Frieden unter den Völkern, seine Macht reicht von
einem Meer zum anderen, vom Euphrat bis zum
Ende der Erde."
Sacharja 9,9–10

Religionswissenschaftler haben viel darüber diskutiert, ob Jesus auf seinem Weg nach Jerusalem einen oder zwei Esel dabeihatte. Es ist nicht ganz klar, da der Bericht im Matthäusevangelium sich von den Berichten der anderen Evangelien unterscheidet.[30] Meiner Meinung nach war sein Unternehmen nur deshalb von Erfolg gekrönt, weil das Muttertier des Fohlens dieses anführte. Fragen Sie jeden beliebigen Eselbesitzer: Ein unerfahrenes Eselfohlen benötigt ein Leittier, um zu folgen. Ein unerfahrener Esel ohne vertrautes Leittier hätte beim ersten Anblick von etwas Ungewöhnlichem auf dem Boden oder beim Lärmen der Menge das Gehen verweigert.

Über Zweige und Kleider gehen? Unvorstellbar.

Leute, die schreien und mit den Armen winken? Beängstigend.

Ja. Ich gehe fest davon aus, dass es zwei Esel waren.

Was für ein Anblick muss das gewesen sein! Ein erwachsener Mann reitet auf einem kleinen Esel, seine Füße berühren beinahe den Boden, während das Tier ungebärdig auf die Stadt zugeht.

Es war kein edles Kriegspferd.

Es war ein Friedensesel.

Ein Friedensesel, der es aller Wahrscheinlichkeit nach nicht ohne seine Mutter geschafft hätte.

Als Jesus den Hügel hinaufritt, um in die Stadt einzuziehen, erinnerten sich die Menschen vermutlich an die Prophezeiung von Sacharja im Alten Testament und glaubten, dass sie sich vor ihren Augen erfüllte. Doch sie fassten den Einzug von Jesus in Jerusalem fälschlicherweise als einen Staatsstreich auf, der die Herrschaft der Römer beenden und das jüdische Königreich wiederaufrichten würde. *Ist dies der Moment, Israel für Gott wiederzugewinnen?*

Das Ereignis blieb auch den religiösen Führern nicht verborgen. Doch anstatt den Einzug von Jesus in Jerusalem als die Erfüllung der biblischen Prophezeiung anzuerkennen, empfanden sie ihn als theatralische Farce.

Sie waren außer sich vor Wut. *Wie kann er es wagen? Wie kann er es wagen, auf einem Esel zu reiten? Für wen hält er sich?*

Im Neuen Testament ist Zacharias, ein jüdischer Priester und der Vater von Johannes dem Täufer, einer von denen, die die Erfüllung der vom Propheten Sacharja ausgesprochenen Prophezeiungen mit eigenen Augen sahen. Als Zacharias seinen neugeborenen Sohn in den Armen hielt, sprach er seinerseits eine Prophezeiung aus, die mit der Verheißung der Schrift übereinstimmt: Mit dem Kommen des Messias würde Frieden einziehen.

Die Worte von Zacharias finden sich in dem Gebet wieder, mit dem dieses Kapitel beginnt. Dann und wann tauchte es in meiner täglichen Liturgie auf und richtete meine Aufmerksamkeit auf diese Botschaft.

Die gleichen Fragen, die damals rund um Jesus aufkamen, sind in unserer heutigen Welt noch immer von Bedeutung – zumindest in meiner persönlichen Welt. *Kam Jesus, um ein politisches Reich zu errichten oder aus einem ganz anderen Grund? Und wie kann ich Jesus heute, im einundzwanzigsten Jahrhundert, nachfolgen?* Ich war noch immer dabei, all diese Fragen in meinem Kopf zu bewegen und nach Antworten zu suchen.

In den letzten Jahren hatte ich den Eindruck gehabt, in einer Marinade zu schwimmen, die zu einem Drittel aus evangelikalen Elementen und zu zwei Dritteln aus CNN bestand. Fügte man eine großzügige Prise soziale Medien hinzu, wurde es schwierig zu entscheiden, wo das Christentum aufhörte und die Politik begann. *Soll so das Königreich von Jesus aussehen?* Einiges passte für mich nicht zusammen.

*Durch die barmherzige Liebe unseres Gottes
wird uns besuchen das aufstrahlende Licht aus der
Höhe…*

Schließlich zwang ich mich dazu, die Nachrichten und Fernsehkommentare abzuschalten und in die Texte der Evangelien einzutauchen. Ich wurde von den Seligpreisungen angezogen, dem Kronjuwel der berühmten Bergpredigt:

„Glücklich sind, die erkennen, wie arm sie vor Gott
sind, denn ihnen gehört sein himmlisches Reich.
Glücklich sind, die über diese Welt trauern, denn sie
werden Trost finden.

Glücklich sind, die auf Frieden bedacht sind,
denn sie werden die ganze Erde besitzen.
Glücklich sind, die Hunger und Durst nach
Gerechtigkeit haben, denn sie sollen satt werden.
Glücklich sind, die Barmherzigkeit üben, denn sie
werden Barmherzigkeit erfahren.
Glücklich sind, die ein reines Herz haben, denn sie
werden Gott sehen.
Glücklich sind, die Frieden stiften, denn Gott wird
sie seine Kinder nennen.
Glücklich sind, die verfolgt werden, weil sie nach
Gottes Willen leben; denn ihnen gehört sein
himmlisches Reich."
Matthäus 5,3–10

Ich überlegte: Wenn Jesus ein erfolgreiches Königreich aufrichten wollte, würde er dafür wohl kaum diejenigen gebrauchen können, die er hier aufführte – die Armen, die Verfolgten, die Trauernden, die Barmherzigen und die nach Gerechtigkeit Dürstenden. Schließlich führten nicht viele der Bücher zum Thema Leiterschaft, die ich gelesen hatte, diese Eigenschaften als Kennzeichen derer auf, die die Welt verändern könnten.

Vielleicht hatte ich aber auch nur genug von den Botschaften, die mit kriegerischen Begriffen wie „Soldaten für Christus" gespickt waren und offenbar Kirchenbänke füllten und zu erfolgreichen Buchverkäufen führten, in meinen Augen jedoch nur wenig mit dem Königreich des Friedens zu tun hatten, von dem Jesus sprach.

In meinem Herzen fand eine Veränderung statt. Ich wollte einen Jesus, der auf einem Esel reitet, nicht einen, der mit einer

Kultur Krieg führt, die unserer evangelistisch-moralischen Entrüstung gleichgültig gegenübersteht. Eugene Petersons Blickwinkel fand ein Echo in meinem Herzen:

> „Das christliche Leben ist die lebenslange Praxis, Übereinstimmung zu erzielen – Übereinstimmung zwischen dem Zweck und den Mitteln; Übereinstimmung zwischen dem, was wir tun und wie wir es tun; Übereinstimmung zwischen dem, was in der Bibel steht, und der Art, wie wir es umsetzen; Übereinstimmung zwischen dem Schiff und dem Bug; Übereinstimmung zwischen Sagen und Tun; Übereinstimmung zwischen der Predigt und dem, was sowohl vom Prediger als auch von der Gemeinde gelebt wird; Übereinstimmung zwischen dem Wort, das in Jesus Fleisch wurde, und dem, was wir in unserem Leben daraus machen."[31]

Jesus war seit jeher ein Rätsel für mich. Als Kind hatte ich meine Sonntagschullehrerin gefragt, warum wir nicht unseren Besitz verkauften und alles den Armen gaben, oder warum wir nicht die andere Wange hinhielten, statt zurückzuschlagen, oder warum wir nicht unsere Feinde liebten, statt sie zu töten. Man sagte mir damals auf sehr liebevolle Weise, dass wir die Lehren von Jesus immer mit dem Rest der Bibel abwägen müssten. Sie seien eher „philosophisch" als wörtlich zu nehmen und sollten uns zeigen, dass wir nie die Perfektion erreichen könnten, die nur Jesu Tod am Kreuz für uns möglich machen konnte. Seine Lehren seien nicht wortwörtlich zu verstehen. Diese Erklärung hatte bewirkt, dass ich lange Zeit sicheren Abstand zu dem radikalen

Königreich von Jesus hielt und stattdessen nach einer „praktikablen" Umsetzung seiner Lehre in meinem Leben suchte.

Mangelnde Übereinstimmung. Vielleicht war es das, was mich störte.

Ich bezeichnete mich als Nachfolgerin von Jesus, doch in Wirklichkeit war ich eine Nachfolgerin der amerikanischen Ideale. Ich hielt die amerikanische Arbeitsethik, Unabhängigkeit, den Stolz und die Prahlerei der Nation in Ehren – bis mir bewusst wurde, dass es Jesus, dessen Königreich Zeit und Raum überschreitet, um etwas viel Tieferes geht.

Warum nahm er das Risiko auf sich, seinen triumphalen Einzug auf einem geliehenen, unerfahrenen Esel zu halten? Warum nutzte er nicht die Gelegenheit, als Zeichen seiner Würde und Macht auf einem majestätischen arabischen Hengst einzuziehen?

Jesus drückte mit diesem Einzug auf dem Eselsrücken etwas über die Art des Königreichs aus, das er zu gründen im Begriff war – ein Königreich, das nicht von militärischem Einfluss, Einschüchterung, weltlicher Macht und Zwang geprägt ist, sondern von Liebe, Frieden, Sanftmut und Demut.

Sein Königreich ist von Schönheit geprägt, „einer Schönheit, die die Welt rettet".[32]

Diese Art von Königreich ist es, für das es sich zu leben lohnt. Nach diesem Königreich sehnte sich mein Herz.

„Seht, euer König kommt zu euch! Er ist gerecht und bringt euch Rettung. Und doch kommt er nicht stolz daher, sondern reitet auf einem Esel, ja, auf dem Fohlen einer Eselin."

… und unsre Schritte zu lenken auf den Weg des Friedens.

So kommt Gottes Königreich.

Demütig.

Leise.

Friedlich.

„Bring Flash und Henry um zwölf Uhr auf die Pferderennbahn, damit wir sie unseren Gästen auf der Tribüne vorstellen können", sagte Melody, die Leiterin der Einrichtung. Beide Esel hatten den Weg zur Ranch erfolgreich hinter sich gebracht und waren in das Gehege gegangen, das für sie vorbereitet worden war. Ja, es hatte dreißig Minuten gedauert, den knappen Kilometer von unserer Weide bis hierhin zurückzulegen, aber ich war dennoch mächtig stolz auf ihre Leistung.

„Bei allem Respekt, aber ich glaube, wir sollten unser Glück nicht überstrapazieren", erwiderte ich. „Tom ist nach Hause gegangen, weil er noch Büroarbeit erledigen muss, und ich glaube nicht, dass die beiden mit jemand anderem mitgehen würden. Außerdem waren sie noch nie auf einer Pferderennbahn, haben noch nie ihre Hufe in weichen Sand gesetzt oder vor einer Menschenmenge gestanden. Das schreit nach einem Desaster."

Melody lachte. „Lass uns einfach schauen, was passiert. Wenn es nicht klappt, dann bringen wir sie einfach ins Gehege zurück. Ich bin ganz zuversichtlich."

Ich war froh, dass jemand zuversichtlich war. Ich schaute die beiden Esel an, die eindeutig ihren „Wir sind hier fertig!"-Ausdruck zeigten. Sie wissen schon, die Art von Blick, die einen dazu herausfordert, die verbleibenden Möglichkeiten durchzugehen und eine Alternative vorzuschlagen.

Dennoch zogen Melody und ich den Eseln ihre Halfter über, zupften ihre Halstücher zurecht und führten sie auf die Pferderennbahn. Man höre und staune, es gab keinen Zwischenfall, und Henry ging sogar vorwärts! Die beiden hielten nur einen Moment an, als ihre Hufe im tiefen Sand einsanken, dann gingen sie wie durch ein Wunder weiter – wie richtige Profis!

Wir hielten in der Mitte der Arena an, wo ich Henry einem der Helfer übergab, sodass ich zum Mikrofon gehen konnte. Ich erzählte die Geschichte der beiden von uns aufgenommenen Esel und erklärte, wie tief greifend sie mein Leben verändert hatten. Und dann ... brach das Publikum in Lachen aus.

Habe ich gerade etwas Lustiges gesagt?

Ich schaute mich um und erblickte Henry, der auf dem Rücken lag, den Bauch in die Luft getreckt, und sich selig von einer Seite auf die andere wälzte, während Flash nachsichtig zusah. Der Sand flog in alle Richtungen, als Henry seinen Rücken am Boden rieb, mit seinem kleinen Schweif wedelte und die Hufe in die Luft stieß.

Ach Henry, muss das jetzt sein?

Als ob wir es so geübt hätten, sprang er mit einem Mal auf die Hufe, schüttelte seine langen Ohren und gähnte, was an ein ziemlich dämliches Grinsen erinnerte. Das Publikum applaudierte begeistert.

Ein Friedensesel hatte mir die Show gestohlen.

Wenn ein Esel Menschen dabei hilft, ihre Maske abzulegen, dann geschieht etwas Besonderes: Sie lächeln, öffnen ihr Herz. Sie werden verwundbar. Sie wissen, dass sie nichts von einem Tier zu befürchten haben, das von Natur aus darauf angelegt ist, Lasten zu tragen und zu dienen.

In unserem schnellen, vom Erfolg getriebenen Leben vergessen wir leicht, dass das Reich Gottes langsam, demütig und friedlich durch Menschen zu uns kommt, deren Leben zwar nicht perfekt ist, die aber vom Opfer und der Liebe des Kreuzes geprägt sind.

Das Evangelium von Jesus Christus – der auf einem kleinen Esel einzog, dessen Unerfahrenheit ihn zu Fall hätte bringen können – ist nicht nur schön: Es ist der Weg des Friedens.

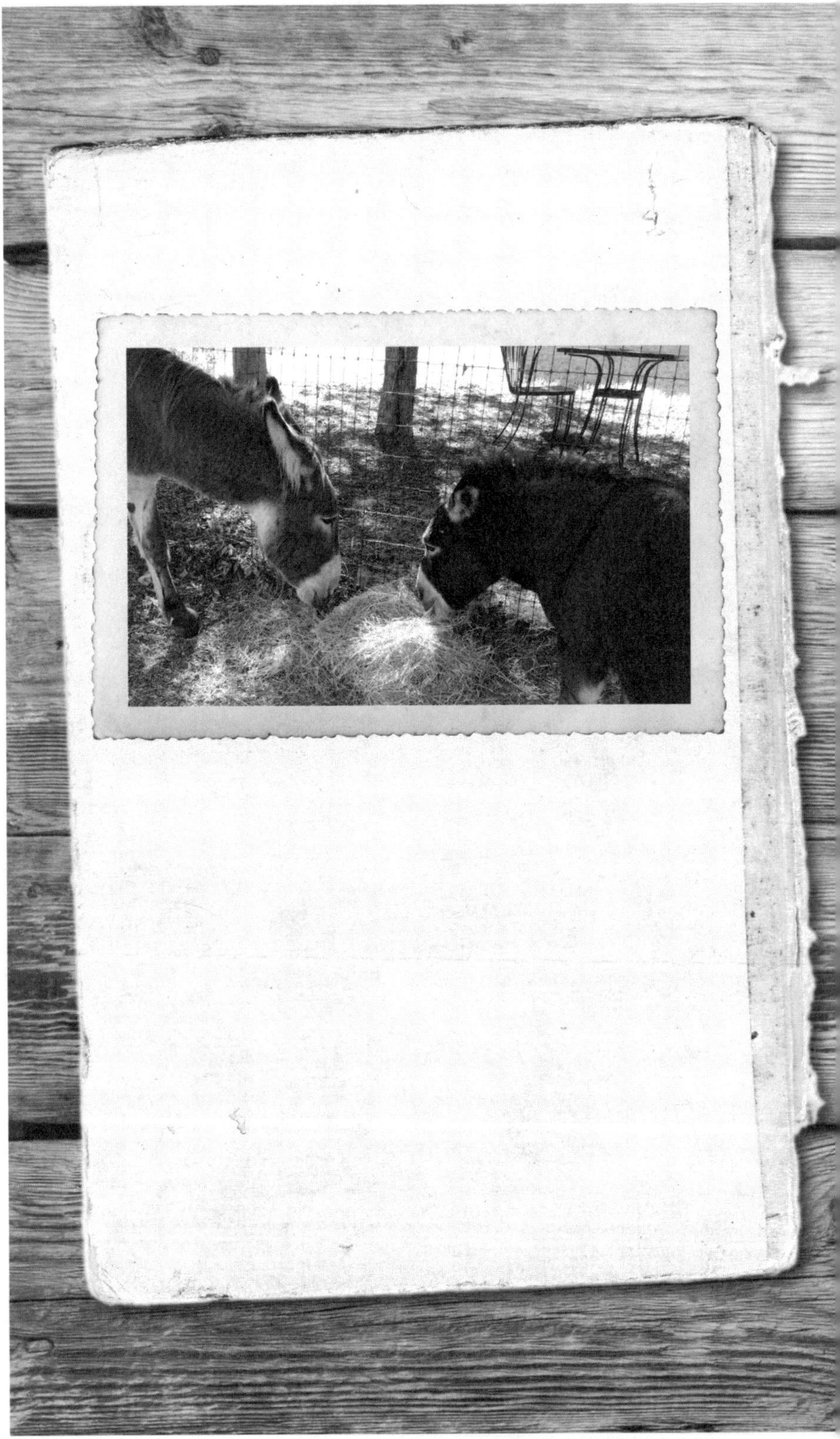

12.

Bleibe bei uns

Bleibe bei uns, Herr, denn es will Abend werden
und der Tag hat sich geneigt.
Bleibe bei uns und bei Deiner ganzen Kirche.
Bleibe bei uns durch den Beistand Deines Geistes
am Abend dieses Tages,
am Abend unseres Lebens
und auch am Abend dieser Welt.
Amen.

Abendlob (alternativ),
Das allgemeine Gebetbuch, Erster Teil

„I ... i ... iah! Iah!"

Ich hörte ihn lange, bevor ich ihn sah.

Henrys schrilles Brüllen war unverwechselbar, doch nie hatte ich so viel Panik darin gehört. Der pummelige kleine Esel galoppierte um die Ecke der Scheune, seine Ohren standen senkrecht und seine Augen waren vor Schreck weit geöffnet. Er blieb abrupt vor mir stehen, schnaufte und lief wieder in die Richtung, aus der er gekommen war.

Nahe den Bäumen am Waldrand blieb er schlitternd stehen, dann schwang er wieder herum und rannte mit voller Geschwindigkeit auf mich zu. Er hielt vor mir an, lief einmal im Kreis und rannte wieder auf den Wald zu. Diesmal schaute er zurück und brüllte.

Er benahm sich wie Lassie in der gleichnamigen TV-Serie.

Henry will mir etwas mitteilen. Er will mich dazu bringen, dass ich ihm folge!

„Oh nein, bestimmt ist Flash in Gefahr!" Ich sprintete hinter Henry her und hielt in alle Richtungen nach dem größeren Esel Ausschau.

Das gefällt mir gar nicht. Mein Herz begann unangenehm zu rasen.

„Flash! Flashy!", rief ich, so laut ich konnte. Mittlerweile war ich auf einem der von Flash ausgetretenen Pfade am Wald angekommen. Es war vollkommen still, abgesehen vom Flattern einiger Vögel in den Baumwipfeln. Der Hauptpfad war gut benutzt und verzweigte sich in kleinere Pfade auf dem Waldboden, der ansonsten von heruntergefallenen Zweigen, Ästen, Blättern und Schlingpflanzen übersät war. Selbst auf den Eselpfaden war es unmöglich zu gehen, ohne die Blätter an den Büschen zu streifen oder einige Zweige auf dem Boden zu zertreten.

Ich hielt an, um zu lauschen, hörte aber nur Henrys schweres Atmen an meiner Seite. Sollte Flash in der Nähe sein, würde ich ihn bestimmt beim Durchbrechen des Unterholzes hören.

Nichts.

Ich rief und wartete. Rief und wartete.

Flash muss sich an einer anderen Stelle der Weide befinden.

Ich versuchte, die aufsteigende Panik zu bezwingen, während ich nach meinem Handy tastete und Tom anrief.

„Ich glaube, wir haben einen Notfall", sagte ich, bevor ich endgültig die Beherrschung verlor. „Komm sofort her!"

Tom war innerhalb weniger Minuten bei mir, und ich gab ihm einen kurzen Lagebericht. Gemeinsam überprüften wir sämtliche Gatter und durchkämmten mehrmals die gesamte zweieinhalb Hektar große Weide und den Wald, während Henry uns brüllend folgte.

Flash war fort.

Vielleicht liegt er irgendwo, tot.

Mein Herz schlug dröhnend in meiner Brust, und die Erinnerung an Penny und Prince brach erneut über mich herein. *Nein, Herr. Bitte nicht.*

Henry war nun völlig außer sich. Er brüllte, ließ unkontrolliert Kot ab und rannte wild herum. Wir versuchten, ihn zu beruhigen, doch er hörte nicht auf uns. Es war eine Katastrophe: Ein Esel war verschwunden, der andere spielte völlig verrückt.

„Ich werde die Suche auf den Rest des Grundstücks ausdehnen und prüfen, ob das Tor zur Auffahrt geschlossen ist", sagte Tom. „Bleib du bei Henderson, denn wenn wir ihn jetzt allein lassen, flippt er ganz aus."

Ich schaute Henry an. Seine Unterlippe zitterte, und sein Kopf berührte beinahe den Boden – von all dem Brüllen und Rennen war er völlig erschöpft. Er tat mir so leid. Flash und er hatten sich zwar oft gezankt, doch mir war bisher nicht bewusst gewesen, wie wichtig Flash für Henry war. Er konnte ohne seinen Kumpel nicht leben.

Ich kniete mich neben den kleinen Esel und betete. „Lieber Herr, bitte hilf uns, Flash zu finden!" Henry hob den Kopf und sah mich mit flehendem Blick an: *Bitte finde meinen Freund.*

Ich beschloss, eine letzte langsame Runde durch den Wald zu gehen. Es war schwer vorstellbar, dass Flash dort sein konnte, aber es war logisch gesehen der einzige Ort, wo wir ihn hätten übersehen können. Sein braungraues Fell verschmolz mit den Bäumen und Büschen, es war also durchaus möglich, dass er dort irgendwo unbemerkt lag. Vielleicht war er von einem herabstürzenden Ast getroffen worden oder in ein Loch gefallen oder…

Meine Fantasie ging mit mir durch.

Ich schluckte mühsam, ging denselben Weg zurück und hielt an.

„Flash! Flashy!" Ich wartete auf irgendein verräterisches Geräusch.

Nichts. Die Minuten verstrichen ohne das kleinste Lebenszeichen von Flash.

Plötzlich spürte ich einen Stupser am Arm. *Nanu, was war das?*

Flash war ohne das geringste Geräusch neben mir aufgetaucht! Ich drehte mich um und sah ihn an. Er wirkte, als wollte er die Schultern zucken, als wäre alles ganz normal, dann beugte er den Kopf und kratzte lässig seine Nase an seinem Vorderhuf.

In dem Moment ging mir ein Licht auf.

Er hatte sich versteckt. Vor Henry!

Henrys verzweifeltes Brüllen klang von der Weide herüber, und Flash sah mich an. Er gab das resigniertesTe Seufzen von sich, das ich je gehört hatte, und schüttelte seine Ohren, als ob er es heute nicht ertragen konnte, sich den Bedürfnissen seines Kumpels zu stellen.

Ich begriff. „Ach Flash! Du brauchtest einfach Zeit für dich. Ich verstehe das." Ich rieb zärtlich über seine Stirn, um ihm zu signalisieren, dass ich sein Geheimnis für mich behalten würde. Flash schnaubte zustimmend und nickte mit dem Kopf, um sich zu sammeln und anschließend auf die Weide zu gehen, als ob er Henrys Brüllen nicht gehört hätte.

Als Flash und ich gemeinsam aus dem Wald herauskamen, stießen wir auf Henry, der sich gerade anschickte, mit geschlossenen Augen und zurückgeworfenem Kopf ein weiteres Brüllen von sich zu geben. Als er die Augen öffnete und uns sah, schloss er abrupt sein Maul und starrte uns ungläubig an. Er kam direkt auf Flash zu, und ich rechnete damit, dass er sich auf die Hinterbeine stellen und seine Vorderbeine um Flashs Hals schlingen würde, um Freudentränen zu vergießen.

Stattdessen …

… blieb Henry ein paar Meter von Flash entfernt stehen und drehte den Kopf zu einem in der Nähe stehenden Baum. Er wedelte mit dem Schweif, während er offenbar völlig von den Blättern fasziniert war. *Diese Blätter sind wirklich überwältigend! Schaut euch nur diese Blätter an!* Er benahm sich, als ob ihm sein Kumpel völlig egal wäre, der so plötzlich aus dem Nichts wiederaufgetaucht war.

Flash sah mich mit einem Blick an, der einem Augenrollen gleichkam. *Was für ein Schauspieler, der Kleine.*

Ein weiterer tiefer Seufzer.

„Alles okay, Jungs?", fragte ich. „Henry, geht's dir gut? Und dir auch, Flash?"

Flash nickte, als hätte er mich verstanden. Und Henry schien an Flash gerichtet zu sagen: *Weißt du, ich habe noch nicht mal nach dir gesucht.* Er tat weiterhin so, als ob er nicht eben noch verzweifelt gebrüllt hätte und in Panik herumgerannt wäre. Flash seinerseits gab vor, gar nichts mitbekommen zu haben.

Ich reckte beide Daumen in ihre Richtung. „Ich komme später noch mal vorbei, Jungs."

Die beiden Racker. Man muss sie einfach gernhaben.

Ich konnte schon nicht mehr zählen, wie oft ich kurz davorgestanden hatte, Doc Darlin anzurufen und ihn zu bitten, seinen ungezogenen kleinen Henderson Nummer zehn zurückzunehmen, damit Flash wieder seine Ruhe hatte. Es wäre so viel einfacher gewesen, und ich wusste, dass Flash absolut einverstanden gewesen wäre.

Es stimmte, ihr Zanken rund ums Fressen hatte sich größtenteils beruhigt, aber von echter Harmonie konnte noch immer keine Rede sein. Ihr „Spiel" war für meinen Geschmack noch zu heftig. Und nun hatte Flash uns mit seinem „Verschwinden" Angst gemacht. Was sollte als Nächstes passieren?

Und doch: Henry hatte schon große Fortschritte gemacht und Flash ebenfalls. Sie waren nun Gefährten und Freunde. Und ich hatte gelernt, sie nicht ständig kontrollieren zu wollen und die Esel Esel sein zu lassen. Das Problem war nur, dass ich an ihrem Verhalten nicht erkennen konnte, ob sie einander wirklich mochten. Ihre Zuneigung füreinander war nach außen hin meist kaum zu erkennen.

Ich musste an einen Vorfall während des Ferienprogramms unserer Gemeinde denken, das meine Töchter besucht hatten, als sie klein waren. In jenem Jahr lautete das Thema „Abenteuer im Dschungel", und die Bühne in unserer Gemeinde war in den Amazonas-Regenwald verwandelt worden, mit Palmen, Frachtkisten, Tukanen und Affen aus Plüsch in den Bäumen. Jemand hatte sogar ein Gorillakostüm gestiftet, das mit zerknülltem Zeitungpapier ausgestopft und in eine Ecke drapiert wurde.

Am letzten Tag versammelten sich alle Kinder im Saal, um die große Abschlussfeier zu erleben. Irgendjemand hatte die glänzende Idee, ich sollte mir heimlich das Gorillakostüm überstreifen und in der Ecke sitzen, bis man mir ein Zeichen gab und ich „zum Leben erwachte", um mit den übrigen Mitarbeitern zum Themenlied der Woche zu tanzen.

Ich war nicht gerade begeistert davon. Im Juli in Texas regungslos in einem Gorillakostüm auszuharren, bis die Musik zu spielen beginnt … nun, dafür hätte ich schon ohne den Tanz einen Oskar verdient. Trotzdem machte ich mit.

Als ich mein Zeichen erhielt, stand ich auf. Die kleinsten Kinder in der ersten Reihe kreischten vor Angst, und die älteren hinter ihnen begannen zu jubeln. Schon bald war der ganze Saal außer Rand und Band, und als ich den Moonwalk tanzte, war die Stimmung auf dem Höhepunkt. Es war ein Riesenerfolg.

Danach machten wir ein Gruppenfoto; ich steckte immer noch im Gorillakostüm, genau in der Mitte der Gruppe.

Der Fotograf zählte den üblichen Countdown: „Drei, zwei, eins, LÄCHELN!" Er machte mehrere Fotos, bis er endlich zufrieden war, und jedes Mal zeigte ich mein allerschönstes Lächeln.

Erst beim letzten Klick durchfuhr mich die Erkenntnis. *Moment mal. Warum lächle ich eigentlich? Hinter der Maske kann mich doch sowieso niemand sehen!* Es hätte überhaupt keinen Unterschied gemacht, wenn ich die Zunge herausgestreckt oder geschielt hätte; mein Gorillaausdruck blieb bewegungslos – ein mysteriöses Gesicht, das keine Anzeichen dafür lieferte, wie es dahinter aussah. Ich lachte hysterisch auf, doch niemand bemerkte es (was nicht überraschend war).

Mit Flash und Henry verhielt es sich genauso. Was genau verbarg sich hinter ihren Eselmasken? Gab Flash den Verdruss nur vor, um seinen Stolz zu wahren? Henry hatte seine Zuneigung zu Flash bereits unter Beweis gestellt, doch danach hatte er sie schnell wieder hinter der Maske der Gleichgültigkeit versteckt. Gab es Hoffnung, dass ich irgendwann herausfinden würde, wie die beiden wirklich zueinander standen?

• • •

„Hi, Rachel!", erklang eines Nachmittags die Stimme meiner Freundin Priscilla nahe beim Gatter. Sie hatte ihren jüngsten Sohn Jude mitgebracht, der die Esel besuchen wollte, während seine älteren Brüder ihre Hausaufgaben erledigten.

Ich freute mich auf einen Plausch mit Priscilla und rannte in die Küche, um ein paar Möhren zu holen, die Jude an Flash und Henry verfüttern konnte. Ihr Möhren-Radarsystem hatte die beiden bereits angeleitet, nahe hinter dem Zaun zu warten.

„Gib zuerst Flash eine Möhre, Jude. Während er frisst, geh den Zaun weiter entlang und gib Henry auch eine Möhre", wies ich ihn an. „Er ist nicht groß genug, um den Kopf über den Zaun zu strecken, also musst du ihm die Möhre durch den Maschendraht hinhalten."

Flashs Kopf ragte über dem Zaun hervor, seine Lippen bewegten sich in freudiger Erwartung der Leckerei. Henry drückte seine Nase gegen den Maschendrahtzaun und zeigte ein schiefes Eselgrinsen.

Ich sah, wie Jude zögerte. Er war erst sieben Jahre alt und hatte noch nicht so viel Zeit mit den Eseln verbracht wie seine Brüder. „Äh, kann ich auch die Möhre für Flash durch den Maschendraht schieben?", fragte er zögerlich.

„Natürlich. Auf diese Weise verhinderst du, dass er aus Versehen an deinen Fingern knabbert."

Dann hatte Jude eine weitere Idee. „Wie wäre es, wenn ich Henry füttere und du fütterst Flash?"

„Das ist sogar noch besser", sagte ich.

Jude nahm eine Handvoll Babykarotten und lockte Henry von uns fort. Er kicherte, als Henry jede einzelne Möhre nacheinander mit seinen Lippen nahm und eifrig kaute.

Priscilla beobachtete Jude und Henry einen Moment lang, dann wandte sie sich mir zu, während ich Flash eine Möhre gab. „Geht es dir gut?", fragte sie.

Diesmal wich ich ihr nicht aus. In den letzten Monaten hatte ich begonnen, kleine Ausschnitte meiner neuesten Entwicklungen im Glauben mit ihr zu teilen. Es hatte mich nervös gemacht. Zuzugeben, dass sich hinter meiner Maske christlicher Zuversicht Fragen und Zweifel verbargen, war nicht einfach für mich. Ich war erleichtert gewesen, als Priscilla ein offenes Ohr hatte und mir Raum gab, ihr gegenüber mein Herz zu öffnen, ohne dass sie mich dafür belächelte oder verurteilte. Sie hatte mich sogar ermutigt, diesen Weg weiterzugehen.

„Es geht mir besser", lachte ich. „Auch wenn ich den Eindruck habe, ein Puzzle zusammenzusetzen, ohne das Bild auf der Schachtel vor mir zu haben."

„Ich habe etwas für dich", erwiderte Priscilla. Sie griff in ihre Tasche, holte ein dünnes Buch heraus und legte es mir in die Hand.

„Liebe Zeit, was ist das?"

„Das ist ein Buch mit Gebeten[33], die vor rund hundert Jahren von einem schottischen Theologen verfasst wurden", erklärte sie. „Ich mag die niedergeschriebenen Gebete, die du mir gezeigt hast, sehr, und als ich auf dieses Juwel stieß, habe ich gleich ein weiteres Exemplar für dich bestellt." Das Buch enthielt Morgen- und Abendgebete, die einen Monat füllten. Doch darüber hinaus zeigte es mir die Aufmerksamkeit einer Freundin, die wusste, wie viel es mir bedeuten würde. *Du kannst mir vertrauen.*

Es ist nicht immer leicht, eine Freundin zu finden, die dich wirklich versteht. Die Erfahrung hat mich gelehrt, dass es ein Risiko ist, sich verwundbar zu zeigen. Ich hatte einmal sehr vorsichtig einer Freundin ein Problem anvertraut, und diese Freundin ging direkt in den Nebenraum, um ein paar Leute zusammenzutrommeln und für mich zu beten – und dabei breitete sie mein Problem in allen Einzelheiten aus. Ich fühlte mich so gedemütigt. *Nie wieder,* dachte ich damals und hätte mich am liebsten in einem Mauseloch versteckt.

Bleibe bei uns, Herr...

Diese Worte aus der Liturgie klingen ein wenig nach Bedürftigkeit, und ich bin in Bezug auf meine Bedürftigkeit ungeduldig.

Ich möchte, dass alles in Ordnung ist oder dass es zumindest so aussieht, als ob alles in Ordnung wäre.

Aber vielleicht ist meine Bedürftigkeit gut so, wie sie ist.

Manchmal brauchen wir mehr den Beistand als eine sofortige Lösung des Problems. Wir brauchen mehr die Gegenwart Gottes als ein Wunder. Wir brauchen die Gewissheit, niemals allein zu sein.

Jesus ist unser Begleiter.

In seiner Gnade gibt er mir Raum, zu meiner Zeit und auf meine Weise zu ihm zu kommen. Nie erzwingt er unsere Beziehung. Er kann damit umgehen, wenn meine Bedürftigkeit sich meldet und ich unkontrolliert brülle (wie mein Esel).

Er wartet.

Er geht an meiner Seite.

Er bietet mir seine Gegenwart an.

Wenn ich ihn bitte, mein Wunderproblemlöser zu sein, dann erinnert er mich sanft daran, dass die Aufgabe des Begleiters nicht darin besteht, jedes Problem zu lösen.

Die Aufgabe des Begleiters besteht darin, da zu sein …

… und mit mir zu gehen.

• • •

„Die Kojoten sind heute Abend früh dran", bemerkte Tom, als wir unsere Gartenarbeit beendeten.

Ich zog meine Handschuhe aus und lauschte.

„Das sind bestimmt zehn Kojoten da draußen", erwiderte ich.

Haben sie gerade ein Tier erlegt? Bei dem Gedanken erschauderte ich.

Wir sehen nur selten die Kojoten, die in unserer Gegend leben, aber wir hören sie regelmäßig. Ihr Heulen erklingt nachts in den Wäldern und über den Feldern, was bei mir immer eine Gänsehaut auslöst. Manchmal klingen sie wie im Rausch, und es ist nicht schwer zu erraten, weswegen sie so aufgeregt sind.

Kojoten bleiben normalerweise in Deckung, aber von Zeit zu Zeit durchqueren sie am helllichten Tag die Gärten unserer Nachbarschaft. Es sind langbeinige rotbraune Geschöpfe, die Kaninchen, Katzen oder kleine Hunde erbeuten. An einem Weihnachtsmorgen wurde der Scottish Terrier meiner Eltern von zwei Kojoten angegriffen – einer packte den Hund im Nacken, der andere bei den Hüften. Der kleine Kerl überlebte nur, weil wir sahen, was los war, und die Kojoten verscheuchten, bevor sie ihn töten konnten. Es war ein erschreckender und ernüchternder Beginn eines ansonsten festlichen Tages gewesen.

Heute Abend wussten wir, dass die Kojoten besonders nah am Haus waren. Ihr Heulen wurde von der Scheune und den nahen Baumstämmen zurückgeworfen, sodass es noch unheimlicher klang als sonst. Flash und Henry, die nahe am Zaun standen, um unsere Gartenarbeit zu beaufsichtigen, drehten sich in Richtung der heulenden Laute. Mit hochgestellten Ohren und geblähten Nüstern waren sie alarmiert, dass ein Rudel in der Nähe umherstreifte.

„Wie gut, dass wir keine kleine Katze haben, um die wir uns sorgen müssten", sagte ich. Einige unserer Katzen waren im Laufe der Jahre von unserer Veranda verschwunden.

An diesem Abend schliefen wir zum Klang der hellwachen Kojoten ein, froh, im Bett unter unseren Decken zu sein. Ich dachte gar nicht daran, mir um Flash oder Henry Sorgen zu machen.

Am nächsten Morgen begrüßte mich Flash am Gatter. Er wirkte nervös, gar nicht wie der gelassene Esel, der er sonst war. Er stampfte mit den Hufen und nickte mehrmals nervös mit dem Kopf, bevor er sich zu Henry umdrehte, der hinter ihm stand und nur seine Nase vorstreckte.

Irgendetwas stimmte hier nicht.

„Henry! Oh Henderson! Was ist passiert, mein Freund?" Ich konnte an seinem Blick sehen, dass er verletzt war. Ich öffnete das Gatter und rannte zu ihm.

Dann sah ich sein linkes Ohr. Die Spitze fehlte, und der Riss in seinem blutenden Fleisch zeigte deutlich die Form von hundeartigen Zähnen. „Oh nein!"

Ich berührte vorsichtig sein Ohr und begutachtete es näher. Abdrücke von rasiermesserscharfen Zähnen waren entlang der gezackten Kante zu sehen. Ich hatte keine Ahnung gehabt, dass es überhaupt möglich war, etwas so Dickes und Hartes wie ein Eselohr durchzubeißen! Mein lieber kleiner Henry starrte mich mit abgrundtief traurigen Augen an, bevor er zu Flash hinübersah.

„Flash, kannst du mir erzählen, was passiert ist?" Wie sehr wünschte ich mir, er könnte alles erklären.

Mit zitternden Händen begann ich, beide Esel nach Verletzungen abzusuchen. Henry hatte tiefe Schrammen an beiden Vorderbeinen und eine am Hinterbein. Er sah aus, als hätte er die schlimmste Nacht seines Lebens hinter sich. Flash hatte blutige Male an den Beinen und im Gesicht.

Offenbar hatte es eine heftige Rauferei gegeben.

Kojoten.

Henry, der klein genug war, um als Beute infrage zu kommen, war mitten in der Nacht angegriffen worden. Ich konnte nur ahnen, wie furchtbar das für ihn gewesen sein musste.

Flash stupste Henry an. *Flash hat ihn wahrscheinlich gerettet,* dachte ich. Es war die einzige Erklärung. *Henry könnte tot sein, wenn Flash ihm nicht geholfen hätte.* Flash konnte die Angreifer verscheuchen – wir hatten ihn schon mehrfach gegen Hunde in Aktion gesehen, und glauben Sie mir: Keiner würde sich freiwillig mit ihm anlegen.

Danke, Herr – sie haben nur einen Teil von Henrys Ohr bekommen.

Flash beugte seinen Kopf über Henry: *Ich bin für dich da, Kumpel.* Henry gab ein wimmerndes Geräusch von sich und sah dankbar zu ihm hoch. Mein Herz schmolz. Diese beiden hatten es wirklich weit gebracht miteinander! Flash war Henry gegenüber alles andere als gleichgültig und genau in dem Moment zur Stelle gewesen, als der kleine Esel ihn am meisten brauchte.

Mit nach vorn gestellten Ohren und geschlossenen Augen berührten sich ihre Nasen.

Henry schien trotz seiner Verletzung Lust auf einen Spaziergang zu haben. Ich säuberte die Wunde, so gut ich konnte, und streifte ihm dann das Halfter über. Ich hoffte, ein morgendlicher Streifzug könnte ihm sein nächtliches Trauma vergessen helfen. Er begann rückwärts, natürlich, doch schon bald schritt er richtig herum hinter mir voran, froh über die Ablenkung. Flash folgte Henry ein bisschen näher als üblich, und ich bemerkte, dass er Henry bei jedem Halt sanft mit den Zähnen über den Rücken fuhr und ihn seiner Gegenwart versicherte.

Bleibe bei uns, Herr …

Eine Freundin, die vor Kurzem den Jakobsweg gewandert war – den rund achthundert Kilometer langen Pilgerweg von Saint-

Jean-Pied-de-Port in Frankreich nach Santiago de Compostela in Spanien –, hatte mir ein Gedicht zukommen lassen, mit dem sie sich auf ihrem langen Weg intensiv beschäftigt hatte.[34] Meine Weide war bei Weitem nicht der Jakobsweg, doch die Worte des Gedichts klangen in meinem Innern nach:

Geduldiges Vertrauen
Vor allem vertraue dem langsamen Werk Gottes.
Wir sind von Natur aus ungeduldig und wollen
ohne Verzögerung ans Ziel gelangen.
Wir würden die Zwischenetappen am liebsten
überspringen.
Wir sind ungeduldig auf dem Weg zu etwas
Unbekanntem, etwas Neuem.
Und doch lautet das allem Fortschritt zugrunde
liegende Gesetz,
dass man Zeiten der Unsicherheit in Kauf nehmen
muss, um dorthin zu gelangen –
und dass dies sehr lange dauern kann.
Und so ist es auch mit dir:
Deine Gedanken reifen nach und nach –
lass sie wachsen, gib ihnen Raum, Gestalt
anzunehmen,
ohne unangemessene Eile.
Versuche nicht zu erzwingen,
heute etwas zu sein, was die Zeit (das heißt, die
Gnade und die Umstände in Verbindung mit
deinem guten Willen) morgen aus dir machen
wird.

Nur Gott allein kann sagen, wie dieser neue Geist,
der sich allmählich in dir formt, sein wird.
Vertraue unserem Herrn,
dass seine Hand dich leitet,
und akzeptiere das Unbehagen, dich in der
Schwebe und unvollständig zu fühlen.[35]

Von ihrer feindseligen Haltung und ihrem Konkurrenzkampf frustriert hatte ich Flash und Henry dazu zu drängen versucht, einander zu lieben. Vielleicht hatte ein Teil des Frustes damit zu tun, dass ich mein eigenes geistliches Wachstum und meine geistliche Reife ebenfalls zu erzwingen versuchte, statt Gott nach seinem Zeitplan an mir arbeiten zu lassen. Ich war immer schnell damit zur Hand, jede Verletzung zu verpflastern, zu schnell bereit, eine einfache Antwort auf jede Frage zu finden, und zu eifrig darauf bedacht, einen Bibelvers zu zitieren, um jedes Problem zu lösen. Ich hatte mich nie sehr wohlgefühlt bei dem Gedanken daran, dass ich dem „langsamen Werk Gottes" vertrauen sollte.

Was wir wirklich brauchen, ist Geduld.

Wir müssen akzeptieren, dass wir „unvollständig" sind.

Wir müssen ohne Furcht sagen können: „Ich weiß es nicht."

Wir müssen in Gottes Güte ruhen und uns von seiner Gegenwart trösten lassen.

Wenn wir nicht mehr vorgeben, dass wir alles im Griff haben, und stattdessen lernen, die Unsicherheit der Zwischenetappen anzunehmen, dann lassen wir Raum für Gott, uns – seine Meisterwerke – in Christus neu zu gestalten.[36]

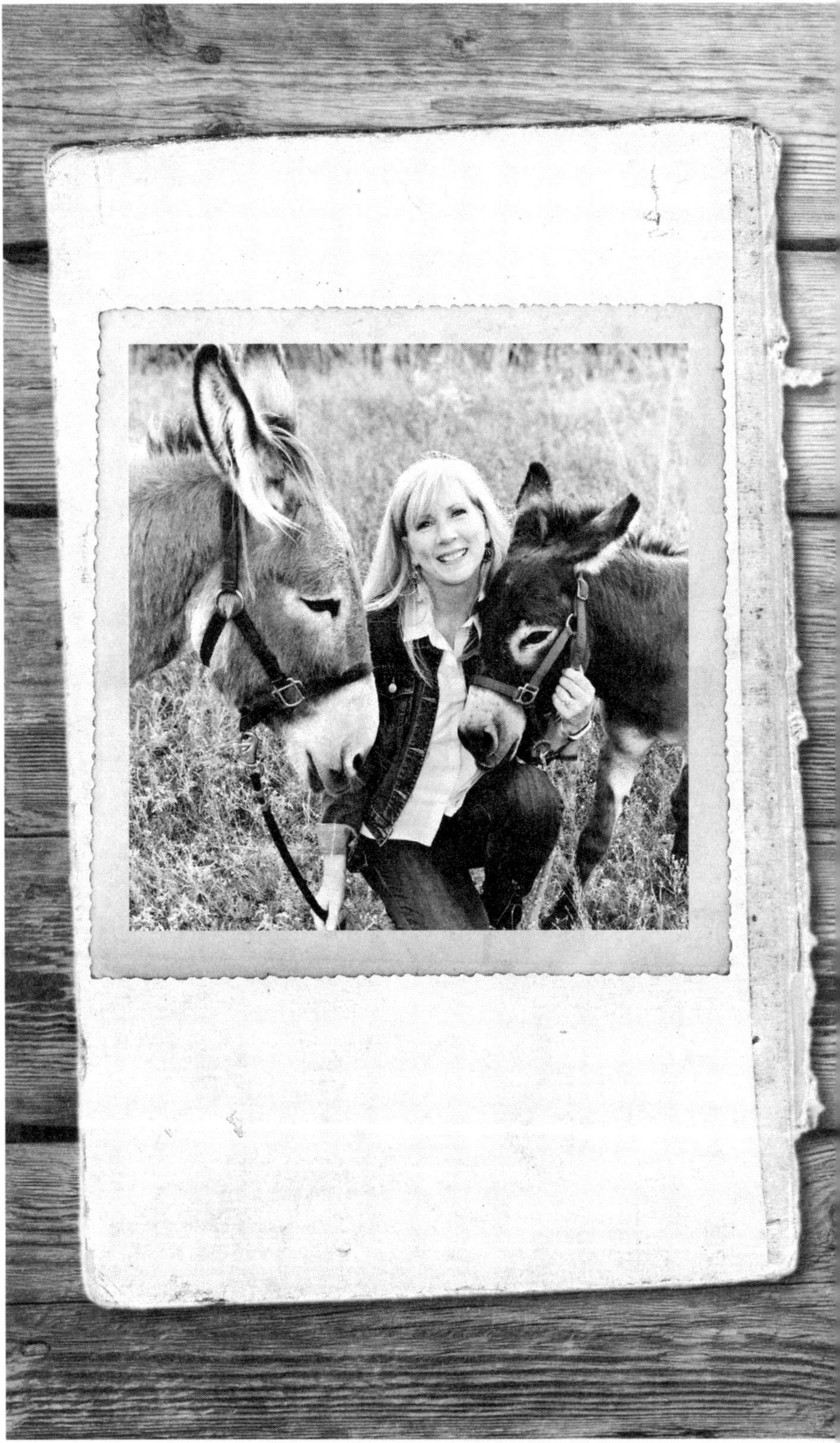

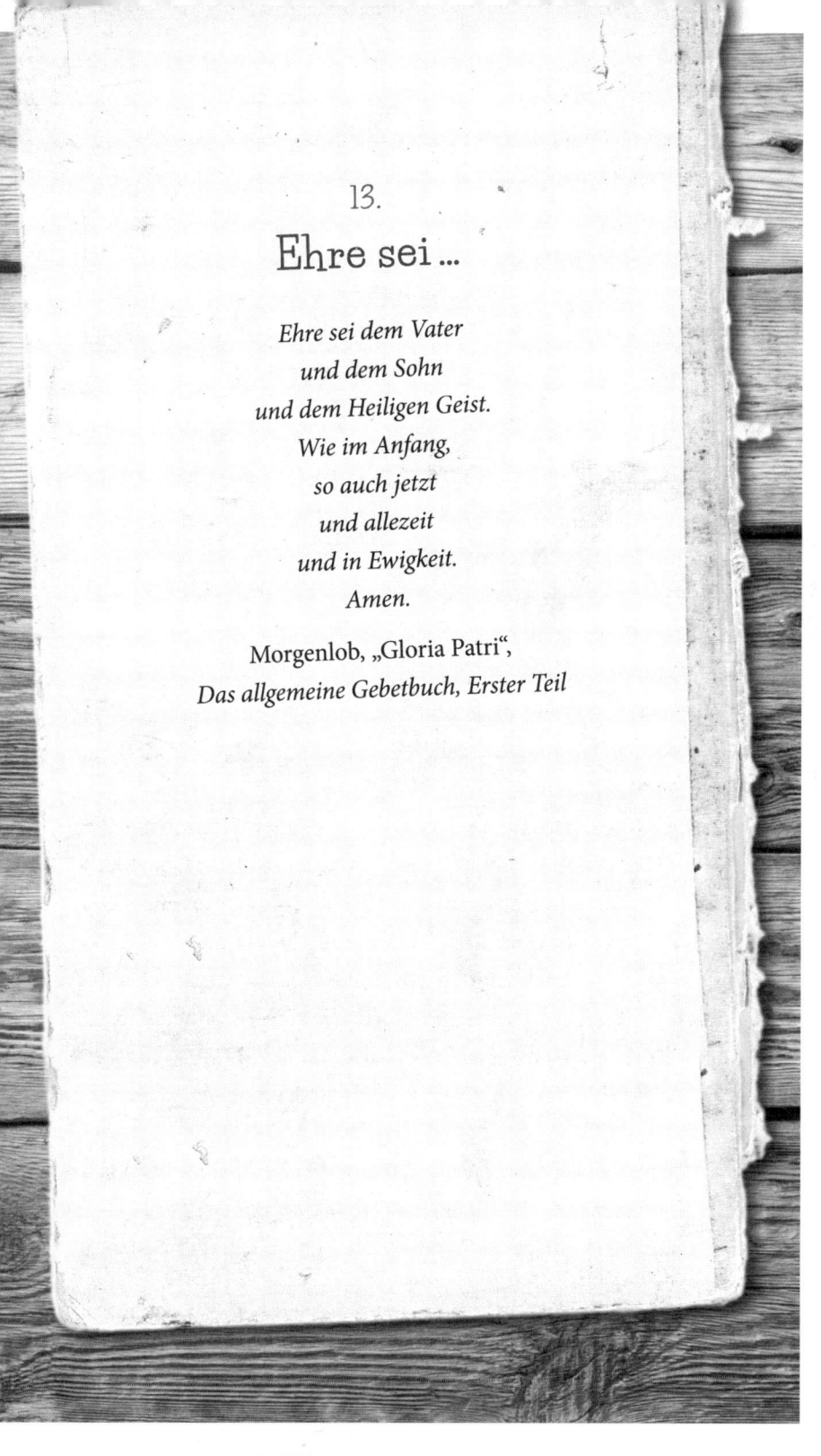

13.
Ehre sei...

Ehre sei dem Vater
und dem Sohn
und dem Heiligen Geist.
Wie im Anfang,
so auch jetzt
und allezeit
und in Ewigkeit.
Amen.

Morgenlob, „Gloria Patri",
Das allgemeine Gebetbuch, Erster Teil

Ich stand an der Hintertür in der Küche und hielt meine Kaffee-tasse mit beiden Händen umklammert. Die kühle Luft von draußen glitt unter dem Türrahmen hindurch und stahl sich in meine Strümpfe; meine Zehen krümmten sich vor Kälte. Durchs Fenster konnte ich sehen, wie Flash und Henry in der offenen Scheune auf dem Boden lagen, ihre Ohren zeichneten sich gegen die Lichter in der Scheune ab.

Wie süß.

Die beiden hatten ihre Differenzen schließlich so weit beige-legt, dass sie nebeneinanderschliefen. Ich stellte mir vor, wie sie nachts miteinander flüsterten, wie meine Schwester und ich es in unserer Kindheit getan hatten.

„Rutsch mal ein Stück rüber."

„Rutsch du doch."

„Dein Fuß berührt mich."

„Nein, deiner berührt *mich!*"

„Hör auf, so laut zu atmen."

„Hör du auf damit."

Ich öffnete die Tür und griff nach meinen Gummistiefeln, drehte sie um und schüttelte sie, um sicherzugehen, dass sich kein texanisches Viech darin befand: eine Spinne, ein Käfer oder eine Schlange. Entwarnung. Ich schlüpfte hinein und versuchte, so leise wie möglich zum Gatter zu stapfen. Ich wusste, dass ich mich nicht an die Esel heranschleichen konnte, ohne bemerkt zu werden, aber ich versuchte es trotzdem. *Ich würde so gern ein Foto von ihnen machen, wie sie nebeneinanderschlafen… nur ein einziges Mal!*

Als ich die Kette löste, um das Gatter zu öffnen, schwangen ihre großen Köpfe herum, die Ohren stellten sich auf. Sie beweg-ten sich nicht mehr, bis ich die Hälfte des Weges zur Scheune zurückgelegt hatte. Dann sprang Henry auf und tat so, als ob er die ganze Zeit gestanden hätte. Flash brauchte ein wenig länger, um aufzustehen, doch auch er gab sich nonchalant und schaute in die Ferne. *Was, ich? Ich hab nicht neben ihm gelegen; nein, nein, das war ich nicht.*

„Hey, ihr beiden, ich habe euch gesehen. Ihr wisst, dass ich euch gesehen habe! Mir könnt ihr nichts vormachen", lachte ich. „Gebt es zu: Ihr habt euch gern."

Flash legte seine Ohren zurück und schnaubte in Henrys Richtung, der sich nach vorn zwängte, um mich zu begrüßen. Er schubste Flash kurz mit dem Hinterteil und steckte seine Nase in der Hoffnung auf ein Leckerli in meine Hand. Der Waffenstillstand war offenbar nicht mehr wirksam, aber diesmal war ich ihnen nicht böse.

„Flash! Henry! Ich habe für euch beide etwas mitgebracht." Sie schubsten sich gegenseitig in Position und sahen mich mit jenem „Ich zuerst"-Ausdruck an. Ich holte zwei Leckerli aus meiner Jackentasche und gab jedem Esel eins. Sie verschlangen es sofort und schnüffelten nach dem nächsten.

Ich gab ihnen noch ein paar mehr und hielt ihnen dann die geöffneten Handflächen hin, um zu zeigen, dass ich nichts mehr hatte. Die Esel beäugten meine Hände skeptisch, dann suchte Henry in meinem Ärmel nach versteckten Köstlichkeiten. Er knabberte am Stoff, und seine Barthaare kitzelten mein Handgelenk.

„Nein, hier ist nichts, kleiner Dummkopf", lachte ich. Er schüttelte enttäuscht seine Mähne und sah mir in die Augen: *Beim nächsten Mal bring bitte mehr mit.*

Ich tätschelte seinen Kopf und sog die Morgenluft ein. Ich liebte den Geruch des frühen Morgens hier draußen. Der Boden dampfte noch vom nächtlichen Regen und war erdig und frisch. Wir hatten wieder einen trockenen Sommer hinter uns gebracht, der Boden war wie ein durstiger Schwamm. Obwohl der Morgen ungewöhnlich kühl war, würde es noch einige Wochen dauern, bevor das „Rollkragenpulli"-Wetter begann, sodass mein faltiger Hals noch eine Weile unbedeckt sein würde. Doch die getrockneten Früchte der Mesquitebäume waren bereits heruntergefallen, und einige der Eichenblätter begannen, die Farbe zu wechseln. Ein hoffnungsvolles Zeichen.

• • •

In jenem Herbst hatten Tom und ich einen Auftrag für Illustrationen und Kulissenmalereien in einem Fernsehstudio in Colorado angenommen. Es würde Spaß machen, wieder gemeinsam an einem Projekt zu arbeiten – umso mehr, da auch Bridgette und Steve an dem Projekt beteiligt waren, so wie damals, als die Kunst unsere einzige Einnahmequelle gewesen war. Erneut baten wir Jude (und seine beaufsichtigende Mutter Priscilla), sich um Flash und Henry zu kümmern.

Da wir wussten, dass unsere Esel in guten Händen waren, planten Tom und ich, die Geschäftsreise auszudehnen und ein paar Ferientage dranzuhängen. Wir freuten uns auf einige Tage in den Rocky Mountains mit ihren atemberaubenden Sehenswürdigkeiten und ihren wundervollen Herbstfarben. Sosehr ich auch meine dicken, alten texanischen Eichen und die struppigen Mesquitebäume liebte, fühlte ich mich auch von den Zitterpappeln angezogen. Ich wollte nichts anderes als ein Wäldchen mit Zitterpappeln finden und unter den Bäumen sitzen, ja, einfach nur *sitzen*.

Es war nicht leicht, mich auf die Arbeit zu konzentrieren, während ich mich gleichzeitig auf die Ferien freute. Doch die körperlichen und kreativen Herausforderungen des Projekts – Bühnenbilder kreieren und künstlerisch ausgestalten, große Kulissen installieren – verlangten unseren ganzen Einsatz, um alles im vorgegebenen Zeitrahmen zu schaffen. Es war eine anstrengende und gleichzeitig befriedigende Arbeit, so wie wir es liebten.

Als die letzte Illustration fertig war, machten wir uns auf den Weg. Es war genau der richtige Zeitpunkt, um die Herbstfarben in ihrer vollen Pracht zu genießen – die Landschaft war überwältigend schön! Als wir über die ländlichen Straßen von Colorado fuhren, entdeckten wir ein Wäldchen hoch oben auf einem Berg, das mit seinen Rot- und Orangetönen in Flammen zu stehen schien. Wir wussten, es würde der ideale Ort sein, um unter den Zitterpappeln zu sitzen, wie ich es mir gewünscht hatte. Ich lehnte mich auf dem Beifahrersitz nach vorn, während Tom unseren Mietwagen über kurvenreiche, von Blättern übersäte Straßen lenkte, die uns immer höher und höher bis zu unserem Ziel führten.

„Wir sind da", sagte Tom schließlich. Er stellte den Wagen am Straßenrand ab und zeigte auf eine Gruppe von Zitterpappeln. Aus der Nähe betrachtet bildeten sie keinesfalls einen dichten Pulk von Bäumen, wie wir es aus der Ferne vermutet hatten. Als wir das Wäldchen betraten, sah ich, dass die einzelnen Pappeln anmutig voneinander entfernt standen und zwischen sich genug Raum für Gras und Moos ließen. Meine Füße schwebten regelrecht über den weichen Waldboden, als ich nach dem perfekten Platz Ausschau hielt, wo ich den Nachmittag unter einem gewaltigen Dach aus schimmernden Blättern verbringen würde. Tom folgte mir mit einem Rucksack beladen, in dem sich eine Decke und unser Zubehör für ein Picknick befanden.

Die Japaner haben eine eigene Theorie über Bäume aufgestellt. Ihre Studien zeigen, dass es positive Folgen für die mentale und physische Gesundheit hat, Zeit im Wald zu verbringen. Ich füge dieser Liste kühn auch „geistliche Gesundheit" hinzu, wo wir schon dabei sind. Die Japaner nennen es „Waldbaden"[37], ich nenne es „Balsam für die Seele". Die weißen Pappelstämme reichten hinauf in den tiefblauen Himmel; die Blätter schimmerten in Gelb-, Grün-, Gold- und flammenden Orangetönen; ein weiches Grasbett auf dem Waldboden… all das erschien mir wie eine atemberaubende, Ehrfurcht gebietende Kathedrale.

Ohne es mir bewusst zu machen, spazierte ich mit hoch erhobenen Armen und nach oben zum Schöpfer gerichteten Handflächen durch den Wald. Ich liebte das Geräusch der Zweige, die sich über meinem Kopf berührten; das Rauschen der Blätter bei jedem Windstoß, begleitet von einem Blätterregen, der zu Boden ging, um die sich wechselnde Jahreszeit zu feiern. Es ist schwer zu begreifen, dass jeder Zitterpappelwald, der aus Hunderten einzelner Bäume besteht, ein *einziger* lebender Organismus ist, denn die Wurzeln der einzelnen Bäume sind unter der Erde miteinander verbunden.[38]

Der Wald schien mir etwas zuzuflüstern. In dieser Kathedrale aus Bäumen bekam ich ein Gespür für die Heiligkeit und Schönheit dieser Welt, das meine Seele zur Anbetung brachte. Ich hatte zwar mein Tagebuch mitgebracht, doch ich konnte mich nicht dazu aufraffen, meine Gedanken niederzuschreiben. Worte hätten niemals ausgereicht, um meine Gefühle zu beschreiben.

Und so saß ich unter den Zitterpappeln, einfach zufrieden damit zu sein.

• • •

Die Rückfahrt nach Texas brachte einen weiteren wundervollen Augenblick mit sich. Während ich seit Wochen davon geträumt hatte, unter Zitterpappeln zu sitzen, war es Toms Wunsch gewesen, Sterne zu fotografieren. In der Hoffnung, einen klaren Himmel und die perfekten Bedingungen vorzufinden, hatte er eine Route geplant, die uns um Mitternacht durch die großen Weiten New Mexicos führen würde. Wir verließen den Highway auf der Suche nach einer ländlichen Straße weitab von allem. Dann hielten wir an und stellten den Motor ab. In der Dunkelheit waren keine Taschenlampen oder Geräusche von Menschen auszumachen.

Es war tiefe, schwarze Nacht.

Und absolut still.

Wir schauten zum Himmel hinauf und hielten den Atem an. Über uns entfaltete sich ein Meisterwerk – Tausende von Sternen.

Wie im Anfang, so auch jetzt ...

Die Milchstraße[39] erstreckte sich in ihrer ganzen Pracht von Horizont zu Horizont. Sie war so klar und nah, dass man den Eindruck hatte, sie berühren zu können – wobei Tom mir erklärte, dass der nächste Stern 4,24 Lichtjahre von uns entfernt ist. Man sagt, dass wir mit bloßem Auge nur rund 6000 Sterne sehen können. Diese Anzahl muss man dann noch einmal halbieren, wenn man über die Anzahl der sichtbaren Sterne auf unserer Halbkugel spricht.[40]

In jener Nacht in New Mexico waren alle 3000 für uns sichtbaren Sterne in ihrer ganzen Leuchtkraft da. Sie bezauberten und verblüfften uns.

Tom setzte seinen Fotoapparat auf ein Stativ und richtete ihn zum Himmel. Er ließ die Blende zwanzig Sekunden lang geöffnet, lang genug, um mehr Licht hereinzulassen, als für unsere Augen sichtbar ist. Ich wusste, dass die Fotos umwerfend sein würden, doch ich war nicht auf das vorbereitet, was auf dem digitalen Bildschirm zu sehen war.

Meine Knie wurden weich, und mir wurde beinahe schwindelig. Ein Nachthimmel ohne Lichtverschmutzung ist atemberaubend. Doch ein Nachthimmel ohne Lichtverschmutzung und durch die Linsen eines leistungsstarken Fotoapparats betrachtet? Unvorstellbar!

„Rachel", flüsterte Tom, „wusstest du, dass die Zahl der Sterne im beobachtbaren Universum so groß ist, dass sie eine Eins mit 24 Nullen dahinter hat?"

„Wie ist das möglich?", flüsterte ich zurück. Ich fröstelte und zog meine Jacke enger um mich.

„Nun, ich habe ein bisschen gerechnet", sagte er lächelnd. „Die Wissenschaftler sagen, die Anzahl der Sterne im bekannten Universum ist so groß wie die Zahl der Sandkörner aller Strände und Wüsten dieser Welt, was nicht wirklich zu begreifen ist. Also habe ich nach einer anderen Möglichkeit der Darstellung gesucht: Stell dir einen Stern in der Größe einer Murmel vor – einer ganz normalen Murmel wie die, mit denen wir als Kinder spielten."

„Verstanden."

„Wenn jede Murmel einen Stern repräsentiert und diese Murmeln über den gesamten Planeten verteilt würden, dann würden sie eine Höhe von fast fünf Kilometern über der Oberfläche der gesamten Erde erreichen – einschließlich der Ozeane, des Festlandes und der Pole –, um die Anzahl der Sterne im bekannten Universum abzubilden."

„Du bereitest mir Kopfschmerzen", lachte ich. Ich stellte mir vor, ich würde in einem Flugzeug um die Welt fliegen und auf eine endlose Landschaft von bunten Murmeln schauen, deren Tiefe ich nicht ermessen konnte.

„Jedes Mal wenn es Astronomen gelingt, ein wenig weiter in den Weltraum zu blicken, entdecken sie neue Galaxien und Sterne. Astronomen, die mit dem Hubble-Weltraumteleskop[41] arbeiten, suchten sich einmal die dunkelste Stelle im Weltraum, die sie finden konnten – etwa in der Größe dessen, was man am Ende eines zweieinhalb Meter langen Strohhalms sehen würde. Sie fokussierten das Teleskop elf Tage lang auf diese Stelle, weil sie neugierig waren, was sie dort finden würden."

„Und?" Ich hatte keine Ahnung, wohin das führen würde, aber ich spürte, dass mein wissenschaftsliebender Mann dabei war, ein wissenschaftliches Prachtexemplar genau hier, mitten im Nichts, loszulassen.

„Sie fanden heraus, dass sich in dem winzigen schwarzen Fleck zehntausend Lichtpunkte befinden. Jeder dieser Lichtpunkte ist eine Galaxie, und jede Galaxie enthält mindesten hundert Milliarden Sterne."

„Das ist unfassbar!", sagte ich, und nun flüsterte ich nicht mehr.

„Es ist schwer zu glauben und dennoch wahr", antwortete er. „Und das Licht braucht so viel Zeit, bis es bei uns ankommt, dass wir in einem sehr realen Sinne in die Vergangenheit sehen, wenn wir die Sterne betrachten." Tom schüttelte den Kopf, als ob er diese Wahrheit selbst erst langsam in sich aufnehmen müsste, dann sah er mich durch die Dunkelheit hindurch an. „Wir Menschen sind letztlich so ahnungslos."

Wir fühlten uns wie unvorstellbar winzige Geschöpfe auf einem kleinen Planeten in einem einzelnen Sonnensystem inmitten einer Galaxie, die zweieinhalb Millionen Lichtjahre von Andromeda (unserer am nächsten gelegenen Galaxie) entfernt ist, und innerhalb eines bekannten Universums, das aus zwei Billionen Galaxien besteht. Und da standen wir und versuchten – vergeblich – mit nach oben gerichteten Gesichtern, das alles zu begreifen.

• • •

Zurück in Texas war ich von der Schönheit der Zitterpappeln in Colorado und der Intensität des Nachthimmels im Norden New Mexicos noch immer so aufgewühlt, dass die ersten Tage zu Hause wie im Traum vergingen. Es hatte mir so gutgetan, eine Pause vom Alltag einzulegen und mir Zeit zum Staunen über die Schöpfung zu nehmen.

Forschungen haben ergeben, dass ehrfurchtsvolles Staunen unser Gehirn verändert,[42] und ich zweifle keinen Moment daran. Wenn wir auf unbeschreibliche Schönheit treffen oder die beeindruckenden Kräfte der Natur erleben oder Landschaften sehen, die uns tief in unserem Innern berühren, dann geschieht etwas: Wir werden uns unserer Kleinheit bewusst, unserer vorübergehenden Existenz auf dieser Erde, und plötzlich erscheint es uns sinnvoll, all die belanglosen Dinge über Bord zu werfen, die unsere Gedanken in Beschlag nehmen und uns Energie rauben.

Wir sind uns der Tatsache bewusst, dass Gott größer ist als jedes Konstrukt, das wir bilden könnten, und wir wissen tief in unserem Herzen, dass er von keinem wissenschaftlichen oder theologischen System, das unser menschliches Gehirn entwickeln könnte, angemessen beschrieben werden kann.

Wir werden uns der Existenz Gottes bewusst, der einfach *ist*.

Wir werden uns bewusst: „Durch ihn allein leben und handeln wir, ja, ihm verdanken wir alles, was wir sind [...]" (Apostelgeschichte 17,28). Kurz gesagt: Wir verdanken ihm *unser Leben*.

Ich fand einen alten Baumstumpf am Rande der Weide und wollte versuchen, Henry diese Dinge zu erklären. Er schien mehr Zeit zu haben als Flash, sich meine Überlegungen anzuhören. Ich hatte mich gerade auf den Baumstumpf gesetzt, als er sich rückwärts auf meinen Schoß drängte und mich dabei fast umstieß. Es war vielleicht nicht die ideale Ausgangssituation für ein Gespräch, aber es musste eben gehen.

Ich begann, ihn mit beiden Händen zu streicheln, und er schaute mich glücklich über die Schulter an. „Du schuldest mir was, Henry", ermahnte ich ihn. Er zuckte mit den Ohren. Dann drehte er sich um und legte seinen Kopf gegen meine Brust. Mit einem kleinen Seufzer sah er mit seinen seelenvollen Augen zu mir hoch, ließ seinen Kopf in meine Arme sinken und kuschelte sich an mich.

„Oh Henderson Nummer zehn", murmelte ich ihm ins Ohr. „Ich liebe dich." Ich fuhr mit den Händen über seinen Hals zu seiner zotteligen Mähne, um sie zu zerzausen und zuzusehen, wie sie sich sofort wieder aufstellte.

Dieser wundervolle kleine Kerl!

Ich hatte gedacht, Henry würde mein „Und sie lebten glücklich und zufrieden"-Esel sein. Ich hatte mir gewünscht, er würde meinen schrecklichen Fehler mit Penny und Prince wiedergutmachen. Ich hatte gehofft, er würde Flashs Kumpel werden. Ich hatte mir gewünscht, dass er lieb, still und gehorsam wäre.

Doch Henry hatte meine Pläne über den Haufen geworfen. Er kam zu seinen Bedingungen und brachte mich dahin, ihn so anzunehmen und zu lieben, wie er war – und nicht so, wie ich ihn haben wollte. Mit Henry gab es kein Vertun: Er war nach außen und innen gleich: ein Esel, der sich selbst treu war.

Ich kann noch immer eine Menge von ihm lernen.

Da stand er nun mit seinem angeknabberten Ohr und seiner rauflustigen Persönlichkeit und wollte einfach nur wahrgenommen und geliebt werden. Ich konnte nicht anders, als ihn von Herzen gernzuhaben. Ich streichelte sein dunkles Fell, das mit den kühleren Temperaturen immer dicker wurde. Er blinzelte und bewegte seine struppigen Lippen, als wollte er mir etwas mitteilen. Vielleicht wollte er mir sagen, dass er glücklich war, dort zu sein, wo er gerade war.

Ich habe gerade das Gleiche gedacht, Henry.

Während unseres Urlaubs hatte ich meine Spaziergänge mit Henry vermisst. Verständlicherweise interessierte er sich mehr dafür, von mir gestreichelt zu werden, als mit mir spazieren zu gehen, doch ich wollte meine Gebetsübungen auf der Weide wiederaufnehmen, und so versuchte ich, ihn zu einem Spaziergang über die Pfade zu überreden. Mittlerweile brauchte ich mein Notizbuch nicht mehr; das Glaubensbekenntnis und meine Lieblingspsalmen und Gebete waren fest in meinem Herzen verankert.

Flash beobachtete uns gutmütig.

Henry stand still, um sich das Halfter anlegen zu lassen.

Schließlich zog ich sanft am Führstrick: „Komm, Henry. Los geht's!"

Henry stand zunächst rückwärts zu mir, nahm sich Zeit zum Nachdenken, drehte sich dann langsam um und ging schließlich mit einem Schnauben über die Schulter los: *Hey, Flash, komm mit!*

Doch Flash brauchte keine Aufforderung. Mit hochgestellten Ohren und schwingendem Schweif bildete er unsere Nachhut. Dieser Tage konnte ich den einen Esel nicht ohne den anderen haben. Offenbar waren sie am Ende doch Freunde geworden.

Ehre sei…

Mit den Eseln zu spazieren, bereitete mir nach wie vor große Freude: Henry neben mir, mit im Wind flatternder Mähne und sich ständig bewegenden Nüstern; Flash hinter uns trottend, zufrieden, uns zu folgen. Wir gingen über unseren Lieblingspfad rund um die Weide, im Rhythmus von Henrys kleinen stämmigen Beinen.

Mit diesen beiden Eseln war ich durch die Zeit gereist, um biblische Persönlichkeiten zu treffen – sogar Jesus selbst. Sie waren die Berührungspunkte, die es mir ermöglichten, in die Geschichten einzutauchen, in denen Esel eine Rolle spielten. Die Bibel wurde für mich auf neue Weise lebendig, weil ich sie mit anderen Augen sah. Nicht zuletzt Henrys Ankunft hatte mich dazu bewegt, aus der Enge auszubrechen, in der ich so lange gelebt hatte, um in die Weite der Schöpfung einzutauchen. Dort entdeckte ich die Schönheit des Glaubens, die sich uns erschließt, wenn wir uns für Neues öffnen und zum Vertrauen bereit sind.

Henry hielt an, um zu prüfen, ob Flash noch mit uns ging. Ich nutzte den Augenblick, um die Worte des „Ehre sei"-Lobgesangs erneut zu beten. Dieser Pfad hatte mir einen Weg für neue Formen des Gebets gebahnt, um meine erschöpfte Seele zu beleben. Als ich keine Worte mehr fand und geistlich ausgelaugt war, hatten die Liturgie und die geistlichen Übungen genug Wind in meine Segel geblasen, um mich wieder voranzutreiben, ohne die Furcht, den richtigen Kurs zu verlieren. Ich konnte eine neue Jahreszeit des Lebens in dem Wissen beginnen, dass Gott bei mir sein würde. Ich war besonders dankbar für diesen kleinen Esel, der mir in Bezug auf mein Gottvertrauen auf dieser heiligen Reise so viel beigebracht hat.

Du bist wirklich ein Geschenk, Henry.

„Darf ich mich zu euch gesellen?" Tom traf auf Henry und mich, als wir bei der Scheune ankamen. Flash hatte sich auf den letzten Metern von uns abgeseilt, weil ein frisches Grasbüschel seine Aufmerksamkeit erregt hatte. Henry schaute jetzt eifrig zu Tom, der eine Tasse Kaffee in den Händen hielt.

„Ich glaube, für heute sind wir genug gelaufen, aber ich würde gern ein bisschen mit dir hier draußen sitzen", sagte ich und schielte auf den Kaffee, während ich Henrys Halfter abnahm. „Es ist zu schön, um im Haus zu bleiben."

Es ist immer ein gutes Zeichen, wenn mein nicht Kaffee trinkender Mann eine Tasse mit dampfendem Kaffee in der Hand hält – es bedeutet, dass ich in Kürze ein köstliches Geschenk bekommen werde, genau so, wie ich es mag.

„Ich hatte gehofft, dass du das sagen würdest", sagte er lächelnd und reichte mir die Tasse. „Ich habe die Campingstühle neben der Feuerstelle aufgestellt."

Wir setzten uns auf die Segeltuchstühle und legten die Füße auf die Steine rund um die Feuerstelle draußen vor der Scheune. Auch ohne Feuer versetzte uns die Szene in eine nachdenkliche Stimmung.

Unsere Zeit in den Bergen hatte uns beide zutiefst berührt, und es war schwierig, die Auswirkungen in Worte zu fassen.

Henry lungerte in unserer Nähe, seine Ohren waren in unsere Richtung gestellt, als ob er versuchte, uns zu belauschen. Er wartete wahrscheinlich, um zu sehen, ob etwas von dem süßen Kaffee in meiner Tasse übrig bleiben würde. Er liebte es, Kaffeereste aufzulecken, wenn sich die Gelegenheit bot.

Nachdem wir eine Weile schweigend dagesessen hatten, stellte mir Tom in beiläufigem Ton die Frage: „Rachel, was denkst du, wie sieht Gott aus?"

Sofort traten mir Tränen in die Augen. Ich wusste nicht, warum.

Ich blinzelte und stammelte etwas in dem Sinne, dass niemand das wirklich weiß und dass es nicht viel Sinn macht, es sich vorzustellen – Gott ist einfach zu überwältigend. Ich strich meine Jeans glatt und zupfte an einem losen Faden an der Armlehne des Campingstuhls, um nicht antworten zu müssen. *Genau darum ging es doch bei meiner Reise, oder nicht?*

„Ich versuche nicht, den Schlaumeier zu spielen. Ich wundere mich nur", sagte er. „Ich frage mich, wie Gott aussieht. Ich meine, wenn du die Augen schließt und dir vorstellst, er würde vor dir stehen, wie sieht er dann aus?"

Erneut protestierte ich.

Doch dann atmete ich tief durch und schloss die Augen.

Ich hielt sie nicht mehr als ein paar Sekunden lang geschlossen.

Aber ich sah etwas. Spürte etwas.

Ich möchte nicht behaupten, dass ich eine Vision hatte. Ich fühle mich mit solchen Aussagen generell nicht sehr wohl. Aber ich weiß, was mein Inneres in diesem Augenblick an einem kühlen Herbstnachmittag gesehen hat.

Ich weiß, was *ich* gesehen habe.

Ich hatte meine Augen geschlossen, und Menschen, Orte, Landschaften – die Welt – rauschten an mir vorbei wie eine tosende Welle, die ins Meer zurückfällt. Plötzlich befand ich mich in einem ruhigen Tal mit zu beiden Seiten sanft ansteigenden Hügeln. Der Himmel war von einem tiefen Azurblau, wie ich es nie zuvor gesehen hatte, und ich stand in hohem, silbern schimmerndem Gras, das sich in einer sanften Brise wiegte.

Und er war dort.

Er war dort vor mir – eine glänzende, wunderschöne Lichtgestalt. Aus der Mitte strahlte weißes Licht, und wie bei einem Prisma leuchteten die Farben des Regenbogens an den Kanten. Die Gestalt schien über dem Boden zu schweben, und ich schaute genau darauf, genau in die Mitte. Es war warm und wunderschön und absolut fesselnd.

Ich wusste sofort, ohne nachzudenken, dass dieses Licht die reale Gegenwart Gottes war.

Ich tauchte tief hinein, badete im feinen Nebel flimmernder Lichtpartikel.

Ihre Strahlen umgaben mich, als ob sie mich tief in meinem Innern durchleuchten wollten – mein Herz, meinen Sinn, alles. Keine Vorbereitung, keine Möglichkeit, meine Gedanken in Ordnung zu bringen oder Dinge präsentabel zu machen … doch das spielte keine Rolle.

Es dauerte nur einige Sekunden, vielleicht vier oder fünf, doch es kam mir vor, als würde dieses Licht mein gesamtes Leben durchleuchten, ohne Ausnahme.

Es ging so schnell.

Ich als Kind – schlaksig und unsicher. Die Male, als ich bei den Mathearbeiten in der dritten Klasse geschummelt hatte. Mein Hunger nach Anerkennung als Teenager. Meine Angst, zu kurz zu kommen. Meine Ängste als Mutter. Die Male, als ich Menschen enttäuscht hatte, die ich liebte. Das verlorene Baby, die Enttäuschungen, unsere Kämpfe während der Wirtschaftskrise, meine Sorgen um die Zukunft, meine Zweifel und Fragen in Bezug auf Gott. Meine vergeblichen Versuche, alles im Griff zu haben.

Alles, was ich getan hatte.

Alles, was ich nicht getan hatte.

Penny und Prince.

Meine Spaziergänge und meine Einsamkeit, meine Hoffnungen und meine Träume.

Das Licht sah mich – alles von mir – und kannte mich.

Ich war gekannt. Vollständig gekannt.

Ich war im Licht … und ich war überhaupt nicht verlegen oder beschämt.

Ich überließ mich dieser mächtigen Welle; meine Zehen berührten nicht mehr den Sand, als das Wasser über mir zusammenschlug.

Und doch hatte ich keine Angst. In meiner tiefsten, schlimmsten Angst, der Angst unterzugehen, konnte ich atmen. Ich atmete.

Das ist Liebe.

Das ist Liebe.

Abrupt öffnete ich die Augen. Das Licht verschwand, und die Tränen strömten mir übers Gesicht.

Es war zu schön, zu wundervoll, zu vollkommen, um es ertragen zu können. Ich konnte nichts sagen.

Weil ich verstanden hatte.

Ich sah Licht, und ich sah Liebe. Sie hatte mir den Boden unter den Füßen weggezogen, doch statt unterzugehen, atmete ich in Gott und fand Leben.

Und ich wusste: Das ist Gott.

Gott ist Liebe.

Gott ist *Liebe*.

Da saß ich an einem kühlen Herbstnachmittag in einem Campingstuhl neben einem schokoladenbraunen Esel, und ich wusste, was ich gesehen hatte. Ich kann es nicht erklären oder beschreiben, geschweige denn begreifen – aber es hat mich verändert.

Es hatte zur Folge, dass ich mich vollständig fühlte.

Und ich begriff, dass die Liebe genau das bewirkt.

Sie sieht alles und liebt alles.

Weil sie nicht anders kann.

Die Liebe fordert uns dazu auf loszulassen. Sie fordert uns dazu auf, die Vergangenheit loszulassen, die uns mit Bedauern und Schuldgefühlen blockiert. Sie fordert uns auf, unsere Ängste bezüglich der Zukunft loszulassen. Sie fordert uns dazu auf, unsere Furcht loszulassen, nie genug zu sein, nicht alle Antworten zu haben – und unsere Furcht, Gott wäre weniger gnädig und barmherzig, als er tatsächlich ist. Er ist voller Gnade.

Die Liebe – Gott selbst – fordert uns dazu auf loszulassen, und im Gegenzug stellt er unsere Zerbrochenheit wieder her.

Alles wird gut werden, denn wir werden nie allein sein.

Ihr Wegweiser für Gebetsspaziergänge

Eine Liturgie und niedergeschriebene Gebete mit Spaziergängen in der Natur zu verbinden, hat mein geistliches Leben grundlegend verändert. Natürlich ist mir bewusst, dass nicht jeder eine solche Ausgangssituation hat wie ich: Ich besitze zwei sehr spezielle Esel und habe Zugang zu einer umzäunten Weide mit Spazierpfaden. Doch ich glaube, dass jeder vom Prinzip der Gebetsspaziergänge profitieren kann. Ob Sie in der Stadt wohnen oder in einem Vorort oder auf dem Land – es ist gut für Ihre Seele, wenn Sie aus Ihrem Wohnzimmer hinaustreten, die frische Luft einatmen und Ihrem Herzen und Ihren Gedanken die Möglichkeit geben, einen Gebetsrhythmus zu finden.

Für mich hat das Anwenden einer bestehenden beziehungsweise das Kreieren einer eigenen täglichen Liturgie diese Art von Gebet möglich gemacht. Nachstehend habe ich mehrere Gebete und Lesungen aufgelistet, die ich benutze – manche stammen von Onlineversionen des *Allgemeinen Gebetbuchs,* manche habe ich an anderen Stellen entdeckt. Und denken Sie daran: Sie haben die Freiheit, liturgische Gebete und Glaubensbekenntnisse mit Ihren eigenen Gebeten zu kombinieren.

Über einen Link auf meinem Smartphone oder eine Notizapp Zugriff auf solche Quellen zu haben, ist eine Annehmlichkeit unserer modernen Welt, die ich sehr schätze und regelmäßig nutze. Ich habe außerdem ein Notizbuch im Taschenformat, um meine Lieblingsgebete immer zur Hand zu haben.

Im Folgenden sehen Sie die Reihenfolge, die ich typischerweise anwende, wenn ich einen vorgeschriebenen täglichen Gottesdienst befolge:

Gloria Patri
Lesung Eingangsvers
Jesusgebet
Schuldbekenntnis
Glaubensbekenntnis
Psalm 23
Vaterunser
Persönliche Gebete
Allgemeines Dankgebet
Gebet für die Woche
Gebet für die Mission
Bekenntnis des Mysteriums
Jesusgebet
Amen

Können Sie sehen, wie meine persönlichen Gebete – für meine Familie, meine Freunde und meine persönlichen Umstände – darin untergebracht sind? Alles andere, mit Ausnahme des Gebets für die Woche, habe ich durch Aufschreiben und regelmäßiges Wiederholen auswendig gelernt.

Wenn Sie daran interessiert sind, bereits formulierte Gebete in Ihren Gebetsspaziergang einzubinden, möchte ich Ihnen noch folgende Tipps geben:

1. Legen Sie eine Route fest. Wenn Sie regelmäßig denselben Weg gehen, kehrt eine gewisse Routine ein und Ihr Geist kommt zur Ruhe. Sie brauchen dann nicht darüber nachzudenken, welchen Weg Sie als Nächstes nehmen sollen, oder sich Sorgen um die Dauer Ihres Spaziergangs zu machen.

2. Versuchen Sie, bestimmte Markierungen auf dem Weg mit besonderen Gebeten zu verbinden. Ein Beispiel: Wenn ich mich dem Gatter der Weide nähere, bete ich einfach: „Herr, öffne meine Lippen, damit sie dein Lob hervorbringen. Ehre sei dem Vater und dem Sohn und dem Heiligen Geist. Wie im Anfang, so auch jetzt und allezeit und in Ewigkeit. Amen." In diesem Fall kombiniere ich das *Eingangsgebet* – die direkte Anrede Gottes – mit dem *Gloria*. Während ich das Gatter öffne, beginne ich mit dem Schuldbekenntnis. Die Routine hilft mir, die Abfolge der Gebete beizubehalten, und hat den zusätzlichen Vorteil, dass sie mir die Gebete jedes Mal ins Gedächtnis ruft, wenn ich an diesen Orten vorbeikomme.

3. Halten Sie es einfach. Lernen Sie nicht mehr als ein Gebet auf einmal auswendig. Ich habe Wochen gebraucht, um das „Allgemeine Dankgebet" auswendig zu lernen, und habe es immer wieder neu vor Gott ausgebreitet. Manchmal habe ich nur dieses eine Gebet an einem Tag gebetet. Mit der Zeit wurde es wie ein guter Freund für mich. Wenn ich jetzt im *Allgemeinen Gebetbuch* in der täglichen Liturgie darauf stoße, brauche ich es nicht mehr zu lesen. Ich kann es einfach „atmen" und bei den Worten und Sätzen verweilen. Es verliert nie seine Kraft für mich.

4. Machen Sie sich keine Sorgen wegen der Wiederholungen. Ich bin mit der Sorge aufgewachsen, in meinen Gebeten in „fruchtlose Wiederholungen" zu verfallen. Doch meine frei formulierten Gebete waren letztlich genauso wiederholend wie die liturgischen Gebete, allerdings fehlte ihnen die wunderschöne theologische Ausgestaltung. „Herr, ich bitte dich..." war die feste Gebetsformel meines früheren Gebetslebens. In den tiefen Quellen traditioneller christlicher Gebete zu schöpfen, hat die Sprache und Reichweite meiner Gebete ausgedehnt. Anstatt vor allem für „mich und meine Bedürfnisse" zu beten, legen die liturgischen Gebete den Schwerpunkt auf „wir" und „uns". Ich erinnere mich daran, dass ich dieselben Gebete wie Millionen anderer Christen in der ganzen Welt bete – bezogen auf die Vergangenheit, die Gegenwart und die Zukunft. Wir sind Teil eines kollektiven Gebetsflusses, der die Gläubigen trägt und unterstützt. Was für ein wundervoller Gedanke...

5. Verändern Sie gegebenenfalls bestimmte Elemente. Die Sommer in Texas sind furchtbar heiß. Ich schwitze nicht gerne. Meine Wohnzimmercouch ist eine sehr gute Alternative für Tage, an denen ich die Hitze draußen nicht ertragen kann. Ich mag auch keine extrem niedrigen Temperaturen oder andere schwierige Wetterbedingungen, und in jedem dieser Fälle ist die Couch im Wohnzimmer meine Alternative zu den Gebetsspaziergängen im Freien.

6. Finden Sie Raum für die Stille. Beim Gebet dreht sich nicht alles darum, dass *Sie* reden. Umfangen Sie die Stille. Seien Sie bereit zu staunen. Achten Sie auf das Gras, die Bäume, den Wind und den Himmel. Nehmen Sie Ihre Umwelt in sich auf. Lassen

Sie Ihre Unruhe beiseite. Oft kommt Weisheit durch Beobachtung. Sie können besser auf Gottes Stimme hören, die Ihre Gedanken lenkt und zu Ihrem Herzen spricht, wenn Sie ihm mehr Raum dafür geben.

7. Streben Sie nicht nach „Ergebnissen". Genießen Sie den Frieden der einfachen Gebetspraxis. Mir wurde irgendwann bewusst, dass ich früher beim Beten oft auf Ergebnisse fixiert war. Ich betrachtete das Gebet als einen „Kampf" – als ob ich Gott überzeugen müsste, Dinge zu tun, die ich mir wünschte. Es stimmt, dass Jesus uns dazu aufgefordert hat, unsere Bitten und Wünsche vor ihn zu bringen. Wir sollen auch für die Bedürfnisse anderer beten. Aber wir können auch in dem Wissen ruhen, dass Gott weiß, was wir brauchen, bevor wir ihn darum bitten. Er wird auf seine Weise und zu seiner Zeit darauf antworten. Es ist nicht nötig, ihn dazu verleiten oder gar zwingen zu wollen, die Dinge durch unsere Augen zu sehen. Wir können das Gebet vielmehr als bewusstes Eintreten in Gottes Gegenwart begreifen – durch stilles Nachdenken über die Heilige Schrift und die Liturgie und durch stilles, vertrauensvolles Hören auf Gott. Solche Gebete haben große Kraft und verändern uns nachhaltig.

8. Gehen Sie demütig und aufrichtig voran. Es erfordert Zeit, sich neue Gewohnheiten anzueignen. Haben Sie Geduld und machen Sie sich klar, dass Sie nie ein „Experte" in Sachen Gebet und geistliches Leben sein werden. Ich jedenfalls bin es nicht.

Wenn wir in dem Wunsch vorangehen zu wachsen, an Reife zu gewinnen und einfache Antworten und alte Muster hinter uns zu lassen, dann werden wir Hilfe brauchen. Wir können viel von Menschen lernen, die vielleicht in anderen Glaubens-gemeinschaften zu Hause sind oder einen anderen geistlichen Hintergrund haben. Seien Sie ein Lernender – lesen Sie viel, und seien Sie bereit, über den Tellerrand zu blicken. Und während Sie sich in diesem Prozess befinden, haben Sie keine Angst davor zu sagen: „Ich weiß es nicht." Vertrauen Sie darauf, dass Gott bei Ihnen ist, auch – und gerade – in Ihrer Unwissenheit.

Anmerkungen

1. Die Mittel der Gnade

1   Makoto Fujimura, *Culture Care: Reconnecting with Beauty for Our Common Life* (Downers Grove, IL: InterVarsity Press, 2017), S. 4. Freie Übersetzung.

2   Siehe 1. Mose 15,5: „[…] Schau dir den Himmel an, und versuche, die Sterne zu zählen! Genauso werden deine Nachkommen sein – unzählbar!"

2. Ich glaube

3   Siehe Matthäus 9,9.

4   Siehe Apostelgeschichte 9,2 (LUT).

3. Mir wird nichts mangeln

5   Siehe „KonMari: How to Clean up Your Home Once and Never Need to Do It Again", Martha Stewart, 20. März 2015, https://www.marthastewart.com/1106009/konmari-trendy-new-organizing-method. Freie Übesetzung.

6   Siehe Psalm 103,3.

4. Öffne unsere Augen

7   Francis S. Collins, *The Language of God: A Scientist Presents Evidence for Belief* (New York: Free Press, 2006), S. 210. Freie Übersetzung.

8 Siehe Hiob 39,5: „Wer hat dem Wildesel die Freiheit gegeben, wer hat seine Fesseln gelöst?"

9 Siehe Matthäus 14,27.

5. Was wir unterlassen haben

10 Siehe Klagelieder 3,22–23.

6. Dieser neue Tag

11 „Leiturgia bezeichnet im klassischen Griechisch ein im Interesse des Volkes unternommenes öffentliches Werk", siehe https://books.google.be/books?id=qDi3DQAAQBAJ& pg=PA24&lpg=PA24&dq=Liturgie+Definition+griechisch& source=bl&ots=j3NThUfTDQ&sig=eDLG-Wn7JsJtDJM-67poyR-9b00o&hl=fr&sa=X&ved=2ahUKEwj_vJPEx-DfAhWSJlAKHX_sDfoQ6AEwB3oECAAQAQ#v=onepage &q=Liturgie%20Definition%20griechisch&f=false.

7. Das Volk seiner Weide

12 Paul H. Seely, „The Firmament and the Water Above", in: *Westminster Theological Journal* 53 (1991), 227–40, siehe http://faculty.gordon.edu/hu/bi/ted_hildebrandt/ OteSources/01-Genesis/Text/Articles-Books/Seely-Firmament-WTJ.pdf.

13 Norman L. Geisler und Thomas Howe, *The Big Book of Bible Difficulties* (Grand Rapids, MI: Baker Books, 2008). Nicht auf Deutsch erschienen.

14 John H. Walton und D. Brent Sandy, *The Lost World of the Scripture: Ancient Literary Culture and Biblical Authority* (Downers Grove, IL: IVP Academic, 2013), S. 13. Freie Übersetzung.

15 Siehe https://books.google.de/books?id=lmcpkFXszWsC&p
g=PA63&dq=Luther+Gott+in+jedem+Gesch%C3%B6pf&h
l=fr&sa=X&ved=0ahUKEwjRwNH5sp3iAhVFDuwKHfNU
CAoQ6AEIKDAA#v=onepage&q=Luther%20Gott%20
in%20jedem%20Gesch%C3%B6pf&f=false.

8. Führe uns nicht

16 Don Underwood, *Pray Like Jesus: Rediscovering the Lord's
Prayer* (Nashville: Abingdon Press, 2017), S. 10. Freie Übersetzung.

17 Oswald Chambers, siehe https://www.wattpad.
com/577225578-christliche-zitate-81.

18 Siehe Matthäus 6,10.

19 Siehe Apostelgeschichte 17,26–27.

9. Vergiftete Herzen

20 Siehe https://www.bcponline.org/Misc/Prayers.html. Freie
Übersetzung.

21 Aus dem Vorwort von *All These Wonders: True Stories about
Facing the Unknown*, Catherine Burns, ed. (New York:
Crown Archetype, 2017), S. 13. Freie Übersetzung.

22 Freie Nacherzählung der Autorin nach Lukas 10, 30–37.

10. Heiteres Licht

23 Siehe https://de.wikipedia.org/wiki/Phos_hilaron.

24 Siehe https://de.wikipedia.org/wiki/Stundengebet.

25 Siehe 1. Thessalonicher 5,17 (ELB).

26 Siehe https://en.wikipedia.org/wiki/Phos_Hilaron.

27 https://www.sciencedaily.com/
releases/1998/02/980227055013.htm. Freie Übersetzung.

28 Barbara Brown Taylor, *The Luminous Web: Essays on*

Science and Religion (Lanham, MD: Rowman & Littlefield, 2000), S. 50. Freie Übersetzung.

29 Aus dem Lied „Anthem" von Leonard Cohen, 1992, © Sony/ATV Music Publishing (UK) Limited. Freie Übersetzung.

11. Der Weg des Friedens

30 In Matthäus 21,2–3 und 7 werden zwei Tiere erwähnt – eine Eselin und ein Fohlen. In Markus 11,2–7 und in Lukas 19,30–35 ist nur von einem jungen Esel die Rede, und in Johannes 12,14 heißt es: „Jesus ließ sich ein Eselfohlen bringen und ritt auf ihm in die Stadt […]."

31 Eugene Peterson, *As Kingfishers Catch Fire: A Conversation on the Ways of God Formed by the Words of God* (New York: Waterbrook, 2017), S. 18. Freie Übersetzung.

32 Brian Zahnd, *Beauty Will Save the World: Rediscovering the Allure and Mystery of Christianity* (Lake Mary, FL: Charisma House, 2012), S. 225. Freie Übersetzung.

12. Bleibe bei uns

33 John Baillie, *A Diary of Private Prayer* (New York: Scribner, 2014 ed.).

34 Peri Zahnd, *Every Scene by Heart: A Camino de Santiago Memoir* (St. Joseph: Spello Press, 2017).

35 Auszug aus: *Patient Trust* von Pierre Teilhard de Chardin, zitiert in: *Hearts on Fire: Praying with Jesuits*, ed. Michael Harter, SJ (Chicago: Loyola, 2005), S. 102. Freie Übersetzung.

36 Siehe Epheser 2,10.

13. Ehre sei…

37 Siehe https://www.wainando.de/der-natur-ganz-nah-sein-waldbaden-eine-bewaehrte-methode-aus-japan/.

38 Siehe https://www.baum-des-jahres.de/aktuelles-details/?tx_ttnews%5Btt_news%5D=153&cHash=05d5bfd2ffe799f03fbd6649b801621f.

39 Siehe https://www.planet-wissen.de/technik/weltraumforschung/astronomie/die-milchstrasse-unsere-heimatgalaxie-100.html.

40 Siehe http://www.clearskyblog.de/2016/07/25/astronomische-irrtuemer-wir-sehen-millionen-sterne-am-himmel/.

41 Siehe „Hubble Sees Galaxies Galore", Hubble Space Telescope, https://www.spacetelescope.org/images/heic0406a/.

42 Siehe Michelle Lani Shiota, „How Awe Sharpens Our Brains", in: *Greater Good Magazine*, 11. Mai 2016, https://greatergood.berkeley.edu/article/item/how_awe_sharpens_our_brains.

Eine herzerwärmende Geschichte mit klaren biblischen Botschaften

„Ich empfehle dieses Buch wärmstens jedem, der sich nach einer frischen, besonderen Berührung durch Gott sehnt!"

Leserstimme

Als die Ärzte bei Joni Burchett Brustkrebs diagnostizieren, erweist sich ihre lebhafte Labradorhündin Hannah als treue und einfühlsame Weggefährtin. In dieser Zeit erschnüffelt sie als eine tröstende Freundin Wege durch die Ängste des Paares – bis auch ihr der Krebs zusetzt. Da beschließt Dave Burchett, all das aufzuschreiben, was er mit Hannah erlebt hat. Eine berührende Geschichte über einen Hund, der voll und ganz zu leben wusste … und der seinem Herrchen klarmachte, wie er als Christ leben sollte.

Dave Burchett • Bleib an meiner Seite
Klappenbroschur • 288 Seiten • ISBN 978-3-95734-539-4

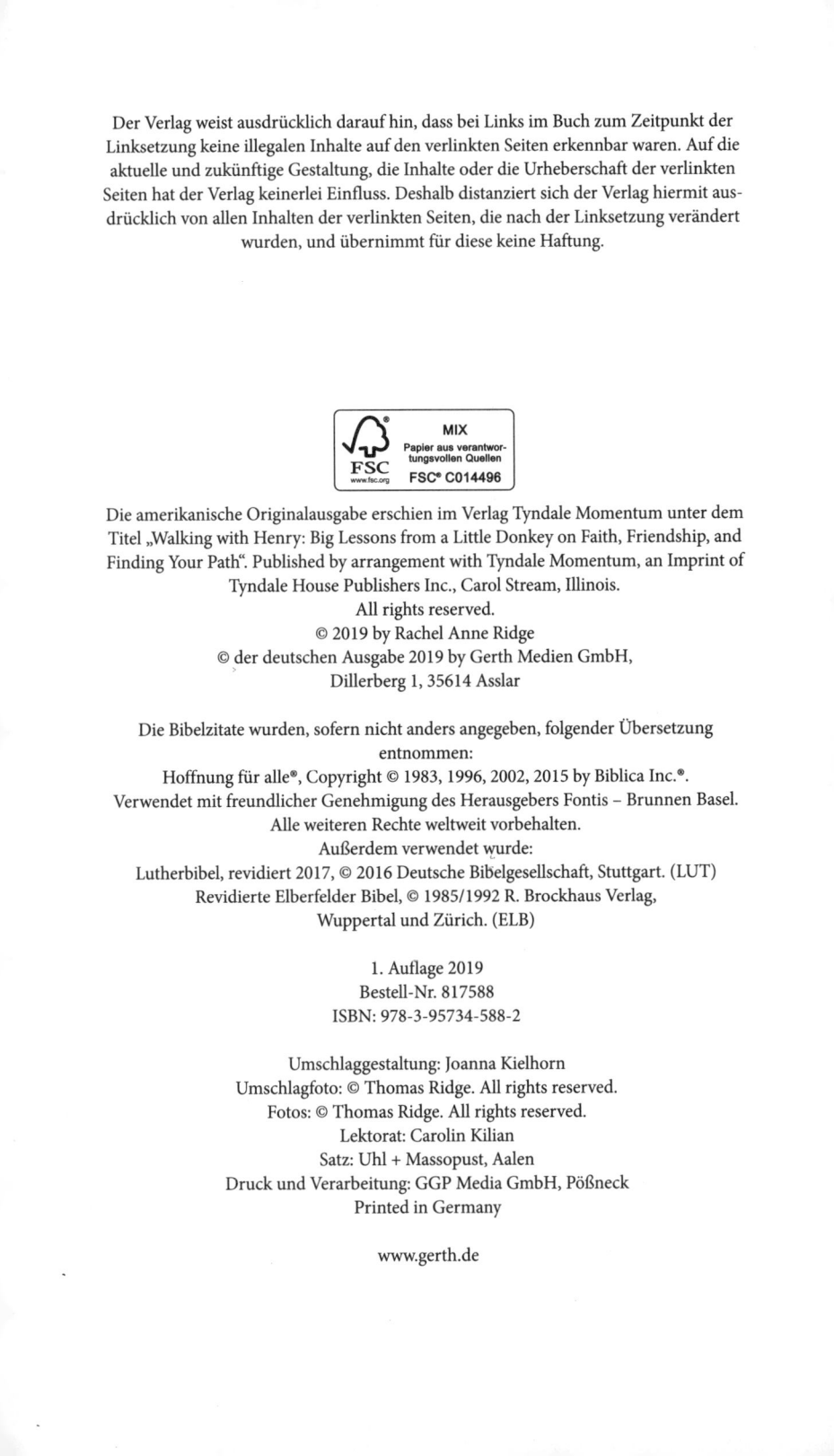

MIX
Papier aus verantwortungsvollen Quellen
FSC
www.fsc.org
FSC® C014496

Die amerikanische Originalausgabe erschien im Verlag Tyndale Momentum unter dem Titel „Walking with Henry: Big Lessons from a Little Donkey on Faith, Friendship, and Finding Your Path". Published by arrangement with Tyndale Momentum, an Imprint of Tyndale House Publishers Inc., Carol Stream, Illinois.
All rights reserved.
© 2019 by Rachel Anne Ridge
© der deutschen Ausgabe 2019 by Gerth Medien GmbH,
Dillerberg 1, 35614 Asslar

Die Bibelzitate wurden, sofern nicht anders angegeben, folgender Übersetzung entnommen:
Hoffnung für alle®, Copyright © 1983, 1996, 2002, 2015 by Biblica Inc.®.
Verwendet mit freundlicher Genehmigung des Herausgebers Fontis – Brunnen Basel.
Alle weiteren Rechte weltweit vorbehalten.
Außerdem verwendet wurde:
Lutherbibel, revidiert 2017, © 2016 Deutsche Bibelgesellschaft, Stuttgart. (LUT)
Revidierte Elberfelder Bibel, © 1985/1992 R. Brockhaus Verlag,
Wuppertal und Zürich. (ELB)

1. Auflage 2019
Bestell-Nr. 817588
ISBN: 978-3-95734-588-2

Umschlaggestaltung: Joanna Kielhorn
Umschlagfoto: © Thomas Ridge. All rights reserved.
Fotos: © Thomas Ridge. All rights reserved.
Lektorat: Carolin Kilian
Satz: Uhl + Massopust, Aalen
Druck und Verarbeitung: GGP Media GmbH, Pößneck
Printed in Germany

www.gerth.de